Mythologische Wesen

über Alfen und Ahnen, Disen und Wanen, Kobolde und Wichte, Naudir und Pukis und noch mehr …

Band 36 der Reihe   „Die Götter der Germanen"

Bücher von Harry Eilenstein

Astrologie

- Astrologie (496 S.)
- Photo-Astrologie (428 S.)
- Horoskop und Seele (120 S.)

Magie

- Handbuch für Zauberlehrlinge (408 S.)
- Tarot (104 S.)
- Physik und Magie (184 S.)
- Die Magie-Formel (156 S.)
- Krafttiere – Tiergöttinnen – Tiertänze (112 S.)
- Schwitzhütten (524 S.)

Meditation

- Der Lebenskraftkörper (230 S.)
- Die Chakren (100 S.)
- Das Chakren-System mit den Nebenchakren (296 S.)
- Meditation (140 S.)
- Drachenfeuer (124 S.)
- Reinkarnation (156 S.)

Kabbala

- Kursus der praktischen Kabbala (150 S.)
- Eltern der Erde (450 S.)
- Blüten des Lebensbaumes:
    - Die Struktur des kabbalistischen Lebensbaumes (370 S.)
    - Der kabbalistische Lebensbaum als Forschungshilfsmittel (580 S.)
    - Der kabbalistische Lebensbaum als spirituelle Landkarte (520 S.)

Religion allgemein

- Muttergöttin und Schamanen (168 S.)
- Göbekli Tepe (472 S.)
- Totempfähle (440 S.)
- Christus (60 S.)
- Dakini (80 S.)

- Vajra (76 S.)

Ägypten

- Hathor und Re 1: Götter und Mythen im Alten Ägypten (432 S.)
- Hathor und Re 2: Die altägyptische Religion – Ursprünge, Kult und Magie (396 S.)
- Isis (508 S.)

Indogermanen

- Die Entwicklung der indogermanischen Religionen (700 S.)
- Wurzeln und Zweige der indogermanischen Religion (224 S.)

Germanen

- Die Götter der Germanen (Band 1 – 80)
- Odin (300 S.)

Kelten

- Cernunnos (690 S.)
- Der Kessel von Gundestrup (220 S.)
- Der Chiemsee-Kessel (76)

Psychologie

- Über die Freude (100 S.)
- Das Geheimnis des inneren Friedens (252 S.)
- Das Beziehungsmandala (52 S.)
- Gefühle und ihre Verwandlungen (404 S.)
- einsgerichtet (140 S.)
- Liebe und Eigenständigkeit (216 S.)
- Von innerer Fülle zu äußerem Gedeihen (52 S.)
- Die Symbolik der Krankheiten (76 S.)

Kunst

- Herz des Tanzes – Tanz des Herzens (160 S.)

Drama

- König Athelstan (104 S.)

Kontakt: www.HarryEilenstein.de / Harry.Eilenstein@web.de

Herstellung und Verlag: BoD- Books on Demand, Norderstedt **ISBN:** 9783748110897

Die Themen der einzelnen Bände der Reihe „Die Götter der Germanen"

1. Die Entwicklung der germanischen Religion
2. Lexikon der germanischen Religion

3. Der ursprüngliche Göttervater Tyr
4. Tyr in der Unterwelt: der Schmied Wieland
5. Tyr in der Unterwelt: der Riesenkönig   Teil 1
6. Tyr in der Unterwelt: der Riesenkönig   Teil 2
7. Tyr in der Unterwelt: der Zwergenkönig
8. Der Himmelswächter Heimdall
9. Der Sommergott Baldur
10. Der Meeresgott: Ägir, Hler und Njörd
11. Der Eibengott Ullr
12. Die Zwillingsgötter Alcis
13. Der neue Göttervater Odin   Teil 1
14. Der neue Göttervater Odin   Teil 2
15. Der Fruchtbarkeitsgott Freyr
16. Der Chaos-Gott Loki
17. Der Donnergott Thor
18. Der Priestergott Hönir
19. Die Göttersöhne
20. Die unbekannteren Götter
21. Die Göttermutter Frigg
22. Die Liebesgöttin: Freya und Menglöd
23. Die Erdgöttinnen
24. Die Korngöttin Sif
25. Die Apfel-Göttin Idun
26. Die Hügelgrab-Jenseitsgöttin Hel
27. Die Meeres-Jenseitsgöttin Ran
28. Die unbekannteren Jenseitsgöttinnen
29. Die unbekannteren Göttinnen
30. Die Nornen
31. Die Walküren
32. Die Zwerge
33. Der Urriese Ymir
34. Die Riesen
35. Die Riesinnen
36. Mythologische Wesen
37. Mythologische Priester und Priesterinnen
38. Sigurd/Siegfried
39. Helden und Göttersöhne

40. Die Symbolik der Vögel und Insekten
41. Die Symbolik der Schlangen, Drachen und Ungeheuer
42. Die Symbolik der Herdentiere

43. Die Symbolik der Raubtiere
44. Die Symbolik der Wassertiere und sonstigen Tiere
45. Die Symbolik der Pflanzen
46. Die Symbolik der Farben
47. Die Symbolik der Zahlen
48. Die Symbolik von Sonne, Mond und Sternen
49. Das Jenseits
50. Seelenvogel, Utiseta und Einweihung
51. Wiederzeugung und Wiedergeburt
52. Elemente der Kosmologie
53. Der Weltenbaum
54. Die Symbolik der Himmelsrichtungen und der Jahreszeiten
55. Mythologische Motive

56. Der Tempel
57. Die Einrichtung des Tempels
58. Priesterin – Seherin – Zauberin – Hexe
59. Priester – Seher – Zauberer
60. Rituelle Kleidung und Schmuck
61. Skalden und Skaldinnen
62. Kriegerinnen und Ekstase-Krieger

63. Die Symbolik der Körperteile
64. Magie und Ritual
65. Gestaltwandlungen
66. Magische Waffen
67. Magische Werkzeuge und Gegenstände
68. Zaubersprüche
69. Göttermet
70. Zaubertränke
71. Träume, Omen und Orakel
72. Runen
73. Sozial-religiöse Rituale

74. Weisheiten und Sprichworte
75. Kenningar
76. Rätsel

77. Die vollständige Edda des Snorri Sturluson
78. Frühe Skaldenlieder
79. Mythologische Sagas
80. Hymnen an die germanischen Götter

Inhaltsverzeichnis

I Übersicht

Die Germanen kannten eine Vielzahl von Geistern bzw. mythologischen Wesen, die in ihren Berichten, Liedern, Mythen und Sagas sowie in ihrem Kult auftreten.
Zu ihnen gehören:

- die Asen, Wanen und Disen, die die Götter der Germanen sind,

- dann folgen die Ahnen, die auch „Alfen", „Zwerge", „Blau-Menschen", „Meer-Menschen" und „Kobolde" genannt worden sind,

- weiterhin die Wichte, die ganz allgemein einen Geist bezeichnet haben,

- zudem die bedrohlichen Riesen und Trolle sowie die Naudir, die den Menschen die Krankheiten bringen,

- und schließlich noch die Pukis, die hilfreiche Erdgeister sind.

II Götter

II 1. Der Begriff „Gott" in der germanischen Überlieferung

In der Regel ist in den germanischen Texten von „Ase" oder „Wane" die Rede. Es gibt jedoch auch noch einige weitere Bezeichnungen für die Götter.

Bezeichnungen für „Gott"	
Bezeichnung	**Bedeutung**
diar	Gott (entspricht Tyr, Deus, Deva, Zeus usw.), Priester
dise	Göttin
tivar	Götter (Plural zu „Tyr")
god	in Zusammensetzungen wie z.B. dem Tyr-Titel „Godmund" („Gotteshand"); davon leitet sich „Hladgud" für „Weberei-Göttin" und im übertragenen Sinne „Kampf-Göttin" für Walküre (Weben = Bewegungen des Schwertes) ab; „godi" = „der zum Gott gehört" = Priester; „gydja" = Priesterin usw.
bönd	Band = Verbindung = Rückverbindung = Religion („Wiederanbindung"); Urbild: Nabelschnur
haft	Band, Fessel, Kette = dieselbe Symbolik wie „bönd"
regin, rögnir	Herrscher, König
joln	Jul-Gott (der an Jul wiedergeborene Sonnengott-Göttervater Tyr)
gyfia	Göttin, Priesterin

In den meisten Übersetzungen der germanischen Texte werden die ursprünglichen Begriffe oft nicht beibehalten oder wörtlich übersetzt, sondern einfach mit „Gott, Göttin, Götter," wiedergegeben.

II 2.   Kenningar

Die Götter konnten auch mit einer Reihe von Kenningarn umschrieben werden:

Göttin	Hohe Dise	Dise = Göttin	Bragi der Alte	Fragmente
Götter	Asen-Freunde		anonym	Alwis-Lied
Götter	die in den Tempeln	'veor' von 've' für 'Tempel'	anonym	Hymir-Lied
Gott	Volks-König		anonym	Mariudrapa (3x)
Gott	Freyr		Rögnvald-Jarl Kali Kol-Sohn	Lausavisur
Göttin	Sonne des Gjallar-Flusses	Gjallar = Jenseitsfluß; Gjallars Sonne = Gold	anonym	Odins Rabenzauber

Die drei folgenden Kenningar bezeichnen den christlichen Gott Vater, aber greifen vermutlich ältere Umschreibungen und Vorstellungen über den einstigen Sonnengott-Göttervater Tyr auf:

Gott	Herr des Wind-Daches	Wind-Dach = Himmel	Snorri Sturluson	Hattatal
Gott	König der Halle der Kappe der Erde	Kappe der Erde = Himmel; Himmels-Halle = Himmel; Himmelskönig = Sonne	anonym	Floamanna-Saga
Gott	König des Thrones der Sonne	Sonnen-Thron = Himmel	anonym	König Sverris

II 3.   Gesta danorum

Der folgende Text bezieht sich zwar auf die Götter der Germanen, aber ist aus der Sicht eines christlichen Mönches, der in der griechisch-römischen Mythologie bewandert ist, verfaßt worden.

Erik lobte die Freundlichkeit des Königs und stimmte seinem Urteil zu und erklärte, daß er von den unsterblichen Göttern nichts Größeres hätte erwarten können als das, was ihm nun ungefragt angeboten wird.

II 4. Jakob Grimm: Deutsche Mythologie

Jetzt scheint die untersuchung, ob für die älteste zeit in Deutschland wirkliche götter zu behaupten seien, völlig vorbereitet. alle zweige unserer sprache haben die selbe allgemeine benennung der gottheit gekannt und bis auf den heutigen tag beibehalten; alle oder doch die meisten, insofern mangelhaftigkeit der quellen zeugnisse vervollständigen läßt, zeigen gleiche oder wenig abweichende ausdrücke für die heidnischen begriffe des cultus, des opferns, der tempel und des priesterthums. Besonders leuchtet unverkennbare analogie hervor zwischen dem altnordischen sprachgebrauch und den viele jahrhunderte älteren überlieferungen der anderen dialecte: die nordischen æsir, blôta, hörgr, goði waren den Gothen, Alamannen, Franken Sachsen längst vorher, und in dem nemlichen sinn, bekannt. aber einstimmung und ähnlichkeit erstrecken sich über die wörter hinaus auf die gebräuche selbst; in heiligen hainen wurden die ältesten menschen und thieropfer dargebracht, priester leiteten opfer und weissagungen, weise frauen genossen beinahe göttliches ansehen.

Der beweis, den die gleichheit der sprache an hand gibt, ist für sich schon hinlänglich und entscheidend. wenn verschiedene abtheilungen eines volks eine und die selbe sprache reden, haben sie auch so lange sie ihrer natur überlassen bleiben und nicht gewaltsamen einfluß von außen her ausgesetzt sind, immer gleiche weise des glaubens und der gottesverehrung.

Das deutsche volk liegt mitten zwischen Celten, Slaven, Litthauern, Finnen, lauter völkerschaften, die götter erkennen und eines geordneten cultus pflegen. slavische völker, in weit entlegene gebiete verbreitet, haben ihre hauptgötter gemeinschaftlich. wie sollte es in Deutschland anders sein?

Beweise für die echtheit der nordischen götterlehre zu fordern, darüber sind wir endlich hinaus. jede critik lähmt und zerstört sich, die damit anhebt zu leugnen oder zu bezweifeln, was in einer unter dem volk lebendig gebornen und fortgepflanzten poesie und sage enthalten ist, und vor augen liegt. sie hat es lediglich zu sammeln, zu ordnen und die bestandtheile in ihrem geschichtlichen stufengang zu entwickeln. Billigerweise darf also nur in frage gestellt werden, ob die unbestreitbaren götter des Nordens auch für das übrige Deutschland gelten? sie im allgemeinen zu bejahen scheint nach den vorausgehenden ergebnissen unserer forschung aller grund vorhanden und beinahe nothwendig.

Eine verneinende antwort, wenn sie sich recht begriffe, hätte zu behaupten, daß die nordische götterreihe, ihrem wesen nach, ehemals auch dem innern Deutschland gemein, durch die frühere bekehrung hier vernichtet und erloschen sei. aber eine menge ausnahmen und zurückgebliebener spuren würden die behauptung einschränken, und was noch aus ihr gezogen werden möchte bedeutend verändern.

Man hat inzwischen auf ganz andere weise zu verneinen gesucht und die ansicht aufgestellt, jene gottheiten seien sonst in Deutschland überhaupt niemals vorhanden

13

gewesen und dessen ältesten einwohnern nichts als ein grober, götterloser naturdienst eigen.

Diese meinung, eine wesentliche unterscheidung zwischen germanischem und scandinavischem heidenthum machend, und alle spuren miskennend, welche sich unbefangner forschung als unverwerfliche zeugen für die gemeinschaft beider zweige eines volks ergeben, legt vorzügliches gewicht auf einige äußerungen, die etwa seit dem sechsten jahrhundert über die beschaffenheit des heidnischen glaubens vorkommen. meistentheils rühren sie her aus dem munde eifriger Christen, denen es gar nicht angelegen war, das angefeindete heidenthum kennen zu lernen oder darzustellen, die vielmehr davon ausgiengen. vor dem rohesten erscheinungen seines cultus als verabscheuungswürdigem greuel zu warnen.

Es wird erforderlich sein die hauptsächlichsten stellen in ihrer einförmigkeit und einseitigkeit zu überblicken.

Agathias († vor 582), selbst ein neubekehrter Grieche, der was er von fernen Alamannen vernommen hatte, nur aus christlichgefärbten berichten wissen konnte, stellt den alamannischen cultus, gegen über dem fränkischen, so dar: δένδρα τε γάρ τινα ἱλάσκονται καὶ ῥεῖθρα ποταμῶν καὶ λόφους καὶ φάραγγας, καὶ τούτοις ὥσπερ ὅσια δρῶντες. darauf folgen die schon angeführten worte über ihre pferdeopfer.

Aber sein gegensatz zu den Franken geht schon verloren, wenn wir von diesen aus Gregors, ihres ersten geschichtschreibers, munde fast ganz das nemliche versichern hören: sed haec generatio fanaticis semper cultibus visa est obsequium praebuisse, nec prorsus agnovere deum (den wahren), sibique silvarum atque aquarum, avium, bestiarumque et aliorum quoque elementorum finxere formas, ipsasque ut deum colere eisque sacrificia delibare consueti.

Ähnlich von den Sachsen Einhard in der vita Caroli: sicut omnes fere Germaniam incolentes nationes et natura feroces et cultui daemonum dediti, nostraeque religioni contrarii. Ruodolf von Fuld, nachdem er Tacitus und Einhard ausgeschrieben hat, fügt noch hinzu: nam et frondosis arboribus fontibusque venerationem exhibebant, und erwähnt dann der Irminsûl, von welcher ich im verfolg handeln werde. Endlich versichert von den Holsteinern Helmold: nihil de religione nisi nomen tantum christianitatis habentes. nam lucorum et fontium, ceterarumque superstitionum multiplex error apud eos habetur. ... lucos et omnes ritus sacrilegos destruens cet.

Ganz in solchem sinne gefaßt sind auch die verbote heidnischer und abgöttischer gebräuche in den concilienschlüssen und gesetzen: Non licet inter sentes aut ad arbores sacrivos vel ad fontes vota exsolvere. Simili modo et qui ad arborem, quam rustici sanguinum (sanctivam, sacrivam) vocant atque ad fontanas adoraverit. Si quis ad fontes aut arbores vel lucos votum fecerit, aut aliquid more gentilium obtulerit et ad honorem daemonum comederit.

Und die bekehrer, die christlichen geistlichen hatten jahrhunderte lang wider den fast unausrottbaren unfug zu eifern. es genügt bloß aus den actis Benedict auf die

14

predigten des Caesarius episcopus arelatensis († 542) contra sacrilegos et aruspices, contra kalendarum quoque paganissimos ritus, contraque augures lignicolas, fonticolas zu verweisen.

Alle diese stellen enthalten keine unwahrheit, nur nicht die ganze wahrheit.

Götterlosigkeit des deutschen heidenthums thun sie unmöglich dar; einmal weil sie aus zeiten herrühren, wo das heidenthum nicht mehr frei und ungestört waltete, sondern von der neuen lehre heftig angefeindet, größtentheils überwältigt war. seine allgemeine übung hatte aufgehört, einzelne anhänger hegten es schüchtern in verstolen beibehaltenen gebräuchen; daneben gab es Christen, die aus einfalt oder irthum fortfuhren abergläubische ceremonien, neben den christlichen zu treiben. verrichtungen auf solche weise hin und wieder unter dem gemeinen haufen unvertilgt, aber aller ordnenden leitung heidnischer priester entzogen, musten sich schnell vergrößbern und nun als rohe überbleibsel eines älteren glaubens erscheinen, den man nicht nach ihnen ermessen kann.

So wenig in teufeln und hexen der späteren zeit die uns verhüllten höheren, reineren vorstellungen des alterthums zu miskennen sind, so wenig dürfen wir scheu tragen, jene paganien auf die ungetrübte quelle der vorzeit zurück zu leiten. verbote und predigten hielten sich streng an die practische seite der sache und hatten gerade ihr absehen auf die letzten verhaßten überreste des falschen glaubens. Eine stelle in Cnuts angelsächsischen gesetzen lehrt, daß der quellen und baumdienst anbetung der götter an sich nicht ausschließe:

Hæðenscipe bið, þät man deofolgild veorðige, þät is, þät man veorðige hæðene godas, and sunnan oððe mônan, fyre oððe flôdväter, vyllas oððe stânas oððe æniges cynnes vudutreova.

Ganz ebenso heißt es von Olaf dem heiligen, daß er die heidnischen opfer und götter getilgt habe:

Ok mörg önnur blôtskapar skrîmsl, bædi hamra ok hörga, skôga, vötn ok trê ok öll önnur blôt, bædi meiri ok minni.

Es kann aber noch ein anderer grund gedacht werden, warum die vielleicht unverschollenen heidnischen götter bei solchen anlässen verschwiegen bleiben; christliche geistliche scheuten sich ihre namen auszusprechen, ihre verehrung näher zu beschreiben. rathsam erschien, sie unter der allgemeinen benennung von dämonen oder teufeln zu begreifen, und ihre wirksamkeit durch eingeschärfte verbote dessen, was sich von ihrem cultus zuletzt erhalten hatte, vollends zu zerstören. Die Merseburger gedichte zeigen, wie ausnahmsweise in beschwörungsformeln dennoch die namen einzelner götter fortgepflanzt werden konnten.

Auf keinen fall lassen sich darstellungen des gesunkenen, zerfallenden heidenthums den nachrichten zur seite setzen, die uns fünf bis acht jahrhunderte früher Tacitus von ihm, da es noch in seiner vollen kraft bestand, gegeben hat.

Zeugt die in der gewohnheit des volks haftende anbetung der bäume und flüsse

15

nicht mehr für das dasein der götter, wie laut kündigen es unvollständige und mangelhafte mittheilungen des fremden Römers an. wenn er ausdrücklich redet von einem *deus terra editus*, von helden und abkömmlingen des gottes (*plures deo ortos*), von dem gott, der die kriege lenkt (*velut deo imperante*), von den namen der götter (*deorum nominibus*), die das volk auf heilige haine übertrug, von dem priester, der keine weissagung beginnt, ohne die götter anzuflehen (*precatus deos*) und sich für den diener der götter (*ministros deorum*) hält, von einem *regnator omnium deus*, von den göttern Deutschlands, von den *diis patriis*, denen die eroberten *signa romana* aufgehängt wurden, *penetrales Germaniae deos*, *dii penates*, *communes dii* und *conjugales dii* sondert, wenn er auch einzelne gottheiten unterscheidend römische namen auf sie anzuwenden sucht und (*interpretatione romana*) einen Mars, Mercurius, Hercules, Castor und Pollux, eine Isis nennt, ja für den *deus terrâ editus* und dessen sohn, für eine göttin, *terra mater* den deutschen ausdruck beibehält; wer vermag da zu leugnen, daß in jener zeit die Deutschen leibhafte götter verehrten? wie läßt sich, alles andere, was wir von der sprache, der freiheit, den sitten und tugenden der Germanen wissen, hinzugenommen, der gedanke festhalten, sie hätten in dumpfem fetischismus versunken sich vor klötzen und pfützen niedergeworfen und ihnen rohe anbetung erwiesen?

Caesars meinung, der die Deutschen oberflächlicher kannte, als hundert jahre nachher Tacitus, darf der wahrheit keinen abbruch thun; er will unsere vorfahren den Galliern, mit denen er vertrauteren verkehr gepflogen hatte, entgegenstellen; und die personificationen der sonne, des feuers, des mondes, worauf er die zahl aller götter beschränkt, ertragen kaum gezwungene ›römische auslegung‹.

Setzen wir Apoll und Diana an die stelle der sonne und des mondes, wie wenig entsprächen sie gerade der festgewurzelten eigenthümlichkeit deutscher vorstellungsweise, worin jene als weibliches, dieser als männliches wesen aufgefaßt wird, und die schon der beobachtung des Römers, wenn sie tiefer eingedrungen wäre, nicht hätte entgehen dürfen.

Vulcan, dem nordischen Loki vergleichbar, eine der gottheiten, von der sich in dem übrigen Deutschland die geringste spur zeigt, hatte ohne zweifel weniger begründung, als die gleich sichtbaren und hilfreichen götter der nährenden erde, und des labenden, fischreichen, schiffetragenden wassers. ich kann Caesars worte für nichts als eine halbwahre, allgemeingehaltene ansicht nehmen, die gegen Tacitus bestimmtere aussage weder andere götter verdächtigen, noch viel weniger einen bloßen elementardienst unter den Germanen darthun mag.

Alle nachrichten, die uns für das alte dasein einzelner götter gewähr leisten, zeugen zugleich nothwendig von ihrer menge und wechselseitigen verbindung.

Schreibt Procop den Herulern einen πολὺς θεῶν ὅμιλος zu, so wird diese schaar auch für die Gothen gelten, von denen wir gerade das wenigste einzelne wissen, und für sämtliche Germanen insgemein.

16

Nach Jornandes sollte man glauben, daß erst Diceneus die Gothen mit göttern bekannt gemacht habe: elegit ex eis tunc nobilissimos prudentiores viros, quos theologiam instruens numina quaedam et sacella venerari suasit; offenbar fällt hier das licht auf den herscher, der den dienst einzelner götter förderte. doch daß auch Jornandes seinen Gothen unbedenklich einheimische götter zutraute, folgt aus capitel 10: unde et sacerdotes Gothorum aliqui, illi qui pii vocabantur, subito patefactis portis cum citharis et vestibus candidis obviam sunt egressi paternis diis, ut sibi propitii Macedones repellerent voce supplici modulantes. was hier zum grunde liegt, kann den wahren Gothen sogar völlig fremd gewesen sein, und doch ergibt sich daraus des Jornandes ansicht.

Und will man noch ein zeugniss für einen andern, am ganz entgegengesetzten ende liegenden deutschen volksstamm, der mit großer treue dem hergebrachten glauben anhieng, so liefert es uns die lex Frisionum, wo von der strafe der tempelschänder die rede ist: immolatur diis, quorum templa violavit.

Wir sind nunmehr zu folgendem resultat gelangt. in dem ersten jahrhundert unserer zeitrechnung beruhte die religion der Deutschen wesentlich auf göttern; tausend, zwölfhundert jahre später hat sich unter dem nördlichen volkstheil, der seinen angestammten glauben zuletzt für den neuen hingab, das alte göttersystem am vollständigsten bewahrt. an beiden endpuncten des heidenthums, da, wo es in der geschichte für uns auftritt, und untergeht, haftet durch sprache und nie abgebrochene überlieferung das mittlere Deutschland vom fünften bis zum neunten jahrhundert. um diese zeit erscheinen uns die gestalten der heidengötter in dem schwachen und feindseligen licht, das berichte der neubekehrten auf sie werfen, erblichen und verworren, immer aber noch als götter.

II 5. Zusammenfassung

Die Worte der Germanen für „Gott" beschreiben diese Wesen als die „guten Herrscher, mit denen die Menschen verbunden sind".

Eine wichtige Rolle hat auch die alte Bezeichnung „diar" für den ehemaligen Göttervater Tyr sowie die Femininform „dise" sowie der Plural „tivar" zu diesem Namen.

Eine spezielle Bezeichnung ist „joln" für „Julgott", womit der an Mittwinter wiedergeborene Sonnengott-Göttervater Tyr gemeint sein wird.

III „Höhere Mächte"

III 1. „Höhere Mächte" in der germanischen Überlieferung

„Höhere Mächte" ist eine Bezeichnung für die Götter, die man manchmal als Übersetzungen für „Regin" findet. Wörtlich hat „Regin" die Bedeutung „König, Herrscher".

Diese (seltene) Übersetzung findet sich z.B. im Alwis-Lied:

Thor:
„So sage mir, Alwis, da alle Wesen,
Kluger Zwerg, Du erkennst,
Wie heißt die Erde, die allernährende,
In den Welten allen?"

Alwis:
„Erde den Menschen, den Asen Feld,
Die Wanen nennen sie Weg,
Allgrün die Joten, die Alfen Wachstum,
Lehm heißt sie den höheren Mächten."

III 2. Zusammenfassung

„Höhere Mächte" ist kein altnordischer oder germanischer Begriff, sondern eine seltene Übersetzung für „Regin", das wörtlich „König, Herrscher" bedeutet und eine Bezeichnung für die Götter ist.

IV Asen

In diesem Kapitel finden sich nur die allgemeinen Beschreibungen der Asen – die Darstellungen der einzelnen Asen finden sich in den ihnen gewidmeten Bänden dieser Reihe.

IV 1. Wortschatz

IV 1. a) Der Ursprung des Wortes „Ase"

Das indische „Asura" (zu „asu" = „Geist"), das avestische (altpersische) „Ahura" (Oberster Gott) und das germanische „Ase" haben eine gemeinsame indogermanische Wurzel, die „hensus" lautet und „Gott, Geist" bedeutet. Die Wurzel des indogermanischen Substantiv „hensus" ist das Verb „henh" für Atmen.

IV 1. b) Bezeichnungen für die Götter

Vier der Substantive für „Gott" leiten sich wie in vielen anderen Sprachen von dem indogermanischen Namen „Dhyaus" des Sonnengott-Göttervaters ab (lateinisch „deus", keltisch „da", griechisch „Zeus", sanskrit „deva" usw.):

Tyr	= von dem Namen des ehemaligen Göttervaters Dhyaus abgeleitet
Da	= alte Form von „Tyr"; mit der Priester-Bezeichnung „Diar" verwandt
Diar	= eigentlich „Göttervater-Priester", manchmal jedoch auch „Gott"
Tivar	= Plural von „Tyr"

Zwei weitere Namen für die Götter sind Umschreibung für den Göttervater:

Rögn	= König, Herrscher (lateinisch „rex", keltisch „rig")
Regin	= König, Herrscher (lateinisch „rex", keltisch „rig")

Da man bei den Göttern (und den Ahnen) Halt suchte, wurden sie auch „Band, Verbindung" genannt. Das dem zugrundeliegende Urbild ist die Nabelschnur. Das Wort „Religion" hat seinen Ursprung in demselben Bild – es bedeutet wörtlich „Rückverbindung", d.h. „Rückhalt".

Bönd	= „Band" = Verbindung, d.h. „die Haltgebenden"
Höpt	= „Haftendes, Band" = Verbindung, d.h. „die Haltgebenden"

Der Begriff „Asen" hat sich aus indogermanisch „ansu" für „Geist, Dämon" entwickelt. „Ansu" ist wiederum aus „henh" für „atmen" entstanden, was zeigt, daß diese „Ansu-Geister" die Seelen der Toten sind, die in vielen Sprachen mit dem Atem gleichgesetzt wurden – so z.B. in der Bibel im Buch Genesis: „ruach" = „Wind, Atem, Geist". Der Atem ist das Leben, und das Leben ist die Seele …

Asen	= „Atem, Leben, Seele, Geister"

Das Wort „Wanen" stammt von „Vanir" ab und bedeutet „Leuchtende". Sie sind daher wahrscheinlich wie die Alfen nach der hellsichtigen Wahrnehmung der Totengeister als milchigweiß leuchtende Schemen benannt worden („Bettlaken-Gespenster").
Die Bezeichnung „Wanen" ist möglicherweise mit dem Planetennamen „Venus" verwandt.

Wanen	= „Leuchtende" (eine kleine Gruppe von Göttern: Njörd, Freyr, Freya, Nerthus)

IV 1. c) Wortschatz

Der zu dem Begriff „Ase" gehörende Wortschatz ist relativ klein. Diese Begriffe werden durch die mit „Gott" gebildeten Worte ergänzt.
„Gud" stammt über das germanische „gudaz" für „Angerufener, Gott" von dem indogermanischen „ghuto" für „anrufen" ab und bedeutet somit „der Angerufene". „Gud" wird im altnordischen weitgehend gleichbedeutend mit „Ase" verwendet. Es findet sich in den germanischen Texten sowohl die Schreibweise „gud" als auch „god". Entsprechend finden sich auch z.B. die mit „god/gud" gebildeten Beinamen des Tyr in zwei Varianten wie z.B. „Gudmund/Godmund".
Der zu „Ase" gehörende Wortschatz umfaßt zunächst einmal die Asen selber und den Bezug zu ihnen:

ass	= Ase
asynja, asyrja	= Asin
as-megir	= Asen-Sohn = Ase
gud-dottir	= Gottes-Tochter

as-kyndr	= von den Asen abstammend
as-kunnr	= mit den Asen verwandt, mit Bezug auf die Asen
as-kunnigr	= mit den Asen verwandt, mit Bezug auf die Asen
as-lidar	= Asen-Gefolge/Gemeinschaft
gud-domr	= Göttlichkeit
gud-gefn	= Gott-gegeben, inspiriert
gud-ligr	= göttlich

Dann gibt es die beiden Ortsbezeichnungen für den Asen-Wohnort und für die Brücke, die zu ihnen führt:

as-gard	= Asen-Ort (Asgard)
as-bru	= Asenbrücke (Bifröst)

Mit zwei zusammengesetzten Substantiven werden Eigenschaften des Thor bezeichnet:

as-modr	= Asenwut
as-megin	= Asenstärke

Diese „göttliche Kraft" ist jedoch auch eine allgemeine Eigenschaft der Asen:

god-magn	= Gottes-Kraft
god-mögn	= Macht der Götter
goda-gremi	= Zorn der Götter
goda-reidi	= Zorn der Götter
gramendr	= die Zornigen = die zornigen Götter
goda-heill	= Gunst/Segen der Götter
god-vegr	= Wege der Götter (ihr Verhalten, ihre Art, ihr Schicksal)

Schließlich gibt noch einen Begriff, mit dem ein „gottgefälliger" Mensch bezeichnet wird. In diesem Wort scheint das „s" von „Ase" fortgefallen zu sein:

a-vardr	= den Göttern angenehm (über einen Menschen)

Einige mit „gud" gebildete Worte haben einen christlichen Hintergrund:

gut-hräddr	= Gottesfurcht
gud-hräzla	= Gottesfurcht
god-ord	= Gottes-Wort, Gottes-Macht

21

gud-fadir	= „Gottes-Vater" = Pate			
blot-gud	= Opfer-Götter (Götter, denen geopfert wird) = heidnische Götter			
fjarg	= „die Fernen" = heidnische Götter			

IV 1. d) Kenningar und Heitis

In dem größten Teil der Kenningar und Heitis wird lediglich ein Asen-Namen durch einen anderen ersetzt bzw. ein nicht näher bestimmter Ase durch einen konkreten Asen umschrieben. Dasselbe gibt es auch bei den Asinnen. Da diese Kenningar und Heitis nichts über die Asen im allgemeinen aussagen, sind sie hier nicht aufgeführt – sie finden sich in dem Band 75 über die Kenningar.

Es gibt jedoch auch einige Umschreibungen, die etwas über die Asen aussagen:

Asen	*Haltgebende*	wörtlich: „<u>Band</u>" (wie „Religion = „Rück-Ver<u>bind</u>ung")	Tjodolfr von Hvini	Haustlöng
Asen	*große Mächte*	eigentlich: „mächtige Mächte"	Einarr Klingel-Waage	(Skaldskaparmal)
Asen	*gütige Götter*		anonym	Wafthrudnir-Lied
Asen	*mächtige Götter*		anonym	Hymir-Lied
Asen	*hohe Gott-Herrscher*		Thjodolfr von Hvini	(Skaldskaparmal)
Asen	*Regin*	'regin' = König	anonym	Odins Rabenzauber
Asen	*Vear*	'die im Tempel'	Schmuck-Oddr	Geirvidardrapa
Asen	*Fürsten*		anonym	Wegtam-Lied
Asen	*Götter-Sippe*		anonym	Odins Rabenzauber
Asen	*Sieg-Götter*		anonym	Odins Rabenzauber
Asen	*Söhne der Sieg-Götter*		anonym	Grimnir-Lied
			anonym	Lokasenna (2x)
Asen	*Asen-Kinder*		anonym	Lokasenna
Asen	*Asen-Söhne*		anonym	Lokasenna
Asen	*Asen-Freunde*		anonym	Alwis-Lied

Asen	Himmels-Fürsten		anonym	Hymir-Lied
Asen	himmlische Richter		anonym	Wegtam-Lied
Asen	die, die von Bifröst zur hohen Halle getragen werden	Bifröst = Regenbogenbrücke nach Asgard	anonym	Lokasenna
Asen	Reiter der Tiefe	Überquerer des Meeres	Eilifir Godrunason	Thorsdrapa
Asen	Sippe des Yngvi-Freyr		Tjodolfr von Hvini	Haustlöng
Asen	Thridis Verwandte	Thridi = Odin	Eilifir Godrunason	Thorsdrapa
Asen	Eid-geschworene Wikinger aus Gautis Wohnstatt	Gauti = Odin; seine Wohnstätte = Asgard	Eilifir Godrunason	Thorsdrapa
Asen	Odins Gefolge		Thorbjörn Damen-Skalde	(Skaldskaparmal)
Asen	Yggs Gefährten	Ygg = Odin	anonym	Odins Rabenzauber
Asen	Fiölnirs Sippe	Fiölnir = Odin	anonym	Vision der Seherin
Asen	Festzieher des Gleipnir	Gleipnir = Fessel des Fenrir	Eilifir Godrunason	Thorsdrapa
Asgard	Himmels-Berge		anonym	Odins Rabenzauber
Asgard	heitere Wohnung		anonym	Odins Rabenzauber

Hier werden folgende Dinge über die Asen gesagt:

- Sie sind mächtig.
- Sie sind die Herrscher der Welt.
- Sie sind die Richter.
- Sie werden von Odin angeführt.
- Sie sind ehrwürdig.
- Sie sind gütig.
- Sie geben den Menschen (Rück-)Halt.
- Sie gelangen über die Regenbogenbrücke zu ihrem Wohnort Asgard.

Die mit „gud" für „Angerufener, Gott" gebildeten Kenningar unterscheiden sich kaum von den mit „Ase" gebildeten Kenningarn – wobei im Folgenden die christlich geprägten Gottes-Kenningar fortgelassen worden sind.

23

Gott	*Volks-König*			anonym	Mariudrapa (3x)
Gott	*Freyr*			Rögnvald-Jarl Kali Kols-Sohn	Lausavisur
Göttin	*Dise*	„dis" = weibliche Form zu „da" für „Tyr, Gott"	Sturla Thordarson	Hakonarkvida
			Thjodolfr von Hvini	Haustlöng (2x)
			anonym	Mariuvisur II
			Bragi der Alte	Fragmente
			Jatgeirr Torfa-Sohn	Lausavisur
Göttin	*Sonne des Gjallar-Flusses*	Gjallar = Jenseitsfluß; Gjallars Sonne = Gold	anonym	Odins Rabenzauber
Götter	*Asen-Freunde*			anonym	Alwis-Lied

IV 1. e) Ortsnamen

In dem Landnahme-Buch finden sich eine ganze Reihe von frühen Ortsnamen auf Island, in denen das Wort „Ase" vorkommt.

Von diesen Ortsnamen sind jedoch nur zwei Gebirge-Bezeichnungen direkte Ableitungen von dem Wort „Ase". Diese Berge könnten den Asen heilig gewesen sein. Es wäre auch denkbar, daß sie als Wohnorte der Asen aufgefaßt worden sind (siehe „Schneeberg-Ase" in dem Kapitel „Hügelgrab" in Band 49).

As   = Ase (ein Bergrücken)
Asar   = Asen (mehrere Bergreihen)

Die übrigen Ortsnamen sind nur indirekte Ableitungen von dem Wort „Ase", da sie sich auf Personennamen beziehen, die mit „Ase" gebildet worden sind.

Asvaldsness   = Landzunge des Asenherrn (Asenherr (Odin/Tyr) = Männername)
Asbjarnarnes   = Asenbärs Landzunge (Asenbär = Männername)
Asbjarnarstadir = Asenbärs Stätte/Ort (Asenbär = Männername)
Asbjarnavick   = Asenbärs Bucht (Asenbär = Männername)
Asgautsstadir   = Asengoten-Stätte/Ort (Asengote (Odin) = Männername)
Asgeirsa   = Asenspeer-Fluß (Asenspeer (Odins Gungnir) = Männername)
Ashildarmyri   = Asenkampf-Moor (Asenkampf = Frauenname)
Asmundarleidi = Asenhand-Grab (Asenhand (Tyr) = Männername)
Asolfskali   = Asenwolf-Haus (Asenwolf (Tyr/Fenrir) = Männername)

IV 1. f) Personennamen

Ein Teil der Personennamen bezieht sich auf den Kult:

mit „Ase" gebildete Personennamen – 1. Kult		
Namen		*Bedeutung*
Männer	*Frauen*	
	Asdis, Äsdis	Asen-Göttin
	Asvi, Äsvi	Asen-Priesterin
	Aslaug, Äslaug, Äslög, Oslaug, Otlau	Asen-Eid = Priesterin („die den Asen Versprochene")
	Asvör	Asen-Frau = Priesterin?
	Ettan	Asen-Freundin = Priesterin?
	Äsrun	Asen-Rune =Priesterin?
	Äsbjörg	Asenschützerin = Priesterin?
	Äsunn	Asen-Woge = Opferpriesterin???
Asalf		Asen-Alf = Priester? (wie „Thialfi")
Asgisl		Asen-Geisel = „den Asen Versprochener" = /Priester
Asketil, Eskel, Eskild		Asen-(Ritual)Kessel
Es gab Priesterinnen und auch Priester, die den Asen und Asinnen dienten und ihnen Opfer darbrachten (Kessel).		

Ein großer Teil der mit „Ase" gebildeten Personennamen ist kriegerisch und wird sich vor allem auf den ehemaligen Göttervater Tyr oder auf den neuen Göttervater Odin beziehen.

mit „Ase" gebildete Personennamen – 2. Kampf		
Namen		**Bedeutung**
Männer	*Frauen*	
Asbrandur, Äsbrand		Asen-Schwert (Brand = Feuer, Schwert) (des Tyr)
Ansgar, Asgeir, Ansgar, Esger, Äsgeir		Asen-Speer (des Odin)
Asgrimr		Asen-Maskenhelm
Anselm	Anselma	Asen-Helm
Asulfr, Osilf, Osulf, Äsulv		Asen-Wolf
Äsbiorn, Äsbjörn, Isbjörn, Asbjorn, Esbern, Esbjörn, Espen, Essbjör		Asen-Bär
Asmundr, Äsmund, Osmund, Usmund		Asen-Hand
Asmodr		Asen-Mut
Asdiarfr		Asen-Stärke
Asfastr		Asen-Standfestigkeit
Asvidr, Äsvid		Asen-Wald = Asen-Baum = Krieger
Asgautr		Asen-Gote/Krieger (seit 1300 n.Chr.)
Asleikr, Äsleik		Asen-Spiel = Kampf
	Asgunnr, Äsgun	Asen-Kampf
	Ashildr, Äshild	Asen-Kampf
Asmarr, Esmar, Esmundur		Asen-Ruhm
Osvald, Äsvald, Answald, Asvaldr		Asen-Herrscher
Asvardr, Äsvar		Asen-Wächter (Heimdall?)

Von diesen Namen beziehen sich viele auf Tyr und Odin:

Tyr	Odin
Asen-Schwert, Asen-Hand	
	Asen-Speer
Asen-Maskenhelm, Asen-Helm	Asen-Maskenhelm, Asen-Helm
Asen-Herrscher	Asen-Herrscher
Asen-Wächter (Tyr-Heimdall)	
Asen-Wolf (Tyr-Fenrir)	
	Asen-Bär

Doch nicht alle Namen sind kriegerisch – man erhoffte sich von den Asen auch Schutz und Frieden.

mit „Ase" gebildete Personennamen – 3. Frieden		
Namen		Bedeutung
Männer	Frauen	
Asbergur		Asen-Schutzberg
Asgerd, Esgerth, Äsgerd		Asen-Schutzort (entspricht „Asgard")
	Asgärdr	Asen-Schutzort
Ansfrid, Asfridr, Äsfrid	Ätta	Asen-Frieden
Asradr		Asen-Rat
Asniutr		Asen-Hilfe
Äsleiv, Asleif		Asen-Erbe (Asen-Nachkomme = König)

Die Asen gaben auch Rat, Hilfe, Schutz, und Frieden.

IV 1. g)   Die Rune „Ansus"

Insgesamt haben 9 Runen, also ca. ein Viertel aller Runen, einen deutlichen Bezug zu der Mythologie der Germanen:

- die Rune Ansus (Ase),
- die Rune Man (der Götter-Urahn Mannus),
- die Rune Ingwaz (Yngvi, einer der drei Söhne des Mannus),
- die Rune Tyr (ehemaliger Sonnengott-Göttervater),
- die Rune Thorn (Schwert des Tyr),
- die Rune Sowilo (Sonne, Sonnenschild des Tyr),
- die Rune Algiz (die beiden Pferde-Söhne des Tyr, die auch „Alcis" hießen),
- die Rune Ear (Erde), und
- die Rune Aesc (Weltesche).

Man sieht an diesen Runen, daß sie sich auf eine alte Schicht der germanischen Mythologie beziehen – eben die aus der Zeit zwischen 100 v.Chr. und 100 n.Chr., als die Runen von den Germanen aus Norditalien „importiert" und benannt worden sind.

Vier dieser Runen beziehen sich auf den damaligen Göttervater Tyr, sein Schwert, sein Sonnen-Schild und seine beiden Söhne; zwei auf den Götter-Urahn Mannus und auf Yngvi, einen seiner drei Söhne; sowie je einer auf die Erde, die Sonne und die Weltesche.

Die „Asen-Rune" „Ansus" ist die vierte Rune im Futhark-Alphabeth. Der älteste Beleg für die Bezeichnung „Ase" für „Gott" stammt aus einer Inschrift auf einem Schildbuckel aus Vimose in Dänemark, die um ca. 150 n.Chr. verfaßt worden ist und „asau wija" d.h. „ich weihe dies dem Asen" lautet. „Der Ase" wird hier wahrscheinlich der damalige Sonnengott-Göttervater und Kriegsgott Tyr gewesen sein – zumal sie sich auf einem Schild befinden.

Durch die Schriften des römisch-gotischen Gelehrten Jordanes († nach 552) ist bekannt, daß man damals die mythischen Vorfahren der Goten „Ansis" nannte und daß sie von Jordanes als Halbgötter angesehen wurden.

Die weibliche Form zu „ass, oss" im Altnordischen wird mit der sehr seltenen Feminin-Endung „-ynja" gebildet. Diesem „asynja" entsprechen lediglich zwei weitere Formen: „vargynja" für „Wölfin" und das recht junge „apynja" für „weiblicher Affe". Diese schon zur Zeit der Edda sehr altertümliche Feminin-Endung läßt darauf schließen, daß es auch schon sehr lange Asinnen gegeben haben muß.

Zur Zeit der Edda war „der Ase" Odin – vor 500 n.Chr., als Thor und Odin den nordgermanischen Göttervater Tyr abgesetzt haben, wird „der Ase" der damalige Göttervater Tyr gewesen sein.

IV 2.   Asen allgemein

IV 2. a)   Heimskringla

Snorri Sturluson faßt „Asen-Land" als „Asien" auf:

Das Land östlich von Tanaquisl in Asien wurde Asaland oder Asenheim genannt und die Hauptstadt in diesem Land wurde Asgard genannt. In dieser Stadt lebte ein Fürst, der Odin genannt wurde und es war ein großer Opferplatz.

IV 2. b)   Edda-Prolog

Entsprechend deutet Snorri Sturluson das Wort „Asen" fälschlicherweise als „Asiaten":

Einst, als Odin sehr weit fortgezogen und schon so lange fortgeblieben war, das die Menschen (Asen) in Asien (Asiaten) daran zweifelten, daß er jemals zurückkehren werden, geschah es, daß die beiden Brüder das Reich unter sich aufteilten, aber beide Odins Frau Frigg zur Frau nahmen. Odin kehrte später zurück und nahm seine Frau wieder zurück

IV 2. c)   Gylfis Vision

Odins Frau heißt Frigg, Fiörgyns Tochter, und von ihrem Geschlecht ist der Stamm entsprungen, den wir das Asengeschlecht nennen, welches das alte Asgard bewohnte und die Reiche, die dazu gehören, und das ist das Geschlecht der Götter.

IV 2. d)   Der Runenstein von Eggjum

Auf diesem um ca. 700 n.Chr. errichteten Runenstein findet sich eine längere Inschrift:

Weder die Sonne noch das Schwert kann den Stein spalten,
kein Mann kann ihn ungestraft seiner Runen entblößen,
kein Übeltäter wird mehr Ruhe finden!

Dieser Stein ist von dem Mann mit Blut bestrichen worden,
der die Linien in den hohlen Bären ritzte.

In welcher Gestalt gelangte das Asen-Heer in das Land der Menschen?
Als Fisch, der draußen in den Schreckenswogen schwamm,
als Vogel, der in dem Feind schrie!

Magie gegen den Übeltäter.

Das „Asen-Heer" scheinen hier die Götter als Gesamtheit zu sein, die eine Beschädigung des Runensteines rächen werden. Möglicherweise besteht diese Rache aus dem Töten der Übeltäters, der danach als Fisch in der Wasserunterwelt schwimmt und ruhelos als Seelenvogel umherfliegt.

IV 2. e)   Gylfis Vision

Das Alter der Zwölfzahl der Asen und der Asinnen ist unklar – es könnte eine recht junge Systematisierung sein, aber andererseits kennen auch die Griechen eine Zwölfzahl von Göttern auf dem Olymp, was für ein sehr hohes Alter (2200 v.Chr. oder früher) dieser Vorstellung spricht:

Da frug Gangleri: „Welches sind die Asen, an welche die Menschen glauben
sollen?"
Har antwortete: „Es gibt zwölf Asen, die von göttlichem Wesen sind."
Da sprach Jafnhar: „Die Asinnen sind nicht minder heilig und ihre Macht nicht
geringer."

IV 2. f)   Gylfis Vision

Sowohl Delling als auch Dag sind ursprünglich der ehemalige Sonnengott-Göttervater Tyr gewesen, der einst der „Asen-Fürst" gewesen ist: Delling der alte Tyr und Dag der junge, wiedergeborene Tyr. „Nott" bedeutet Nacht und ist die Jenseitsgöttin, die die Sonne am Morgen wiedergebiert.

Notts letzter Gemahl war Delling, der vom Asengeschlecht war. Ihr Sohn Dag war schön und licht nach seiner väterlichen Herkunft.

IV 2. g)   Der Runenstein von Einang

Auf diesem Runenstein, der ungefähr um 370 n.Chr. errichtet worden ist, findet sich noch der alte Name „da" für „Götter", der mit lateinisch „deus", keltisch „da", griechisch „Zeus" und natürlich mit altnordisch „Tyr" verwandt ist.

Ich, Dagastir, habe die Runen gemacht.

Der Name „Dagastir" bedeutet „Gast des Da", d.h. „Freund des Tyr".

IV 2. h)   Skirnir-Lied

Odin ist ab 500 n.Chr. der neue „Fürst der Asen" gewesen:

Skirnir:
„Gram ist Dir Odin, gram ist Dir der Asenfürst,
Freyr verflucht Dich.
Flieh, üble Maid, bevor Dich vernichtet
Der Götter Zauberzorn."

IV 2. i)   Gylfis Vision

Odin ist nicht nur der „Asen-Fürst", sondern auch der „Beste aller Asen":

Aber wahr ist, was Du sagtest, Odin ist ein großer Anführer: dafür gibt es Beweise genug.
So heißt es hier mit der Asen eigenen Worten:

„Die Esche Yggdrasil ist der Bäume erster,
Skidbladnir der Schiffe,
Odin der Asen, aller Rosse Sleipnir,
Bifröst der Brücken, der Skalden Bragi,
Habrok der Habichte, der Hunde Garm."

31

IV 2. j)   Gylfis Vision

Loki wird manchmal als Riese und manchmal als Ase aufgefaßt. Da die Riesen im Wesentlichen die Ahnen der Asen im Jenseits sind, ist dies kein Widerspruch (siehe dazu auch „Riesen" in den Bänden 5, 6, 34 und 35).

So wird berichtet, daß Odin selbst zu dem Asen sagte, der Loki heißt:

„Irr bist Du, Loki, nicht bei Sinnen!
Warum schweigst Du nicht?
Ich glaube, daß Frigg alles weiß,
Auch wenn sie es nicht verkündet!"

IV 2. k)   Gylfis Vision

Hier wird noch einmal bestätigt, daß auch Loki zu den Asen gerechnet wird:

Man zählt noch einen zu den Asen, den einige den Lästerer der Götter, den Anstifter alles Betrugs, und die Schande aller Götter und Menschen nennen. Sein Name ist Loki oder Loptr, und sein Vater der Riese Farbauti; seine Mutter heißt Laufey oder Nai; seine Brüder sind Bileist und Helblindi.

IV 2. l)   Sigdrifa-Lied

Die Asen und Asinnen wurden von den Germanen um Hilfe gebeten:

Sigurd setzte sich nieder und frug nach ihrem Namen. Da nahm sie ein Horn voll Met und gab ihm Minnetrank.

„Heil Dir Tag, Heil euch Tagessöhnen,
Heil Dir Nacht und nährende Erde:
Mit unzorngen Augen schaut auf uns
Und gebt uns Sitzenden Sieg.

Heil euch Asen, Heil euch Asinnen,
Heil Dir, fruchtbares Feld!
Wort und Weisheit gewährt uns beiden Edlen
Und immer heilende Hände!"

IV 2. m)   Sigdrifa-Lied

Die Runen gehören u.a. zu den Asen, d.h. die Asen sind „Runen-kundig" und somit weise:

„Geschabt wurden alle, die geschnitten waren,
Mit hehrem Met geheiligt
Und gesandt auf weite Wege.
Die sind bei den Asen, die bei den Alfen,
Die bei weisen Wanen,
Einige unter Menschen."

IV 2. n)   Gylfis Vision

Die Asen sind weise, und können in die Zukunft blicken:

König Gylfi war ein weiser Mann und zauberkundig. Er wunderte sich sehr, daß der Asen Volk die Fähigkeit hatte, alles nach ihrem Willen geschehen zu lassen. Er frug sich, ob dies von ihrer eigenen Natur heraus so geschah oder ob da die Macht der Götter waltete, denen sie opferten.
Er unternahm eine Reise nach Asgard, fuhr aber heimlich, indem er die Gestalt eines alten Mannes annahm und so verbarg, wer er wirklich war.
Aber die Weisheit der Asen, die in die Zukunft blicken, überwog und da sie um seine Fahrt wußten bevor er ankam, empfingen sie ihn mit einer Sinnestäuschung.

IV 2. o)   Speerschaft von Kragehul

Auf diesem Speerschaft wurde um ca. 520 n.Chr. eine längere Inschrift eingeritzt, die zeigt, daß man von den Asen „Gaben" erwartet hat:

Ich bin der Runenmeister, der zum Gefolge des Ansu-Gisalas gehört.
Die wirksame Magie der Gebo-Ansu, Gebo-Ansu, Gebo-Ansu.
Ich weihe den Hagala, den Brecher der Helme!

Ansu-Gisalas = Männername („Asen-Geisel" = „den Asen Versprochener" = „Asen-Priester"); Gebo-Anso = zwei Runen mit der Bedeutung „Mögen die Asen geben, daß …" (drei fache Wiederholung = Hinweis auf Sonnenzyklus/Tyr); Hagala = Hagel (Name des Speeres); „Brecher der Helme" = Speer-Kenning

V 3.   Asen und Alfen

V 3. a)   Skirnir-Lied

Die Redewendung „Asen und Alfen" umschreibt die Gesamtheit der Jenseitswesen (Götter und Ahnen).

„Mehr lieb' ich die Maid als ein Jüngling mag
Im Lenz seines Lebens.
Von Asen und Alfen will es nicht einer,
Daß wir beisammen seien."

V 3. b)   Skirnir-Lied

Gerdr:
„Wer ist es der Alfen oder Asensöhne,
Oder weisen Wanen?
Durch flackernde Flamme was fuhrst Du allein
Unsre Säle zu schauen?"

flackernde Flamme = Waberlohe = Jenseitsgrenze

V 3. c)   Der Ausspruch der Seherin

Was ist mit den Asen, was ist mit den Alfen?
All Jötunheim ächzt, die Asen gehen zum Thing.
Die Zwerge stöhnen vor steinernen Türen,
Die Bewohner der Felswände. Wißt ihr, was das bedeutet?

V 3. d)   Thrym-Lied

Thrym:
„Wie steht's mit den Asen? wie steht's mit den Alfen?
Was reisest Du einsam gen Riesenheim?"
   Loki:
„Schlecht steht's mit den Asen, mit den Alfen schlecht;
Hältst Du Hlorridis Hammer verborgen?"

Hlorridi („lauter Reiter") = Thor

V 3. e)   Odins Runenlied

Ein vierzehntes kann ich, soll ich dem Volke
Der Götter Namen nennen,
Asen und Alfen kenn ich allzumal;
Wenige sind so weise.

V 3. f)   Odins Runenlied

Ein fünfzehntes kann ich, das Volkrörir der Zwerg
Vor Dellings Schwelle sang:
Den Asen Stärke, den Alfen Gedeihn,
Hohe Weisheit dem Hroptatyr.

V 3. g)   Grimnir-Lied

Heilig ist das Land, das ich liegen sehe
Den Asen und Alfen nah.
Dort in Thrudheim soll Thor wohnen
Bis die Götter vergehen.

V 3. h) Lokasenna

Loki:
„Schweig Du, Freyja, Dich vollends kenn ich;
Keines Makels mangelst Du;
Der Asen und Alfen, die hier inne sind,
Bist Du jedes Buhlerin. "

V 3. i) Fafnir-Lied

Hier werden die Nornen als Asen, Alfen und Jenseitswesen (Dwalin = Zwerg), d.h. als göttliche, „Asen-gleiche Wesen" bezeichnet:

Fafnir:
„ Verschiedenen Geschlechts scheinen die Nornen mir
Und nicht eines Ursprungs.
Einige sind Asen, andere Alfen,
Die dritten Töchter Dwalins. "

V 4.   Die Asen in Asgard

V 4. a)   Der Ausspruch der Seherin

Die Asen haben die Welt erschaffen:

Aus Ymirs Fleisch ward die Erde erschaffen,
Aus seinem Blut die See,
Aus dem Gebein die Felsen, die Bäume aus dem Haar,
Aus dem Schädel der Himmel.

Aus den Augenbrauen schufen gütige Asen
Midgard den Menschensöhnen;
Aber aus seinem Hirn sind alle hartgemuten
Wolken erschaffen worden.

V 4. b)   Gylfis Vision

Die Asen wohnen in Asgard („befestigter Ort der Asen"):

Da frug Gangleri: „Was tat Allvater, nachdem Asgard gebaut war? "
Har antwortete: „Zuvörderst setzte er Herrscher ein, denen er gebot, mit ihm über
das Schicksal der Leute zu entscheiden und die Herrschaft über die Asen-Stätte zu
übernehmen. "

V 4. c)   Der Ausspruch der Seherin

Asgard ist von einem Wall umgeben:

Gebrochen war der Burgwall den Asen,
Schlachtkundge Wanen stampften das Feld.
Odin schleuderte über das Volk den Spieß:
Da wurde Mord in der Welt zuerst.

V 4. d)   Gylfis Vision

Asgard ist von Flüssen (Jenseitsfluß) umgeben:

Da versetzte Har: „Noch merkwürdiger jedoch ist der Hirsch Eikthyrnir, der auf Walhall steht und an den Zweigen desselben Baumes nagt. Von seinem Geweih fallen so viel Tropfen herab, daß sie nach Hwergelmir fließen, aus dem die folgenden Ströme entspringen: Sid, Wid, Sekin, Ekin, Swöl, Gunnthro, Fiörm, Fimbulthul, Gipul, Göpul, Gömul, Geirwimul; diese umfließen der Asen Gebiet.“

V 4. e)   Gylfis Vision

Der Weg nach Asgard führt über die Asen-Regenbogenbrücke:

Unter der dritten Wurzel der Esche, die zum Himmel geht, ist eine Quelle, der sehr heilig ist, Urds Quelle genannt: da haben die Götter ihre Gerichtsstätte; jeden Tag reiten die Asen über Bifröst, die auch Asenbrücke heißt, dorthin.

V 5.   Asen-Stärke

V 5. a)   Hymir-Lied

Hier wird Thors „Asen-Kraft" genannt:

Aber der Jötun wie immer trotzig,
Mit Thor um die Stärke stritt er aufs neu:
Der Macht ermangle der Mann, wie er rudre,
Könn er dort den Kelch nicht zerbrechen.

Als der dem Hlorridi zu Händen kam,
Zerstückt er den starrenden Stein damit:
Sitzend schleudert er durch Säulen den Kelch;
In Hymirs Hand doch kehrt er heil.

Aber die freundliche Drille lehrt ihn
Wohl wichtigen Rat: sie fußt ihn allein:
„Wirf ihn an Thymians Haupt: härter ist das
Dem kostenden Jötun als ein Kelch mag sein."

Der Böcke Gebieter bog die Knie
Mit aller Asienkraft angetan:
Heil dem Hünen blieb der Heimsitz;
Doch brach alsbald der Becher entzwei.

V 5. b)   Gylfis Vision

Hier wird Thors „Asen-Kraft" noch einmal erwähnt:

Er hat auch drei Kleinode: den Hammer Fiölnir, den Heimzureisen und Bergriesen
gut kennen, wenn er geschwungen wird; was nicht zu verwundern ist, denn er hat
ihren Vätern und Verwandten manchen Kopf damit zerschlagen.
    Sein anderes Kleinod ist Daranging: wenn er den um sich spannt, so verdoppelt
sich seine Asienkraft.
    Er besitzt noch ein drittes Ding hat er, das einen großen Wert hat, und das sind
seine Eisenhandschuhe: die dürfen ihm nicht fehlen, wenn er den Hammer ergreift.

<u>V 5. c)   Gylfis Vision</u>

Und noch einmal Thors „Asen-Stärke“:

Und als der Tag anbrach, ging Thor hinaus und sah da einen Mann nicht weit von ihm im Walde liegen, der war keine Mücke; er schlief und schnarchte gewaltig. Da glaubte Thor zu verstehen, welchen Lärm er in der Nacht gehört hatte, und umspannte sich mit seinem Kraftgürtel, woraufhin in ihm die Asenstärke wuchs.

V 6.   Der Kult der Asen

V 6. a) Vellekla

In diesem Lied spricht der Skalde Einar Klingel-Waage die folgenden Verse über König Olaf Tryggva-Sohn:

„Da er weise war, befahl der Volksführer,
daß die Tempel-Ländereien des Thor
und der anderen Götter geschont werden sollten.
Heim über die Wogen
lenkte der Schild-Träger die Schiffe
– die Götter leiteten ihn.
Und die Menschen-liebenden Asen erfreuten sich der Opfer,
derer sich der Schild-Träger rühmen konnte.
Reichlich gibt die Erde ihre Gaben,
wenn der Herrscher Tempel für die Götter errichtet. "

Die Opfer der Menschen an die Götter stellen die Verbindung zwischen Menschen und Göttern her.

V 7. Zusammenfassung

Die Bezeichnung „Asen" bedeutet „Gott, Geist" und ist mit dem gleichbedeutenden indischen „Asura" und persischen „Ahura" verwandt.

Die Begriffe „Da" für „Gott", „Dise" für „Göttin" und „Diar" für „Priester" sind zum Beginn der umfangreicheren schriftlichen Überlieferung ab ca. 1000 n.Chr. schon weitestgehend in Vergessenheit geraten. Diese Bezeichnungen entsprechen dem lateinischen „deus", dem keltischen „da", dem indischen „deva", dem griechischen „Zeus", dem hethitischen „Shiun" usw.

Die Asen sind weise, Runen-kundig, Zukunfts-wissend, mächtig, ehrwürdig, gütig, freigiebig, beschützend und hilfsbereit. Sie sind die Erschaffer, die Ordner und die Herrscher der Welt. Sie sind die Richter der Menschen und sie sind der Rückhalt der Menschen. Die „Asen-Kraft" ist eine Qualität, die nur bei Thor auftritt.

Die stabreimende Formel „Asen und Alfen (Ahnen)" bezeichnet oft die Gesamtheit der Jenseitswesen.

Die Asen wohnen in dem von ihnen erbauten Asgard (siehe „Asgard" in Band 52), das von einer Mauer und dem Jenseitsfluß umgeben ist und das nur über die Regenbogenbrücke erreicht werden kann.

Bis 500 n.Chr. ist Tyr der „Asen-Fürst" gewesen – danach wurde er von Odin abgesetzt, der auch diesen Titel übernommen hat. Die Männernamen, die sich sowohl auf die Asen als auch auf den Kampf beziehen, sollten den Träger dieses Namens einst mit Tyr verbinden und später dann mit Odin.

Die Assoziation der Rune „Ansus", d.h. der „Asen-Rune" mit der Befreiung von Fesseln könnte aus den alten Tyr-Mythen stammen, in denen Tyr im Winter gefesselt in der Unterwelt lag und sich im Frühjahr wieder befreit hat.

Den Asen werden von den Menschen Tempel errichtet, in denen ihnen geopfert wird. Diese Opfer stellen die Verbindung zwischen den Menschen und den Göttern her. Es hat deutlich mehr Frauennamen als Männernamen gegeben, die „Asen-Priester" bzw. „Asen-Priesterin" bedeuten – hat es einst mehr Priesterinnen als Priester gegeben?

Snorri Sturluson hat in seinen Schriften „Asen" und „Asen-Land" fälschlicherweise als „Asien" und „Asiaten" gedeutet. Die Zusammenfassung der Asen zu einer Gruppe von 12 Göttern ist möglicherweise schon alt, da sie sich auch bei den 12 Göttern auf dem Olymp der Griechen findet.

Die Auffassung aller Asen als der Nachkommen des Odin und der Frigg ist recht jung und wird nirgendwo außer bei Snorri in dieser Weise formuliert.

VI Wanen

VI 1. Der Wortschatz

VI1. a) Der Name „Wane"

Die Bezeichnung „Wanen" leitet sich von altnordisch „vanir" für „glänzend" ab. Die Bezeichnung „Wanen" ist somit inhaltlich identisch mit der Bezeichnung „Alfen", die „Weiße, Leuchtende" bedeutet.

Vermutlich sind die Wanen und die Alfen nach der hellseherischen Wahrnehmung von Totengeistern als milchigweiß leuchtende Schemen („Bettlaken-Gespenster") benannt worden.

Es wäre auch ein Zusammenhang mit dem lichten Himmels-Jenseits des ehemaligen Sonnengott-Göttervater Tyr denkbar, der auch der Totenkönig („Alberich" = „Alfen-König") gewesen ist.

VI 1. b) Kenningar

Der Begriff „Wanen" taucht in den Kenningarn vor allem zur Umschreiben der drei Wanen Njörd, Freyr und Freya auf. Lediglich in einem Fall wird ein Keiler mithilfe von „Wane" umschrieben, was dadurch möglich ist, daß Freyr und Freya auf Wildschweinen reiten bzw. selber (bei der Wiederzeugung) deren Gestalt annehmen.

Njörd	Wanen-Gott		Snorri Sturluson	Skaldskaparmal
Njörd	Verwandter der Wanen		Snorri Sturluson	Skaldskaparmal
Freyr	Verwandter der Wanen		Snorri Sturluson	Skaldskaparmal
Freya	Wanen-Göttin		Snorri Sturluson	Gylfis Vision
Freya	Wanen-Braut		Snorri Sturluson	Skaldskaparmal
Keiler	Wanen-Verwandter	Freyr auf/als Eber	Snorri Sturluson	Thulur

VI 2.   Wanen allgemein

Über die Wanen ist relativ wenig bekannt. Zu ihnen zählen Njörd und seine beiden Kinder Freyr und Freya, die wiederum ein Paar sind. Vermutlich ist Nerthus die Frau des Njörd, da ihr Name (wenn man die gut 1000 Jahre Altersunterschied der beiden Namen bedenkt) dem des Njörd genauso ähnlich ist wie der des Freyr dem der Freya.

Kwasir ist ein halb Wane und halb Ase – er ist die Personifizierung des Göttermets.

VI 2. a)   Skaldskaparmal

Die ausführlichste Beschreibung des Göttermets findet sich in diesem Skalden-kunst-Lehrbuch des Snorri Sturluson.

Ferner sprach Ägir: „Woher hat die Kunst ihren Ursprung, die ihr Skaldenkunst nennt?"
Bragi antwortete: „Der Anfang davon war, daß die Asen Unfrieden hatten mit dem Volk, das man Wanen nennt.

Über diesen Krieg zwischen den Asen und den Wanen wird in der Heimskringla ausführlicher berichtet.

Nun aber traten sie zusammen, Frieden zu schließen, und der kam nun so zustande, daß sie von beiden Seiten zu einem Gefäß gingen und ihren Speichel hineinspuckten.
Als sie nun schieden, wollten die Asen dieses Friedenszeichen nicht untergehen lassen. Sie nahmen es und schufen einen Mann daraus, der Kwasir heißt. Der ist so weise, daß ihn niemand um ein Ding fragen mag, worauf er nicht Bescheid zu geben weiß. Er fuhr weit umher durch die Welt, die Menschen Weisheit zu lehren.

Der Speichel ist ein altes Gärungsmittel.

Die Sitte, einen Friedensschluß oder einen ähnlichen Vertrag durch das Trinken eines Getränkes, dessen Fermentierung durch den Speichel aller Beteiligter in Gang gesetzt wurde, ist recht alt. Dies ist sozusagen eine „Blutsbrüderschaft light".

Der Name „Kwas" wurde das erste mal schon im Jahre 989 n.Chr. erwähnt und leitet sich wie das Wort „Käse" (germanisch: „kasjus") von dem indogermanischen Verb „kuath" für „gären, sauer werden" ab.

Kwasir ist folglich nach dem Getränk Kwas benannt worden. Kwasirs Weisheit liegt sicherlich darin begründet, daß er aus dem Speichel aller Asen und Wanen entstanden ist und dadurch deren Eigenschaften und Fähigkeiten enthält. Er ist somit in gewisser

Weise die Essenz der Götter.

Außer in dieser Mythe erscheint Kwasir nur noch ein zweites mal in „Gylfis Vision" in der Beschreibung, wie die Asen Loki in Fischgestalt mit einem Netz fangen und fesseln.

VI 2. b) Heimskringla

In Snorris mythologisch-historischem Werk „Heimskringla" erscheinen Mimir und einige Asen, die entsprechend der damaligen Weltanschauung als Könige und große Krieger der Vorzeit angesehen wurden. Diese Übertragung der Mythen in die Sage findet sich zur Zeit des Snorri Sturluson, der auch die Edda verfaßt hat, an vielen Stellen.

So sind z.B. auch viele Mythen der Kelten zu den Sagen um König Artus oder zu dem irischen National-Epos „Der Stierraub von Cuailgne" geworden.

Odin zog mit einem großen Heer zu den Leuten aus dem Wanen-Land, aber sie waren gut vorbereitet und verteidigten ihr Land; daher war der Sieg wechselhaft und sie verwüsteten gegenseitig ihre Länder und verursachten große Schäden.

Schließlich waren beide dieses Kampfes müde und beide Seiten trafen sich, um einen Frieden auszuhandeln, einen Waffenstillstand zu vereinbaren und Geiseln auszutauschen. Das Wanenland sandte seinen besten Mann: Njörd den Reichen und seinen Sohn Freyr.

Die Leute des Asenlandes sandten einen Mann, der Hönir genannt wurde und den sie für einen sehr fähigen Häuptling hielten, da er ein sehr kräftiger und stattlicher Mann war, und mit ihm sandten sie einen Mann von großer Weisheit, den sie Mimir nannten. Auf der anderen Seite sandten die Wanenland-Leute den weisesten Mann aus ihrer Gemeinschaft, der Kvasir genannt wurde.

Nun, als Hönir nach Wanenheim kam, wurde er sofort zu einem Häuptling ernannt, und Mimir kam jederzeit mit gutem Rat zu ihm. Wenn Hönir jedoch in den Thing-Treffen oder in anderen Versammlungen stand und Mime nicht in seiner Nähe war und ihm irgendeine schwierige Angelegenheit vorgelegt wurde, antwortete er immer auf dieselbe Weise: „Laßt nun andere ihren Rat geben."

Daher bekamen die Wanenland-Leute den Verdacht, daß sie bei dem Austausch von Männern betrogen worden seien. Deshalb ergriffen sie Mimir, enthaupteten ihn und sandten seinen Kopf zu den Asenland-Leuten.

Odin nahm den Kopf, rieb ihn mit Kräuter ein, damit er nicht verweste und sang Zauberlieder über ihn. Dadurch gab Odin Mimirs Haupt die Macht, daß er zu ihm sprach und ihm viele Geheimnisse erzählte.

Odin ernannte Njörd und Freyr zu Opferpriestern und sie wurden die Diar der Asenland-Leute. Njörds Tochter Freya wurde die Opferpriesterin und lehrte als erste den Asenland-Leuten die magischen Künste wie sie bei den Wanenland-Leuten üblich und weit verbreitet waren.

Während Njörd noch bei den Wanenland-Leuten gewesen war, nahm er seine eigene Schwester zur Frau, denn das war von ihrem Gesetz erlaubt; und ihre Kinder waren Freyr und Freya. Aber unter den Asenland-Leuten war es verboten, unter so nahen Verwandten zu heiraten.

Ein Diar ist ein Priester. Sein Wort ist mit den indogermanischen Götternamen „Tyr", „Zeus", „Jupiter", „Deus" usw. verwandt, die alle Varianten des indogermanischen Sonnengott-Göttervaters Dhyaus („Aufsteigender" = Sonne) sind. Ursprünglich wird ein Diar folglich ein „Mann des Tyr", also ein Priester des Göttervaters gewesen sein. Diese Bedeutung ist in diesem Text offensichtlich schon ausgeweitet worden.

Die Deutung der Freya als Priesterin und Zauberin in diesem Text, in dem die mythologischen Themen der Götter bereits in die Sagen-Themen der Helden umgedeutet worden sind, wird darauf zurückgehen, daß die Göttin Freya Priesterinnen hatte und daß diese Seherinnen und Zauberinnen gewesen sind.

Mime ist eine der vielen Gestalten des ehemaligen Sonnengott-Göttervaters Tyr als Riese im Jenseits. Sein Tod markiert die Übernahme der Herrschaft im nordgermanischen Asgard durch Odin. Odin benutzt den Kopf seines Vorgängers, um dessen gesamtes Wissen zu erlangen und so seine Herrschaft zu festigen.

Niörd, der nicht in Asgard, sondern in Noatun an der Meeresküste wohnt, ist ursprünglich Tyr in der Wasserunterwelt gewesen (siehe auch „Niörd" in Band 10).

VI 2. c) Der Seherin Ausspruch

Auch in diesem Lied wird der Kampf zwischen den Asen und den Wanen erwähnt:

Da gingen die Berater zu den Richterstühlen,
Hochheilige Götter hielten Rat,
Ob die Asen sollten Untreue strafen,
Oder alle Götter Sühnopfer empfahn.

Gebrochen war der Burgwall den Asen,
Schlachtkundige Wanen stampften das Feld.
Odin schleuderte über das Volk den Spieß:
Da wurde Mord in der Welt zuerst.

Dieser Krieg zwischen den Asen und Wanen ist vermutlich die Auseinandersetzung, die der Übernahme der Herrschaft im nordgermanischen Asgard durch den südgermanischen Odin um 500 n.Chr. vorausging.

VI 2. d)   Wafthrudnir-Lied

In diesem Lied wird ebenfalls über Njörd als Geisel bei den Wanen berichtet:

Gangrad :
„Sag mir zum zehnten, wenn der Götter Zeugung
Du weißt, Wafthrudnir,
Wie kam Niörd aus Noatun
Unter die Asensöhne?
Höfen und Heiligtümern hundert gebietet er
Und ist nicht asischen Ursprungs. "

Wafthrudnir:
„ In Wanaheim schufen ihn weise Mächte
Und gaben ihn Göttern zum Geisel.
Am Ende der Zeiten soll er aber kehren
Zu den weisen Wanen. "

VI 2. e)   Sigdrifa-Lied

In diesem Lied treten die Wanen in der Aufzählung „Asen, Alfen, Wanen und Menschen" auf.

Geschabt wurden alle, die geschnitten waren,
Mit hehrem Met geheiligt
Und gesandt auf weite Wege.
Die sind bei den Asen, die bei den Alfen,
Die bei weisen Wanen,
Einige unter Menschen.

VI 2. f) Skirnir-Lied

Auch in diesem Lied tauchen die Wanen sowohl in der Aufzählung „Alfen, Asensöhne und Wanen" als auch als eine Umschreibung für „Freyr" auf.

Gerdr:
„Wer ist es der Alfen oder Asensöhne,
Oder weisen Wanen?
Durch flackernde Flamme was fuhrst Du allein
Unsre Säle zu schauen?"

... ...

Gerdr:
„Heil sei dir vielmehr, Held, und nimm den Eiskelch
Firnen Metes voll.
Ahnte mir doch nie, daß ich einen würde
Vom Stamm der Wanen wählen."

VI 2. g) Alwiss-Lied

In diesem Wissensaufzählungs-Lied werden die Bezeichnungen (Heitis) für die wichtigsten Dinge in der Welt aufgezählt und dabei jeweils den verschiedenen Wesen zugeordnet: Menschen, Asen, Wanen, Joten (Riesen), Alfen und als sechstes entweder Regin (Götter) oder Zwerge.
Die folgenden beiden Strophen sind ein Beispiel für diese Sortierung der jeweils sechs aufgeführten Heitis.

Thor:
„So sage mir, Alwis, da alle Wesen,
Kluger Zwerg, Du erkennst:
Wie heißt die Erde, die allernährende,
In all den Welten? "

Alwis:
„Erde den Menschen, den Asen Feld,
Die Wanen nennen sie Weg,
Allgrün die Joten, die Alfen Wachstum,
Lehm heißen sie die höheren Mächte. "

Thor:
„Sage mir, Alwis, da alle Wesen,
Kluger Zwerg, Du erkennst:
Wie heißt der Himmel, der hoch sich wölbt,
In all den Welten?"

Alwis:
„Himmel den Menschen, den Himmlischen Dach,
Windweber den Wanen,
bei Riesen Überwelt, bei Elfen Glanzhelm,
bei Zwergen Tropfentor."

VI 2. h)   Odins Rabenzauber

Auch in diesem Lied findet sich eine Aufzählung der verschiedenen Wesen – diesmal sind es acht. Sie werden jeweils mithilfe eines Verbs charakterisiert. Die Wanen werden als „wissend", d.h. als „weise" beschrieben – was ausgesprochen gut zu Kwasir paßt.

Allvater waltet, Alfen verstehen,
Wanen wissen, Nornen weisen,
Iwidie gebiert, Menschen dulden,
Thursen erwarten, Walküren trachten.

VI 2. i)   Thrym-Lied

In diesem Lied wird noch einmal bestätigt, daß die Wanen als weise angesehen wurden:

Da hub Heimdall an, der hellste der Asen,
Der weise war den Wanen gleich:
„Das bräutliche Linnen legen dem Thor wir an,
Ihn schmücke das schöne, schimmernde Halsband.

Auch laß er erklingen Geklirr der Schlüssel
Und weiblich Gewand umwalle sein Knie;
Es blinke die Brust ihm von blitzenden Steinen,
Und hoch umhülle der Schleier sein Haupt."

VI 3. Zusammenfassung

Die drei bekannten Wanen sind Njörd, dessen Kinder Freyr und Freya sowie Nerthus, die vermutlich die Frau/Schwester des Njörd ist. Auch Freyr und Freya sind ein Paar. Diese Folge von Geschwister-Paaren ist bei den Germanen typisch für die Darstellung eines zyklisch wiedergeborenen Gottes (siehe „Inzest" in Band 51).

Der personifizierte Göttermet Kwasir ist halb Wane und halb Ase, aber wird an einer Stelle auch ganz den Wanen zugerechnet. Er ist die verkörperte Weisheit – und die Weisheit ist das auffälligste Merkmal der Wanen, die zusätzlich zu der Weisheit des Kwasir noch dreimal erwähnt wird.

Die Wanen werden einmal „kampfkundig" genannt, aber da es an dieser Stelle um den Krieg zwischen den Asen und den Wanen gebt, hat dieses Adjektiv nicht allzuviel Bedeutung. Dieser Krieg, dessen Ursache nicht bekannt ist, endete mit einem Friedensschluß, bei dem aus dem Speichel der Asen und der Wanen Kwasir erschaffen wurde. Da dabei auch Tyr-Mimir getötet worden ist, fand dieser Kampf vermutlich um 500 n.Chr. bei der Absetzung des ehemaligen nordgermanischen Göttervaters Tyr durch die südgermanischen Götter Thor und Odin statt.

Freyr und Freya konnten die Gestalt eines Ebers bzw. einer Bache annehmen, was vermuten läßt, daß die Wanen allgemein mit diesem Tier assoziiert worden sind.

Die Wanen sind ein fester Bestandteil aller Aufzählungen der Wesen in dieser Welt:

	Asen	Alfen	Wanen	Menschen	Riesen	Regin oder Zwerge	Nornen	Walküren
Skirnir-Lied	x	x	x					
Sigdrifa-Lied	x	x	x	x				
Alwiss-Lied	x	x	x	x	x	x		
Odins Rabenzauber	Odin	x	x + Freya	x	x		x	x

Die Wanen sind eine kleine, aber wichtige Gruppe innerhalb der germanischen Götter, die sich durch ihre Weisheit auszeichnen und bei denen stets Bruder und Schwester ein Paar bilden und wieder Kinder miteinander haben. Diese Paare sind die Wiedergeburt des vorigen Paares. Die Wildschweine sind die Gestalt, in der sich dieses Götterpaar wiederzeugt (siehe „Freyr" in Band 15, „Freya" in Band 22 und „Eber" in Band 42).

Die beiden Wanen Njörd und Freyr (und somit die Wanen allgemein) gaben den Menschen gutes Wetter, reiche Ernten und Wohlstand.

VII   Disen

Die Disen treten nur selten auf, aber ihr Charakter läßt sich anhand der Textstellen und anhand ihres Namens dennoch gut rekonstruieren.

VII 1.   Der Wortschatz

VII 1. a)   Die Bezeichnung „Dise"

Dieser Göttinnen-Name geht letztlich auf die indogermanische Bezeichnungen „dhyaus" und „deiwos" für „Gott" zurück. „Deiwos" ist eine Ableitung, d.h. eine Namens- bzw. Titel-Bildung aus dem Wort „dhyaus".

Diese beiden Substantive „dhyaus" und „deiwos" leitet sich über das Substantiv „dyau" für „Himmel, Tag" von dem Verb „dei" für „scheinen" ab. Die Wurzel dieser Worte ist offenbar die Sonne und das Sonnenlicht.

Aus diesem Substantiv entstanden die indogermanischen Bezeichnungen für den Göttervater, der oft auch Charakterzüge eines Sonnengottes hat wie z.B. die Jenseits-reise (Nacht, Winter). Die Übersicht auf der folgenden Seite gibt die Entwicklung dieses Gottesnamens wieder:

Die Entwicklung des Namens „Dhyaus" bei den Indogermanen					
Indogermanen nördlich des Schwarzen Meeres in der südrussischen Steppe (2.800 v.Chr.): **Deiwoz / Dhyaus-pater**	Wanderung nach Süden: **Diyuz**	**Tiyaz**			*Palaier:* **Tiyaz**
					Luwier: **Tiwat**
					Hethiter: **Sius, Shiun**
	Wanderung nach Westen: **Deius / Deius pater**	**Deus / Dhyaus pater**	**Deva**		*Inder:* **Deva** / *Dyauh pita*
					Perser: **Daeva**
					Skythen: **Papaios**
		Dius / Dius pater	**Dius / Dius Pater**	**Zius / Pater Zius**	*Griechen:* **Zeus** / *Zeus pater*
					Thraker: **Saba-zius**
					Phrygier: **Tios, Deos** / *Papas*
					Illyrer: **Dei-Patiros**
	Wanderung nach Südosten: **Deiwas / Deiwas pater**	**Diwaz / Diwaz pater**	**Divas / Divaz pater**		*Römer:* **Divus** / *Dies Pater, Ju-piter*
				Kelten: Dag-da, Nua-da	*Altirisch:* **Dia**
			Urgermanen: **Diwaz**		*altnordisch:* **Tyr**
				althochdeutsch: **Tiuz**	**Tiu => Ziu**
					Tiu => Cyo
				Teiwaz	*Goten:* **Teiws**
					altenglisch: **Tiu => Tig**
					Schweden: **Ti => Tys**
	Balten: **Dywas**				*Litauer:* **Dievas**

Zu diesem Namen des Göttervaters gab es auch eine weibliche Form, die z.B. im Lateinischen „dea" und im Sanskrit „deva" lautet. Die entsprechende altnordische Form ist „dis" oder „dise".

Ein weiteres nah verwandtes altnordisches Substantiv ist „diar" für „Priester", d.h. wörtlich „der zu dem Göttervater Tyr gehörende".

Während der Name des Göttervaters sich von „Dhyr" zu „Tyr" weiterentwickelt hat, haben „Dis" und „Diar" das anlautende „d" bewahrt und bei „Dis" auch das Endungs-„s".

Die Bedeutung von „Dis" ist in den verschiedenen germanischen Sprachen nicht überall gleich geblieben:

Die Bedeutung des Wortes „Dise" in den germanischen Sprachen		
Sprache	*Wort*	*Bedeutung*
germanisch	disiz, diso	Göttin
gotisch	disiz, diso	Göttin
altnordisch	dis, dise	Göttin, Schutzgeist, Schwester, Maid
angelsächsisch	idis	Jungfrau, Frau, Ehefrau, Seherin
althochdeutsch	itis	Jungfrau, Frau, Ehefrau, Seherin
altenglisch	ides	Jungfrau, Frau, Ehefrau
mittelniederländisch	dise	Göttin (Freya) (Mittwoch = Disendach)

Offenbar hat sich das germanische Wort „disiz" für „Göttin" zunächst wohl analog zu „diar" für „Priester" auch auf „Priesterin" ausgedehnt – möglicherweise lautete dieses Wort bereits „dis".

Da eine Priesterin in den Religionen, in denen es noch einen lebendigen Schamanismus gegeben hat, in den vielen Fällen auch eine Seherin gewesen ist, konnte sich das Substantiv „dise" auch auf die Bezeichnung der „Seherinnen" ausweiten.

Aus der Priesterin und der Seherin konnte sich dann durch Verflachung des Begriffes über „geachtete Frau" dann ein allgemeiner Begriff für „Frau" entwickeln.

Insgesamt ist die Bedeutung des germanischen Wortes „disiz" somit recht einheitlich.

Im Altnordischen gibt es vor allem zwei Begriffe, die darauf hinweisen, daß die Disen Göttinnen gewesen sind und daß sie auch kultisch verehrt wurden:

„disa-blot"   = „Opfer an die Disen"
„disa-salr"   = „Halle/Tempel der Disen"

Die Disen wurden also mithilfe von Disen-Opfern in Disen-Tempeln verehrt.

Auch bei den anderen indogeramsncihen Völkern finden sich einige der „Dise" entsprechende Begriffe: Bei den Griechen wurde Demeter auch „Deo" genannt; das römische Wort für „Göttin" lautet „dea"; und die indische Bezeichnung für Göttin ist „deva".

VII 1. b) Kenningar

In den Kenningarn werden die drei Göttinnen Idun, Skadi und Freya-Menglöd als „Disen" bezeichnet. Die Gemeinsamkeit dieser drei Göttinnen ist der Bezug zu der Wiederzeugung und zu der Wiedergeburt – was allerdings ein Charakterzug fast aller germanischen Göttinnen ist.

Idun besitzt die Äpfel, die den Göttern ihre ewige Jugend geben, was eine Umdeutung der Wiedergeburt ist.

Skadi ist nacheinander die Frau des ehemaligen Göttervaters Tyr, des Gottes Niörd (Tyr in der Wasserunterwelt) und des neuen Göttervaters Odin. Sie ist (zusammen mit Odin) auch die Ahnherrin einiger skandinavischer Königshäuser.

Freya-Menglöd ist die Geliebte des Gottes Svipdag. Sein Name ist sehr wahrscheinlich ein Beiname des ehemaligen Sonnengott-Göttervaters Tyr gewesen.

Idun	Dise			anonym	Odins Rabenzauber
Idun	*Dise*			anonym	Odins Rabenzauber
Idun	*vorherwissende Dise*			anonym	Odins Rabenzauber
Idun	*Dise der Bänke der Guten Felder*	Gute Felder = Jenseits; Bänke in Walhalla		Tjodolfr von Hvini	Haustlöng
Skadi	*Schneeschuh-Dise*			Eyvindr Skalden-Verderber	Haleygjatal
Freya-Menglöd	*Dise des leuchtenden Lichts*			anonym	Fiölswin-Lied

Somit läßt sich nun sagen, daß die Göttinnen Idun, Skadi und Menglöd als Disen mithilfe von Disen-Opfern in Disen-Tempeln verehrt worden sind, und daß diese Disen eng mit der Wiedergeburt sowohl des ehemaligen Göttervaters Tyr als auch der Toten verbunden gewesen sind.

Der Zusammenhang mit Tyr zeigt sich auch darin, daß „Dis" die Feminin-Form des Namens „Tyr" (urspünglich „Diwaz") ist. Aufgrund der Wiedergeburts-Symbolik sollte „die Dise" die Frau und Wiedergeburts-Mutter des Sonnengott-Göttervaters Tyr gewesen sein. Diese Dise ist Freya-Menglöd, Idun und Skadi.

VII 1. c) Frauennamen

Es gibt recht viele Frauennamen, die mit dem Wort „Dise" gebildet worden sind.

mit „Dise" gebildete Frauennamen: Göttin	
Name	*Bedeutung*
1. Göttin	
Asdis, Äsdis	Asen-Göttin
Guddis	Gottes-Göttin
Alfdis	Alfen-Dise, Alfengöttin
Disälfr	Göttin-Alfin (Freya?)
Vanadis	Wanen-Göttin
Freydis	Freya-Göttin
Vedis	Tempel-Göttin
2. Sonnengöttin	
Soldis, Saldis	Sonnen-Göttin
Guldis, Gulldis	Gold-Dise (Sonnenmutter?)
Heiddis, Heiddis	Licht-Göttin (neu?)
3. Helfende Göttin	
Bergdis	Helfende Göttin
Friddis	Freundin-Göttin, Friedens-Göttin
4. Weise Göttin	
Ragndis	Rat/Macht-Göttin (altschwedisch)
Hugdis	Gedanken/Geistes-Göttin
5. Wind-Göttin	
Blädis	Wind-Göttin
6. Sonstige Namen	
Hraundis	Lavafeld-Göttin
Hreindis	Rentier-Göttin (neu?)

Durch diese Frauennamen werden mehrere Eigenschaften der Disen deutlich:

- Disen sind Göttinnen;
- Disen sind mit den Alfen (Totengeister im Himmelsjenseits des Tyr) verbunden – vermutlich durch die Wiedergeburt der Toten durch die Disen;
- Disen sind mit den Wanen verbunden;
- Freya ist eine Dise (siehe auch mittelniederländisch: „Disen-Tag" für Freitag = „Freya-Tag");
- Disen wurden in Tempeln verehrt;
- es gab eine Dise, die entweder die Sonne oder die Mutter der Sonne, d.h. des ehemaligen Sonnengott-Göttervaters Tyr gewesen ist;
- Disen sind weise, hilfsbereit und friedlich;
- Disen sind mit dem Wind verbunden (der Wind wurde als Lebenshauch angesehen und daher mit der Seele (= Alfen) assoziiert).

VII 1. d)   Jacob Grimm: Deutsche Mythologie

Küchlin, ein geistlicher, dichtete um 1373–1391 für Peter Egen, den jungen bürgermeister zu Augsburg, der sein haus mit vorstellungen daraus bemalen lassen wollte, eine geschichte der stadt. darin heißt es von den schwaben:

sie bawten einen tempel groß darein
zu eren Zise der abgöttin,
die sie nach heidnischen sitten
anbetten zu denselben zeiten.
Die stat ward genennt auch Zisaris
nach der abgöttin, das war der pris.
der tempel als lang stůnd unversert,
bis im von alter was der val beschert,
und da er von alter abgieng
der berg namen von im empfieng,
daruf gestanden was das werck,
und haist noch hüt der Zisenberck.

Diese Verse lauten im heutigen Deutsch wie folgt:

Sie bauten darin einen großen Tempel
zu ehren der Heiden-Göttin Zise,

die sie zu diesen Zeiten
nach heidnischen Sitten anbeteten.
Die Stadt wurde auch nach der Heiden-Göttin
Zisaris genannt – das war die Folge.
Der Tempel stand lange unversehrt,
bis im Alter seine Mauern einbrachen;
und als er altrersschwach verfiel,
erhielt der Berg, auf dem das Bauwerk
gestanden hatte, seinen Namen
und heißt noch heute der Zisenberg.

Meisterlin in seiner vom achten capitel des ersten buchs an gedruckten Augsburger chronik handelt capitel 5 und 6 des zweiten buchs von dieser Cisa. im ungedruckten cap. 4 des ersten bezieht er sich unverkennbar auf Küchlin, und capitel 7 am ende wiederum: ›das er auch melt von der göttin Cisa, die auch genent wird Cizais, das sy geert habend nach jrem sitten, die doch aus Asia warend; dawider seind die andern, die von Cysa schreibent, die sprechent, das sy die Vindelici habend nach schwebischen sitten angebettet. von der göttin wirst du hernach mer haben ob got wil.

Unheilbare widersprüche jenes fragments liegen am tage. Bogud, ein punischer schiffshauptmann, der im jahre 494 Roms, also 260 vor Christus lebte, ist hier in einen macedonischen könig umgewandelt, und Avar sein sohn soll dem 200 jahre später auftretenden (ciceronischen) Verres, oder gar dem noch jüngeren Varus gleichzeitig sein. doch kommen Bogudes und Varus auch als zeitgenossen des Pompejus vor bei Dio Cassius 41 und 42. welcher Titus Annius unter dem praetor gemeint wird, errathe ich nicht; ein gleichnamiger consul findet sich im jahre 601 und 626 der stadt, also 123 und 158 jahre vor Christus. Vellejus Paterculus kann dergleichen nicht verfaßt haben.

Aber all der unsinn, den sie enthält, hebt den werth der merkwürdigen überlieferung für uns nicht auf. schon der reinere, lateinische stil thut dar, daß sie nicht erst im zwölften jahrhundert niedergeschrieben sein kann; Lazius und Velser sind geneigt, sie in das carolingische zeitalter zu setzen, zugleich scheint sie von einem ausländer, dem die Deutschen heiden und barbaren waren, abgefaßt. durch die glossen wird die örtliche anknüpfung der ganzen tradition an Augsburg und die umgegend befestigt, und nicht bloß die lateinischen verse, auch die deutschen formen werthaha, cizûnberc, habino, habinonberc scheinen über das 12. jahrhundert hinaus zu reichen.

Habino (Hepino), Habinolf ist urkundlicher althochdeutscher mannsname; ein Cacus kenne ich nicht, sprachgemäßer schiene Cagan, Cacan, worauf der verglichene ortsnamen Geginen leitet. einzelne der angeführten benennungen haben sich bis heute erhalten. Perlach heißt fortwährend die anhöhe mitten in der stadt, nächst dem rathhaus, auf welcher im jahre 1064 das stift und die kirche sankt Peter gegründet wurde; die verse: subdidit hunc (collem) Romae praepes victoria Petro sind also später gedichtet?

Der name perleih, den die sage auf periens oder perdita legio zieht, gemahnt an das althochdeutsche eikileihi, aigilaihi (phalanx); leih ist auch in andern zusammensetzungen vieldeutig.

Zisenberg und Havenenberg sind heute verschollen, die dörfer Pfersen (Verisse) Kriegshaber desto bekannter. auf welche weise die richtigere alte form Criechesaveron immerhin zu erklären sei, es leuchtet hervor, daß die benennung des ortes Criahhes (graeci) avarâ (imago, sonst auch avaro proles) den Graecus Avar erst erzeugt hat, wie Habinonberc den helden Habino. des Auersberger chronisten angabe, die lateinischen verse seien an allen diesen orten eingehauen gewesen, ist zu verwerfen.

Es ergibt sich, daß die überlieferung, nach ihrer weise, gegründetes und erdichtetes mengte; das merkwürdigste was sie enthält ist aber die nachricht von einer suevischen göttin. Cisa scheint ältere, bessere schreibung, Ciza weniger deutbar. aus der göttin namen läßt sich indessen Cisara, als benennung der stadt, schwerlich herleiten, wenn es rein deutsche formation sein soll, denn nie werden ortsnamen auf solche weise aus weiblichen oder männlichen eigennamen gebildet. annehmlicher schiene Cisara = Cisae ara, nach dem altar und tempel der gottheit; die späteren schreiber entstellten Cisaram in Zizarim, Zizerim?

Cisa wird von den Sueven aufs eifrigste (religiosissime) verehrt, ihr jahrestag ist ein hauptfest, dem spiel und der freude geweiht; dieser tag wird genau als der neunundfünfzigste vom ersten august an beschrieben: er fiel also auf den 28. september. zu dieser zeit konnte ein fest der gottheit begangen werden, die das gedeihen der eben eingebrachten ernte verliehen hatte.

Den 29 september feierten die Christen einen ihrer hehrsten tage, des heiligen Michael, der oft einen heidnischen gott des kriegs und siegs vertreten muste.

bemerkenswerth scheint, daß die Sachsen ihr großes siegsfest etwa in die nemliche zeit, den beginn des october legten.

Von dem nächsten sonntag nach Michaelistag rechnete man im mittelalter die heilige gemeinwoche an.

In der überlieferten, sicher echten zeitbestimmung finde ich die glaubwürdigkeit der sage bestätigt.

Wer ist nun Cisa? man wird zunächst an des Tacitus suevische Isis denken, deren name nicht einmal fern von Cisa, Zisa zu liegen scheint, wenn man den bloßen abgang des anlauts erwägt, den bei dem Römer die ähnlichkeit der bekannten Isis verursachen konnte.

Wäre aber auch Zisa grundverschieden von Isis, so läßt sie sich mit desto größerm recht unserm Zio an die seite stellen, in welchem wiederum ein echt schwäbischer gott hervorleuchtete, ja neben dem behaupteten femininen Ziu galt vielleicht die nebenform Zisâ, so daß sich ihr Zisûnberg dem Ziewesberg, Zisberg des gottes genau vergliche.

Soll ich für diese vermutung einen grund anführen, der gar nicht ohne schein ist? die mittelniederländische benennung des dritten wochentags lautete seltsam Disendach, das offenbar aus Tisendach verderbt unmittelbar auf Tise = Zisa führt. es wird darauf ankommen sie durch künftige forschungen zu bestätigen, doch daß drei gottheiten den Sueven überwiesen sind, Zio, Zisa und Isis, steht schon jetzt fest.

Die untersuchung wendet sich endlich zu den göttinnen der nordischen glaubenslehre, von denen auch im übrigen Deutschland unzweideutige spuren vorhanden sind.

... ...

Mit itis zusammengesetzt sind die frauennamen Itispuruc, Itisburg, Idisburg und Itislant, die wie Hiltipurc, Sigipurc, Sigilant sich für solche frauen unsrer vorzeit eignen.

Aber viel reichere aufschlüsse über ihr wesen gewinnen wir aus den nordischen quellen, es ist bisher verkannt worden, daß dem althochdeutschen itis, angelsächsischen ides das altnordische dîs plural dîsir entspricht; ein beispiel ähnlicher aphaeresis war Rîgr für Iring, und Sangrim, Singrim für Isangrim, Isingrim. alle zweifel schwinden sobald man das eddische dîs Skiöldûnga mit dem angelsächsischen ides Scildinga (Beovulf) vergleicht.

Auch die nordischen dîsir sind bald gütige, schirmende, bald feindliche, hindernde wesen. ein beispiel der letzteren art liefert die geschichte von Thiðrandi, den dîsir umbrachten, thann er sagt at dîsir vaegi, quem deas interfecisse dicunt (Nialssaga); die umständliche erzählung nennt sie bloß konur (frauen). spâdîsir (nymphae vaticinantes) in der Völsungen saga sind nichts anders als was spâkonur; die redensart: ›ecki eru allar dîsir dauðar enn‹ (Alfs saga) sagt ganz allgemein: noch sind nicht alle guten geister ausgestorben. ›yðr munu dauðar dîsir allar‹ (euch sind alle geister todt) (fornaldur sögur).

Das volk aber verehrte sie und brachte ihnen opfer: öfter ist die rede von dîsablôt (Egilssaga, Vigaglum saga); blôta kumla dîsir (deabus tumulatis sacrificare) (Egilssage).

Aus dieser stelle folgt ein zusammenhang der dîsir mit gespenstern, d. h. abgeschiednen geistern, deren wiedererscheinen vorbedeutet: ›konor hugðak dauðar koma î nôtt‹, todte frauen, d. h. dîsir. Herjans dîs ist nympha Odini, eine in Valhöll wohnende, zu Oðins gebot stehende jungfrau; dîs Skiöldûnga, aus dem geschlecht der Skiöldunga abstammende göttliche jungfrau, wird sowol Sigrûn als Brynhild genannt, vergleiche angelsächsisch ides Scyldinga und ides Helrninga (Beovulf). aber selbst Freyja heißt Vanadîs (nympha Vanorum) und Skaði, eine andere göttin, öndurdîs (die in holzschuhen gehende), was gleichviel ist mit öndurgud.

Mehrere weibliche eigennamen sind mit dîs zusammengesetzt: Thôrdîs, Hiördîs, Asdîs, Vigdîs, Halldîs, Freydîs und sie zeigen das beträchtliche alter der einsilbigen form dîs, welche auch in der edda stets auf D alliteriert, althochdeutsch hätte man

59

Donaritis etc. zu gewarten. dem ursprünglichen idis könnte der name der göttin Idunn verwandt scheinen.

Wenn, wie ich annehme, schon zu Tacitus zeit der ausdruck idis gangbar war, so meldet er uns andere mehr besondere benennungen als bloße eigennamen, denen gleichwol noch ein gewisser allgemeiner sinn zustehen mag. bereits im fünften capitel als der zusammenhang zwischen wahrsagerinnen und dem priesteramt gewiesen wurde, habe ich die zeugnisse über Veleda, Ganna und Aurinia beigebracht.

Veleda scheint fast appellativ, und dem nordischen Vala, Völva oder gar dem masculinum Völundr, vielleicht auch der benennung der valkyrien verwandt. Sie wohnt auf einem thurm, wie Jetha und Brynhildr. eingegangene verträge wurden in ihrer gegenwart geheiligt; sie weissagte nicht bloß, sie hatte unter dem volk geschäfte zu schlichten und auszuführen. wird die Vala, nach der das berühmte lied Völuspâ genannt ist, auch Heiđr und Gullveig geheißen, und wie mit -heid unsre frauennamen Adalheid, Alpheid u. s. w. gebildet sind, will Finn Magnusen Veleda aus Valaheid, was sich aber nirgend anbietet, herleiten. Sehr anziehend ist die von ihr gegebne schilderung: wohin im lande diese vala velspâ (fatidica) kam, übte sie zauber, man glaubte, daß sie umherziehe und in die häuser einkehre.

Dies ›til hûsa koma‹ gemahnt an das ›drepa â vett sem völur‹ (pulsare aedes sicut fatidicae), wie auch anderwärts von weissagenden, begeisternden und heilbringenden frauen angenommen wurde, daß sie durch das land führen und an die häuser der menschen klopften, die sie beglücken wollten.

VII 2.   Disen-Göttinnen

VII 2. a)   Merseburger Zauberspruch

Dieser um ungefähr 750 n.Chr. verfaßte Zauberspruch zum Lösen von Fesseln wendet sich an die Disen („Idise") um Hilfe, die als eine Gruppe von Müttern aufgefaßt wird. Auch hier findet sich daher ein möglicher Zusammenhang zu den Matronen, die wie die Disen u.a. auch Erntegöttinnen waren. Das „Aufreizen der Heere" erinnert an die Nornen und Walküren, die ursprünglich Aspekte der Jenseitsgöttin gewesen sind.

Einst saßen Idise,
setzten sich die hehren Mütter.
Einige hefteten Fesseln,
einige reizten die Heere auf.
Einige klaubten herum
an den Volkesfesseln
Entspringe den Haftbanden,
entkomme den Feinden.

VII 2. b)   Gesta danorum

Hagbard wurde gefangengenommen und vor die Versammlung gebracht und sah, daß die Stimmen der Leute über ihn uneinig waren, denn viele sagten, daß er für eine so große Beleidigung bestraft werden müsse, aber Bilwis, der Bruder von Bolwis fand zusammen mit anderen, daß es eine bessere Entscheidung wäre, seine standhaften Dienste in Anspruch zu nehmen, statt mit ihm gnadenlos zu verfahren.

Da trat Bolwis vor und erklärte, daß ein übler Rat sei, den König zum Verzeihen zu drängen, wenn er doch Rache nehmen sollte, und seine gerechtfertigte Wut durch unangemessenes Mitgefühl zu erweichen, denn wie könne Sigar in dem Fall dieses Mannes irgendeinen Drang spüren, ihn zu schonen oder zu bemitleiden, da er ihn nicht nur des zweifachen Freude seiner Söhne beraubt habe, sondern zudem auch noch seine Tochter durch deren Entjungferung beleidigt habe?

Der größere Teil der Versammlung stimmte für seine Ansicht und Hagbard wurde verurteilt und ein Galgen aufgerichtet, der ihn empfangen sollte. So kam es, daß der, der zunächst kaum eine ablehende Stimme gegen sich hatte, schließlich von allgemeiner Härte bestraft wurde.

Kurz danach reichte die Königin ihm einen Kelch, bat ihn, seinen Durst zu löschen, und ärgerte ihn auf diese Weise mit Drohungen: „Nun, unverschämter Hagbard, hat Dich die gesamte Versammlung zum Tode verurteilt. Lösche jetzt Deinen Durst, indem Du Deinen Lippen den Trank aus diesem Horn gibst. Lasse nun Deine Angst fahren und schmecke in dieser letzten Stunde Deines Lebens mit kühnen Lippen den tödlichen Kelch. Wenn Du ihn getrunken hast, wirst Du zu den Behausungen derer in der Tiefe gehen und in die abgesonderten Palast der strengen Dise wandern und Deinen Leib dem Galgen und Deinen Geist der Hel geben."

Da nahm der junge Mann den Kelch an und es wird gesagt, daß er wie folgt geantwortet habe: „Mit dieser Hand, mit der ich Deine beiden Zwillingssöhne getötet habe, ergreife ich mein letztes Schmecken, ja, das Trinken meines letzten Trunks."

Dieser „Todestrank" verursacht nicht den Tod, sondern er ist der Trank, der vor dem Tod getrunken wird – sonst wäre der Galgen nicht nötig.

Die „strenge Dise" ist die Jenseitsgöttin Hel.

VII 2. c) „Dise" = „Göttin"

In den Liedern, Mythen und Sagas der Nordgermanen wird das Wort „Dise" mehrmals im Sinne von „Göttin" benutzt. Dabei findet sich in dem ältesten dieser Texte, der von ca. 830 n.Chr. stammt, die Bezeichnung „hohe Dise", was deutlich auf die göttliche Verehrung der Disen hinweist.

Göttin	*Dise*		Sturla Thordarson	Hakonarkvida
Göttin	*Dise*		Thjodolfr von Hvini	Haustlöng (2x)
Göttin	*Dise*		anonym	Mariuvisur II
Göttin	*Dise*		Jatgeirr Torfa-Sohn	Lausavisur
Göttin	*Hohe Dise*		Bragi der Alte	Fragmente

VII 3.   Disen-Opfer

Es ist nicht nur das Wort „disa-blot" für „Opfer an die Disen" überliefert worden, sondern auch fünf Beschreibungen eines Disen-Opfers, die allerdings alle recht knapp gehalten sind.

VII 3. a)   Die Saga über Fridthjof den Kühnen

Danach ruderten mit dem Boot hinüber und kamen nach Syrstrand. Da erfuhren sie, daß die Könige (im Tempel) *in Baldurs-Hag waren und dort den Disen opferten.*
... ...
Da ging Fridthjof hinein und sah, daß nur wenige Leute in der Halle der Disen waren: Die Könige waren zu dieser Zeit dort am opfern und saßen und tranken.

In diesen Zeilen finden sich drei Hinweise auf den Disen-Kult:

- Die Disen wurden manchmal im Tempel des Baldur verehrt.
- Die Könige selber opferten den Disen.
- Zu dem Opfer an die Disen gehörte auch das Trinken von Met o.ä.

VII 3. b)   Die Saga über Hervor und König Heidrek den Weisen

An einem Herbsttag veranstaltete König Alf („Alberich") *ein großes Disen-Opfer und Alfhild ging zu den Opferungen. Sie war schöner als alle Frauen und auch alle anderen Leute in Alfheim waren schöner anzusehen als andere Menschen zu jener Zeit.*

Auch hier finden sich mehrere Hinweise auf den Disen-Kult:

- Die Disen-Opfer waren Blut-Opfer.
- In dem Tempel der Disen stand ein Altar.
- Das Disen-Opfer wurde von einer Königstochter durchgeführt.
- Die Disen werden mit den Alfen assoziiert (König Alf, Alfhild, Alfheim).
- Die Disen wurden mit Tyr-Alberich assoziiert.

VII 3. c)   Heimskringla

König Adils war einst bei einen Disen-Opfer und als er um die Diesen-Halle herumritt, stolperte sein Roß Rabe und fiel und der König wurde mit seinen Kopf vorwärts auf einen Stein geschleudert, wodurch der Schädel zerbrach und sein Gehirn herausquoll. Adils starb in Uppsala und wurde dort in einem Hügelgrab bestattet.

VII 3. d)   Egil-Saga

König Erik und Königin Gunnhilda kamen an diesem Abend nach Atla-Insel und Bard hatte ein Festmahl für den König vorbereitet. Es wurde ein großes Festmahl für die Disen durchgeführt. Das Mahl war üppig und in der Halle fand ein großes Trinken statt.

VII 3. e)   Egil-Saga

Egil ergriff das Trinkhorn und trug eine Strophe vor:

„Ihr, die ihr die Hügelgräber mit Zauberliedern verehrt!
Man könnte sagen, daß es hier
auf der Diesen heiligem Fest an Bier mangelt.
Ich sehe, daß Du ein tückischer Betrüger bist.“

VII 4.   Disen-Hilfe

VII 4. a)   Sigdrifa-Lied

Die Disen waren auch Geburtshelferinnen, was gut zu ihrer Verwandtschaft mit den Matronen, die drei Mutter- und Fruchtbarkeitsgöttinnen waren, paßt.

Bergrunen schneide, wenn Du bergen willst
Und lösen die Frucht von Frauen,
In die hohle Hand und hart um die Knöchel
Und heische der Disen Hilfe.

   bergen = schützen
   Frauen-Frucht lösen = bei der Geburt helfen
   heischen = erbitten

VII 5. Disen, Fylgjas und Walküren

VII 5. a) Die Saga über Half und seine Berserker

Die Disen sind in den beiden folgenden Liedern sowohl die persönlichen Schutzgeister („Fylgjas") der Krieger, die deren „persönliches Glück" bewahren, als auch die Walküren, die den Ausgang eines Kampfes bestimmen.

Diese Verwendung des Wortes „Dise" ist dadurch entstanden, daß sich bei den Germanen die Vorstellungen über die Seelen („Alfen"), die Krafttiere („Fylgias") und die Wiedergeburts-Göttin im Jenseits und ihre verschiedenen Aspekte (Nornen, Walküren) miteinander vermischt haben.

Als Ulf sich bereiterklärte, gegen Utstein anzutreten und ihn provozierte, sprach Utstein:

„Dann laßt uns aufstehen / und hinausgehen,
Schild gegen Schild – / es wird nicht lange dauern.
Irgendetwas sagt mir, / daß ich meinem Glück vertrauen soll,
hier in Dänemark, den Helm auf meinem Haupt: / unsere Disen stehen in unserer Nähe."

Ulf sprach:
„Mir scheint, / daß alle Eure Disen tot sind,
daß Euer Glück ausgetrocknet ist, / tapfere Krieger!
Ich habe an diesem Morgen geträumt, / daß unsere mutigen Jungs
siegten, euch niederwarfen – / wie sehr ihr auch kämpftet!"

VII 5. b) Thorstein Viking-Sohn

Hier ist die Dise deutlich als Fylgja zu erkennen:

„Bei der Macht der Magie verspreche ich Dir, daß meine Dise Dir stets folgen und helfen wird!"

VII 6.   Disen, Nornen und Walküren

VII 6. a)   Das andere Lied über Sigurd Fafnir-Töter

Die Bezeichnung „Trugdisen" weist offenbar daraufhin, daß die Disen auch den Tod bringen können, d.h. daß sie Walküren sind.

Odin:
„Da fürchte Gefahr, wenn der Fuß Dir strauchelt,
So Du zum Kampfe kommst.
Trugdisen stehn Dir zu beiden Seiten
Und wollen Dich verwundet sehn."

VII 6. b)   Kenningar

In einigen wenigen Kenningarn sind die Disen deutlich als Nornen, die das Schicksal bestimmen, und als die Walküren, die den Schicksalsspruch der Nornen umsetzen, erkennbar.

Norne	*Dise*		Snorri Sturluson	Thulur
Walküre	*Dise des Kampf-Feuers*		Glumr Geirason	Grafeldardrapa
Walküren	*Disen der Gestirne des Mädchens des Högni*	Gestirn = Sonne und Mond = runde Schilde; Mädchen des Högni = Freya, die von Odin als Walküre zu ihm gesandt worden war	Sturla Thordarson	Hakonarkvida

VII 6. c)   Der Seherin Ausspruch

Auch die „üblen Disen" in diesem alten Lied werden wohl Walküren sein – sie fliegen wie Walküren in der Gestalt von Schwänen (Seelenvögel).

Brüder befehden sich und fällen einander,
Geschwister sieht man die Sippe brechen.
Der Grund erdröhnt, üble Disen fliegen;
Der eine schont des andern nicht mehr.

VII 6. d)   Hamdir-Lied

In diesem Lied treten die drei Gudrun-Söhne Hamdir, Sörli und Erp auf. Erp wird von seinen beiden Brüdern vermutlich aus Eifersucht getötet. Anschließend fehlt Hamdir und Sörli ihr Bruder als sie König Jörmunrek zu ermorden versuchen.

Die „üblen Disen" sind wieder die Nornen bzw. Walküren.

Nun läge das Haupt, war Erp am Leben,
Unser tapfrer Bruder, den wir herwärts töteten,
Den raschen Recken; üble Disen reizten mich:
Den wir heilig sollten halten, den haben wir gefällt.

VII 6. e)   Frauennamen

Die Auffassung der Disen als Walküren findet sich auch in vielen Frauennamen, die aus der Kombination des Wortes „Dise" mit der Bezeichnung für einen Kampf, eine Waffe o.ä. gebildet worden sind.

mit „Dise" gebildete Frauennamen: Walküren	
Name	*Bedeutung*
Bogdis	Bogen-Göttin (neuerer Name)
Gerdis	Speer-Göttin
Gundis	Kampf-Göttin
Bryndis	Brünnen-Göttin (Walküre)
Hedendis, Hedhindis, Hedindis, Hidindis	Felljacken-Göttin, Ulfhedin-Göttin?
Bjarndis	Bären-Göttin; Berserker-Göttin?
Adis	schreckliche Dise, Ehrfurchts-Dise
Herdis, Härdis	Heer-Göttin
Branddis	Feuer(Schwert)-Göttin = Walküre
Hjördis, Jördis, Gördis	Schwert-Göttin
Ädis	Schneiden-Göttin o.a.

Hjalmdis, Hialmdis, Hiälmdis	Helm-Göttin
Hrolfdis	Ruhmwolf-Göttin (Mutter des Tyr?)
Ulfdis	Wolf-Göttin (Mutter des Tyr?)
Hulddis	Huld-Göttin
Skjalddis, Skjolddis	Schild-Göttin
Vigdis	Kampf-Göttin
Valdis	Toten-Göttin
Blädis	Wind-Göttin (= Seelen-Mutter)

Besonders interessant sind die beiden Frauennamen „Hedin-Dise" und „Bären-Dise", da die beiden Arten von Ekstasekämpfer der Germanen entweder ein Wolfsfell trugen und nach ihm „Ulfhedinn" („Wolfsfell-Leute") genannt wurden oder ein Bärenfell trugen und dann als „Berserker" (Bärenfell-Leute") bezeichnet wurden.

Es ist zwar nicht sicher, daß die Disen einen direkten Einfluß auf die Kampfekstase der Krieger hatten, aber es stellt die Disen zumindestens sehr deutlich in die Nähe der beiden Kriegsgötter Tyr und Odin.

Da die Dise Freya die Wiedergeburts-Mutter des Sonnengott-Göttervaters Tyr gewesen ist und Tyr als Gott der Wolfskrieger der Große Wolf (Fenrir) gewesen ist, sind auch die beiden Wolfs-Namen ein Hniweis auf die Ulfhedin. Dieser Zusammenhang bestand möglicherweise allerdings nur darin, daß die Dise Freya die Wiedergeburts-mutter des Tyr als „oberstem Wolfskriegers" ist.

VII 7.   Disen und Wiederzeugung

VII 7. a)   Lausavísur des Jatgeirr Torfa-Sohn

Der einzige direkte Hinweis auf die Bedeutung der Disen in den Jenseitsvorstellungen ist eine Kenning aus einem kurzen Lied („Lausavísur") des Skalden Jatgeirr Torfa-Sohn.

In ihm wird ein Hügelgrab „Zwergenhaus" genannt – Zwerge waren Totengeister.

In diesem Zwergenhaus befindet sich eine Dise, d.h. eine Riesin-Göttin, die offensichtlich Freya bei ihrer Vereinigung mit den vier Zwergen, Menglöd in ihrem Hügelgrab bei ihrer Vereinigung mit Odin usw. entspricht. Diese Szene wird auch im Helgi-Lied beschrieben, in der sich der tote Helgi in seinem Hügelgrab mit seiner Walküren-Frau vereint.

Die Walküren waren nicht nur die Todesbotinnen, sondern auch die Göttin als Wiederzeugungs-Geliebte im Hügelgrab. Diese Funktion der Walküren ist auch der Ursprung ihrer Schwanengestalt: Da die Walküren als Wiederzeugungs-Geliebte und Wiedergeburts-Mütter die Toten als Seelenvögel wiedergebärten, mußten auch sie selber die Gestalt des entprechenden Seelenvogels haben, da sie sonst nicht deren Mütter sein konnten.

Der Skalde Jatgeirr hat das Bild der *„Dise im Zwergenhaus"* dazu benutzt, um das Adjektiv „tot" zu umschreiben: *„bei der Dise im Zwergenhaus liegen"*. Die Formulierung „bei einer Frau liegen" bedeutete damals die Vereinigung mit ihr.

VII 7. b)   Frauennamen

Es gibt noch einige weitere Frauennamen, die mit dem Wort „Dise" gebildet worden sind.

mit „Dise" gebildete Frauennamen: Wiederzeugung	
Name	*Bedeutung*
Hafdis, Havdis	Meeres-Göttin (neu?)
Hledis, Ledis	Meeres-Göttin (Schutz-Göttin?)
Unndis, Undis	Wogen-Göttin (neu?)
Brimdis	Brandungs-Göttin = Blut-Göttin
Eydis, Eidis, Eindis, Oydis, Öydis	Insel-Dise, Insel-Göttin
Holmdis	Insel-Göttin
Arndis, Ärndis	Adler-Dise, Adler-Göttin (= Tyr-Göttin?)
Odin-Disa	Odin-Göttin
Thordis	Thor-Göttin
Joddis	Kinder/Erbe-Göttin
Soldis, Saldis	Sonnen-Göttin
Heiddis, Heiddis	Licht-Göttin (neu?)

Die Assoziation der Disen mit dem Meer könnte sich evtl. auf die Wasserunterwelt beziehen – aber das alleine wäre recht unsicher, wenn es nicht noch die „Insel-Disen" gäbe, deren Insel recht sicher die Jenseitsinsel Walaskialf sein dürfte. Die Meeres-Dise ist somit entweder die Göttin „Ran" selber oder eine Vorform von ihr, also eine Göttin des Wasserjenseits, die noch nicht zur gefürchteten Riesin geworden ist.

Der Adler ist der Seelenvogel des Göttervaters Tyr/Odin. Die Dise ist somit mit Tyr (Adler), mit Odin und mit Thor assoziert worden, die in dieser Reihenfolge der wichtigste Gott und der Göttervater der Germanen gewesen sind. Dies entspricht der schon bekannten engen Verbindung der Dise mit dem Göttervater.

Der Name „Kinder-Göttin" kann sich sowohl auf die generelle Fruchtbarkeit als auch auf die Wiedergeburt beziehen oder auch auf beides – was am wahrscheinlichsten ist.

Die „Sonnengöttin" und die „Lichtgöttin" könnte sowohl die Mutter des Sonnengott-Göttervaters Tyr als auch die Sonnengöttin selber sein.

VII 8.   Disen und Engel

VII 8. a)   Sonnenlied

In diesem germanisch-christlichen Lied werden die Disen als die „Bräute des Himmels", also als Engel bezeichnet, da die Engel als helfende Wesen, die oft als Gruppe auftraten, am besten den Disen entsprachen.

Diese Verwendung des Wortes „Dise" kann sowohl durch die Dise als Sonnen-Mutter als auch durch die Disen als Walküren, die ja wie die Engel Flügel trugen, entstanden sein.

Die Disen bitte,   /   die Bräute des Himmels,
Dir holdes Herz zu hegen:
Deinen Wünschen werden sie   /   in kommenden Wochen
Alles zu Liebe lenken.

VII 9. „Dise" als Umschreibung für „Frau"

An einigen Stellen wurde das Wort „Dise" auch benutzt, um Frauen-Kenningar zu bilden. Das Wort „Dise" ist in einer Saga auch als Frauenname bekannt – was vermuten läßt, daß die betreffende Frau ursprünglich eine Göttin in einer Mythe gewesen ist, bevor sie zu einer Frau in einer Sage wurde.

VII 9. a) Kenningar

Die Kenning *„Hallen-Dise"* für Frau enthält keine für das Verständnis der Disen interessanten Hinweise, da dieselbe Kenning auch als „Hallen-Sif", „Hallen-Freya" usw. bekannt ist. Es ist lediglich erkennbar, daß die Disen in diesem Zusammenhang „gute Göttinnen" gewesen sind.

In dem christlichen Lied „Mariuvisur", das im germanischen Stil verfaßt worden ist, wird eine Frau als *sehr geschätzte Dise des Schneetreibens"* umschrieben. Das „Schneetreiben" ist in diesem Fall ihr Silberschmuck (beides ist hell und metallisch-weiß). Die „Göttin des Silberschmuckes" ist somit eine wohlhabende Frau. Der Name „Dise" wurde in diesem Fall wegen des Stabreimes gewählt: „dyr dis drifta" („teure Dise des Schneetreibens").

VII 9. b) Die Saga über Bosi und Herraud

In dieser Saga ist die Königstochter „Hleidir" die Schwester des Königs Godmund, der eine des Sagen-Varianten des ehemaligen Göttervaters Tyr ist. Da in diesem Fall wie bei Freya und Freyr „Schwester" und „Frau" identisch sind (siehe „Inzest" in Band 51), ist hier eine Dise die Frau des Tyr-Godmund. Dies bestätigt die bisherigen Betrachtungen über das Verhältnis zwischen Tyr und Dis.

Der Name „Hleidir" ist eine Umformung von „Hle-Dise" und bedeutet „Meeres-Dise" – sie ist die Göttin als Wiederzeugungs-Geliebte und Wiedergeburts-Mutter in der Wasserunterwelt.

„Hier in dem Wald steht ein großer Tempel, der König Harek gehört, der über Bjarmaland herrscht. Dort wird der Gott, der Jomali genannt wird, verehrt. Dort gibt es viel Gold und viele Schätze.

Die Mutter des Königs, die Kolfrosta genannt wird, ist die Leiterin des Tempels. Sie besitz eine so starke Zauberkraft, daß sie von nichts überrascht werden kann. Sie wußte durch ihre Magie, daß sie diesen Monat nicht überleben wird und ist deshalb in der Gestalt eines Tieres nach Osten nach Gläsirvellir gereist und hat von dort Hleidir, die Schwester des Königs Godmund, geholt und will sie zu einer ihrer Priesterinnen machen.

Das ist wirklich ein Verlust, denn sie ist die Allerschönste und die höflichste Maid und es wäre gut, wenn Kolfrosta Absichten verhindert werden würden. "

„Jomali" bedeutet in den finnischen Sprachen „Gott". „Jomali" wurde mit dem Himmel und dem Blitz assoziiert und könnte daher in etwa dem indogermanischen Dhyaus (Zeus, Deus, Tyr usw.) entsprochen haben. Im Baltikum war Jumis einer der beiden göttlichen Zwillinge, die die Söhne des Göttervaters Tyr waren (Alcis).

„Kolfrosta" bedeutet „kalter Frost" oder „bitterer Frost". Dies erinnert an den Riesinnennamen „Kaldrani", der „kalte Ran" bedeutet. „Kolfrosta" scheint daher die Jenseitsgöttin (Hel, Ran) gewesen zu sein, die aus der Göttin der Wiederzeugung und der Wiedergeburt heraus entstanden ist – sie ist auch die Mutter des Godmund, der als ehemaliger Sonnengott-Göttervater jeden Morgen wiedergeboren wurde. Die Darstellung der Kolfrosta hat sich schon recht weit ihrer späteren christlichen Interpretation als „des Teufels Großmutter" angenähert …

Kolfrosta ist die Mutter des Godmund (Tyr) und der Hleidi, die sie offenbar zu ihrer Nachfolgerin auserkoren hat, als sie erkannte, daß sie sterben würde. Kolfrosta ist die alte Jenseitsgöttin (die gefürchtete Totengöttin Hel) und Hleidi die junge Jenseitsgöttin (die ersehnte Wiederzeugungs-Geliebte).

VII 9. c)   Die Saga über Thorstein Viking-Sohn

In dieser Saga erscheint Dis als eine zauberkundige Frau, die offenbar eine Sagen-Variante der Disen in den Mythen ist.

Dis war eine Tochter des Kol.

Kol ist aufgrund seiner Beschreibung in der Saga als ein Tyr-Riese erkennbar. Dis ist hier also die Tochter des Tyr. Aufgrund der Wiederzeugung zwischen Göttin und Göttervater sowie das spätere Motiv der gemeinsamen Wiedergeburt war die Göttin sowohl die Mutter, die Frau als auch die Tochter des Göttervaters (siehe „Inzest" in Band 51).

… … …

Dis heiratete Jokul Eisen-Rücken, ein blauer Berserker. Sie und ihre Brüder teilten ihres Vaters Erbe zwischen sich auf und sie erhielt das Horn.

Das Horn mit dem Met ist ein Attribut der Göttin – sie reichte als Walküre den Toten, wenn sie im Jenseits ankamen, ein Horn voll Met, das von seiner Symbolik und seiner Wirkung her den Äpfeln der Idun entsprach: es gab dem Toten seine ewige Jugend, d.h. seine Wiedergeburt.

Dis erscheint hier somit als in die Saga übertragene Göttin Idun bzw. als eine Walküre.

Ein „blauer Berserker" ist eigentlich der Totengeist eines Berserkers. Die „Blaumenschen" sind in den Sagas zu einer Art von Riesen aus dem Norden geworden.

... ...

Halfdan antwortete: „Hier hat die Gestaltwandlerin Dis Kol-Tochter mit ihren Listen Erfolg gehabt und ich glaube, daß es schwierig werden wird, von ihr Unterstützung für dafür zu erhalten, diese Sache wieder in Ordnung zu bringen, da sie zweifellos glaubt, daß sie ihren Bruder Harek Eisenkopf gerächt hat.

Ich biete Dir nun die Ziehbruderschaft an – laß uns versuchen, ob wir uns nicht an Dis rächen können. "

Da antwortete Viking hierzu: „Wegen meiner Schwäche habe ich keine Hoffnung, Dis und ihren Mann töten zu können. "

Dis wird als Gestaltwandlerin bezeichnet, d.h wörtlich als eine „Ham-Springerin", d.h. als eine Frau, die die Gestalt eines Tieres annehmen und in dieser Gestalt umherlaufen kann.

... ...

„Ich will für mich das gute Horn der Dis Kol-Tochter haben, " sprach Halfdan.

„Dann versuch das selber, " sprach Lit, „denn es wäre mein Tod, wenn ich das versuchen würde – aber selbst dieses Selbstopfer wäre vergebens, denn Du weißt auch, daß es in der ganzen Welt nicht solch einen Trollfrau wie Dis gibt! "

Die Bezeichnung der Dis als „Troll" bestätigt ihren engen Zusammenhang mit dem Jenseits: Sie ist von einer Göttin (im Jenseits) zu einer zauberkundigen Trollfrau geworden.

... ...

Da fiel Jokul, aber war noch nicht tot, und er sprach: „Ich habe gewußt, daß dann, als Dis von ihrem Glück verlassen wurde, viel Übles kommen würde – das erste war,

75

daß der Schuft Lit sie betrog und ihr daher das Horn stehlen und sie zugleich so verletzen konnte, daß sie noch immer durch diese Begegnung an ihr Bett gebunden ist. Aber ich neige dazu zu denken, daß auch er nicht ganz ohne Verletzung davongekommen ist. Wenn sie auf den Füßen gewesen wäre, wäre die Sache nicht so ausgegangen.

Aber ich bin froh, daß ihr die Prinzessin Hunvor nicht meinem Schwager Ingjald Schnauze habt rauben können."

Nach diesen Worten starb er und sie ließen den Siegesschrei erschallen und den Verwundeten, die geheilt werden konnten, wurde Pardon gewährt.

Sie fanden dort große Beute und fanden am Strand Dis, die von ihrem Zusammentreffen mit Lit fast leblos war. Sie ergriffen sie, zogen ihr ein ganzes Fell über den Kopf und steinigten sie zu Tode.

VII 9. d) Die Stadt Hleidra

In der Eisenzeit gab es auch der Insel Seeland in Dänemark das Königreich Lejre. Dieses Reich war nach seiner Hauptstadt benannt worden, deren Name ursprünglich „Hleidra" gelautet hat. „Hleidra" und „Hleidi" könnten dasselbe Wort sein – einmal mit einer Stadt-Endung und einmal mit einer Feminin-Endung.

In dieser Stadt wird die Halle „Heorot" („Hirsch-Halle") gestaden haben, in der Beowulf in dem ersten Teil des nach ihm benannten Epos gegen den Tyr-Riesen Grendel kämpft. Dieser Kampf ist eine Variante des Kampfes des Thor gegen Tyr bei dessen Absetzung um ca. 500 n.Chr. Zu genau dieser Zeit spielen auch die Ereignisse im Beowulf-Epos.

Der Name „Beowulf" bedeutet „Bienen-wolf" und ist eine Kenning für „Bär". Der Bär ist wiederum eng mit Odin verbunden, der der „Schutzpatron" der Berserker („Bärenfell-Männer") ist.

In dieser Stadt herrschten die Sköldungen, deren Urahn Sköld als Sohn des Odin selber angesehen wurde. Odin ist wiederum der Nachfolger des Tyr. Freya ist schließlich die Geliebte des Odin – vor der Absetzung des Tyr war sie sehr wahrscheinlich dessen Geliebte. In Hleidra-Lejre wurden auch eine Statuette des Odin gefunden.

In der Saga über Bosi und Herraud ist Hleidi (Freya) die Schwester des Königs Godmund, der eine Sagen-Variante des Tyr ist.

Vor diesem Hintergrund erscheint es zumindestens gut denkbar, daß „Hleidi" ein Beiname der Freya ist, den diese von der Stadt „Hleidra" erhalten, die wiederum nach der Meeresgöttin „Hle-Dise" benannt worden ist.

VII 10. Zusammenfassung

Die Göttinnen Freya, Idun, Skadi und Menglöd wurden als Disen mithilfe von Disen-Opfern in Disen-Tempeln verehrt. Diese Tempel standen zumindestens manchmal auf Bergen und in ihnen befand sich ein Altar. Die Opferungen der Tiere wurden zumindestens manchmal von den Königen oder der Königstochter durchgeführt. Zu dem Diesen-Opfer gehörte auch ein gemeinsames Trinken.

Die Dise ist durch die Wiedergeburts-Symbolik die Mutter-Frau-Schwester-Tochter des ehemaligen Göttervaters Tyr gewesen. Die wichtigste der Disen ist die Frau, d.h. die Wiederzeugungs-Geliebte und die Wiedergeburts-Mutter des Tyr gewesen – diese Dise ist sehr wahrscheinlich Freya gewesen. Aufgrund dieser Symbolik waren die Disen auch eng mit den Toten (Alfen) verbunden – Tyr war der Alfen-König („Alberich").

Anschließend an Tyr war die Dise mit dem neuen Göttervater Odin und schließlich mit Thor, der zu dem wichtigsten Gott geworden war, verbunden.

Da der Seelenvogel des Göttervaters bei den Indogermanen allgemein der Adler ist, wurden auch die Disen mit dem Adler assoziiert: Der Adler-Seelenvogel war der wiedergeborene Göttervater.

Als Jenseitsgöttinnen waren die Disen auch Meeres-Göttin und die Herrin der Jenseitsinsel.

Der Frauenname „Kinder-Göttin" kann sich sowohl auf die generelle Fruchtbarkeit als auch auf die Wiedergeburt beziehen oder auch auf beides – was am wahrscheinlichsten ist.

Der Frauenname „Sonnengöttin" und die „Lichtgöttin" könnte sowohl aus der Vorstellung über die Dise als die Mutter des Sonnengott-Göttervaters Tyr als auch der Dise als der Sonnengöttin selber stammen.

Die Disen waren weise, hilfsbereit, friedlich und beschützend. Sie sind die Seelenmütter. Die Disen konnten auch Gefangene von ihren Fesseln befreien.

Sie wurden auch als Schutzgeister („Fylgjas") eines Menschen angesehen – dies ist vermutlich eine Vermischung der eigenen Seele mit der persönlichen Schutzgöttin. Sie bewahrte auch das „persönliche Glück" eines Menschen.

Die Disen wurden manchmal auch im Tempel des Baldur verehrt.

Die Disen oder „die Dise" war auch die Beschützerin der Ernten, wie ihr Fest am 28. September zeigt. Vermutlich ist der Beiname „Geberin" der römisch-keltisch-germanischen Matronen, die zwischen 70-240 n.Chr. vor allem am Niederrhein verehrt worden sind, eng mit den Disen als Erntegöttinnen verwandt. Diese „Geberin" wurde dann im Altnordischen zur „Gefion" („Geberin"), was ein Beiname der Freya ist. Freya war wiederum die Schwester-Frau des Freyr, der der Gott der guten Ernten gewesen ist.

Als Muttergöttinnen halfen sie auch den Frauen bei der Geburt ihrer Kinder.

Die „Dise" ist vermutlich mit der Göttin „Isis" identisch, über die Tacitus um 100 n.Chr. bei den Germanen-Stamm der Sueben berichtet. Disen wurden somit sowohl beiden Nordgermanen als auch bei den Südgermanen verehrt – was auch zu erwarten ist, da der Begriff „Dise" nicht nur die Göttin Freya, sondern auch die Göttinnen allgemein bezeichnet hat.

Die Auffassung der Disen als Nornen und Walküren ist vermutlich eine eher späte Entwicklung, da alle anderen Charakterzüge der Disen ausgesprochen friedlich sind. Die Nornen und Walküren sind aus den Vorstellungen über die Göttin Freya heraus entstanden (siehe auch „Freya" in Band 22, „Nornen" in Band 30 und Walküren in Band 31).

In der christlichen Bilderwelt wurden die Disen schließlich zu Engeln.

Es besteht kein prinzipieller Unterschied zwischen den Disen und den Göttinnen (Asinnen, Waninnen) – „Dise" ist einfach eine alte Bezeichnung für „Göttin".

VIII Ahnen

VIII 1. Wortschatz

VIII 1. a) Namen für die Ahnen

Der deutlichste Hinweis auf die große Bedeutung der Ahnen sind die Riesen, Zwerge, Alfen und Trolle, die die germanischen Mythologie bevölkern und einen großen Teil der Dynamik der Mythen ausmachen.

Der Name „Zwerg" (germanisch „dwergaz") bedeutet wörtlich „Ahnengeist". Die Wurzel dieses Wortes ist das indogermanische „dhuerg" mit der Bedeutung „klein, verkrüppelt, Geist, Gespenst". Die Vorstellung des „kleinen Geistes" ist offenbar schon sehr alt. Die Ahnengeister sind vermutlich klein, weil sie im Jenseits wiedergeboren werden und daher zunächst einmal Babys sind. Die Germanen haben das Bild der Ahnengeister dann einen Bart ergänzt, der ihr großes Alter, das sie im Diesseits und im Jenseits erlangt haben, ergänzt, wodurch die Ahnen zu „kleinen Menschen mit Bart" geworden sind.

Die Riesen sind die Ahnen der Götter (Asen und Wanen). Dies zeigen zum einen die Genealogien und zum anderen der Umstand, daß Riesen zwar Götter als Kinder haben können (und später dann auch Menschen), aber daß niemals Götter (oder Menschen) Riesen als Kinder haben können. Der allererste Riese ist der Urriese, der ursprünglich die Welt selber gewesen ist – die Erde, der Himmel, das Meer usw. wurde als ein einziger großer Riese angesehen. Bei den Germanen wurde die Welt aus den Körperteilen dieses Riesen erschaffen. Die Kinder des Urriesen konnten nicht genausogroß wie er sein (sonst hätte es mehrere Welten gegeben), sondern waren kleiner – die Götter. Und die Götter waren die Urahnen der Menschen.

Die Trolle sind eine recht unscharfe Kategorie von Ahnengeistern, die zwar meistens die Geister von Menschen sind, aber die Gestalt von Riesen haben und zudem oft als Menschenfresser dargestellt werden. Sie sind offenbar von „guten Ahnen" aufgrund der allgemeinen Angst vor dem Tod zu „gefürchteten Ahnen" geworden.

Die Alfen treten in den Mythen nur recht selten auf und scheinen die Ahnen im dem früheren Himmelsjenseits des ehemaligen Göttervaters Tyr zu sein.

Auch die nur selten erwähnten „Blaumenschen" und „Blauriesen" sind Totengeister, da „schwarzblau" die Symbol-Farbe des Todes war. Auch der tote und zerstückelte Urriese Ymir wurde „Blain", d.h. „Blauer" genannt.

VIII 1. b) Personennamen

Die Wichtigkeit der Ahnen spiegelt sich auch in den Personennamen wider, die mit dem Wort „Anu" für „Ahn" gebildet worden sind. Dieses Wort für „Vorfahren" lautete bereits im indogermanischen „an".

Diese „Ahnen-Namen" sind fast ausschließlich Männernamen, was vermuten läßt, daß der Halt bei den Ahnen entweder vor allem bei den Vätern oder eben von Männern gesucht wurde.

Dies entspricht dem Umstand, daß es nur männliche Zwerge gibt – nur bei den Männern gab es eine Wiederzeugung und eine Wiedergeburt. Was mit den Frauen nach ihrem Tod geschieht, wird nirgendwo in der Überlieferung genauer beschrieben – außer das auch sie ins Jenseits kamen.

Dazu paßt, daß in den bekannten Fälle stets Männer die Toten beschwören – wenn man einmal von Hervor absieht, die von ihrem Vater dessen magisches Schwert haben wollte, das bei diesem in seinem Hügelgrab lag.

Odins Beschwörungen einer Seherin könnten eine Umdeutung einer Jenseitsreise des Odin zu der Unterweltsgöttin Hel sein.

Es ergibt sich somit aus den Personennamen und aus der Überlieferung, daß der Regelfall vermutlich die Beschwörung eines verstorbenen Vaters durch seinen Sohn gewesen sein wird. Bei einem solchen „Utiseta" baten die Lebenden ihre Vorfahren um Rat und Hilfe.

Die mit „Ahn" gebildeten Personennamen können nun Aufschluß darüber geben, was sich die Nachkommen von ihren Ahnen erwünscht haben:

mit dem Wort „Ahnen" gebildete Personennamen		
Namen		*Bedeutung*
Männer	*Frauen*	
Anulaibar, Anuleifr, Oläifr, Ollauff, Olaf, Olliver	Uliivi, Olaf	Ahnen-Sohn
Anugeirar, Aväirr		Ahnen-Speer
Anuwindur		Ahnen-Sieger (die Ahnen helfen siegen)
Anuwandur		Ahnen-Stab
Önnundr		Ahnen-Gewinner (proto-nordisch)
	Oberg	Ahnen-Schützerin oder Besitz-Schützerin

Der Name „Olaf", der zunächst die Bedeutung „Ahnen-Sohn" und später dann auch die Bedeutung „Erb-Sohn" und einfach „Erbe" hatte, ist am beliebtesten gewesen. Er faßt den so benannten Mann in erster Linie als als „Erweiterung" und „Fortführung" seines Vaters auf.

Derartige Namen waren in den alten Kulturen weit verbreitet. So lautete z.B. einer der beliebtesten altägyptischen Namen „Antef", was sich aus „ini-it-ef" zusammensetzt und wörtlich „der seinen Vater bringt" bedeutet, womit „der wie sein Vater ist" oder „der das Wesen seines Vaters erhält und fortführt" gemeint ist.

Die Kontinuität in der väterlichen Linie ist offenbar als eine Art des Weiterlebens der Verstorbenen empfunden und angesehen worden.

Die drei Namen „Ahnen-Speer", „Ahnen-Sieger" und „Ahnen-Gewinner" sind leicht zu verstehen: Die (männlichen) Ahnen sollen ihrem Nachkommen helfen, im Kampf zu siegen.

Bei der Anrufung der Götter ist der Stab der Priester und Priesterinnen das Symbol des Weltenbaumes und somit auch der Verbindung von Diesseits und Jenseits sowie von Priestern und Göttern. Daher wird der Stab bzw. Weltenbaum als der Weg zwischen den Welten auch die Verbindung der Menschen im Diesseits zu ihren verstorbenen Ahnen im Jenseits sein. Auf diese Weise wird der Name „Ahnen-Stab" entstanden sein.

Der Frauenname „Oberg" ist von seiner Deutung her unsicher. Er wäre, falls „O" wirklich aus „Anu" („Ahn") entstanden sein sollte, die einzige Ausnahme unter diesen männlichen „Ahnen-Namen" – die weiblichen „Olaf"-Formen sind aus den männlichen „Olaf"-Formen abgeleitet worden. Daher ist es wahrscheinlich, daß „Oberg" von „Audberg" abstammt und die „Schützerin des Besitzes" ist – zumal es auch einige andere Frauennamen mit dieser Bedeutung gibt.

VIII 2.   Ahnen allgemein

Die Ahnen scheinen zumindestens in einer früheren Phase der germanischen Religion eine große Rolle gespielt zu haben.

VIII 2. a)   Indiculus superstitionum et paganiarum

In dieser um ca. 785 n.Chr. für die Missionierung der Sachsen durch Karl den Großen verfaßten Schrift werden in dreißig Kapiteln dreißig Themen behandelt, von denen sich drei mit dem Ahnenkult befassen – leider sind nur die Überschriften dieser Kapitel erhalten geblieben …

Diese Toten-Verehrung wird gleich als erstes behandelt, was zeigt, daß sie wichtig gewesen sein muß.

  1. Kapitel: *„Über das Opfer an Gräbern der Toten"*
  2. Kapitel: *„Über das Opfer über den Toten, d.h. Totenmahl"*
25. Kapitel: *„Über das, was sie für sich als heilige Tote bezeichnen/erdichten"*

VIII 2. b)   Hamburgische Kirchengeschichte

Der Bischof Adam von Bremen hat 1075 n.Chr. in seiner Chronik u.a. über einen Ahnenkult bei den Schweden berichtet:

Sie verehren auch vergötterte Menschen, die sie wegen außerordentlicher Taten mit der Unsterblichkeit beschenken.

VIII 3. Ahnen-Hilfe

VIII 3. a) Utiseta

Der direkteste Hinwies für die Wichtigkeit der Ahnen ist das Utiseta, also das Beschwören der Toten, damit diese aus dem Jenseits zu ihren Nachkommen kommen und ihnen mit Rat und Tat beistehen. In der Regel werden wohl die eigenen verstorbenen Eltern oder frühere berühmte Vorfahren angerufen worden sein – später kamen dann andere berühmte Personen wie z.B. verstorbene Seherinnen hinzu (siehe „Utiseta" in Band 50).

Da es damals noch keine Schule und kaum Bücher gab, lernten die Menschen den weitaus größten Teil ihres Wissens und ihrer Kenntnisse von ihren Eltern. Zudem gab es keine Sozialversicherungen u.ä., sodaß auch in praktischer Hinsicht die Eltern und die Sippe der eigene Rückhalt waren. Daher lag es nahe, die eigenen Eltern auch nach deren Tod in Krisensituationen um Rat und Hilfe zu bitten. Dies ist der Ursprung dessen, was man in der Religionswissenschaft etwas irreführend „Ahnenkult" nennt.

VIII 3. b) Die Erhaltung des eigenen Namens

Von einigen Wikingern ist bekannt, daß es ihnen ein Anliegen gewesen ist, daß ihr Name in der Familie an einen Sohn, Enkel oder Neffen weitergegeben wurde (siehe „persönliches Glück" in Band 64b).

In diesem Zusammenhang gab es die Ansicht, daß mit dem Namen auch auch das „persönliche Glück" des Betreffenden weitergegeben wurde, das dann den, der diese Namen erhielt, stärkte.

Diese Auffassung wird aus der allgemeinen Vorstellung, daß die Ahnen ihren Nachkommen halfen, abgeleitet worden sein. Die Erhaltung des Namens des Ahnen in der Familie half dann dabei, die Erinnerung an diesen Ahn und somit auch die Verbindung zu ihm aufrechtzuerhalten, was es wiederum dem Ahn erleichterte, seinen Nachkommen zu helfen.

Dies Ansicht paßt zu dem, was aus dem Ahnenkult, der zusammen mit dem Schamanismus weltweit die älteste Religionsform ist, bekannt ist. Im allgemeinen wird im Ahnenkult zwischen vier Menschengruppen unterschieden:

1. die Menschen im Diesseits;
2. die Ahnen im Jenseits, an die sich noch jemand persönlich erinnern kann

und die mit den Betreffenden direkt verbunden sind;

    3. die Ahnen im Jenseits, an die sich niemand mehr persönlich erinnern kann und die daher nur noch in wenigen Fällen mit ihren Nachkommen (indirekt) verbunden sind;

    4. die Ahnen, die aufgrund ihrer Taten nicht nur von ihren direkten Nachkommen um Rat und Hilfe gebeten werden und daher zu „Stammes-Ahnen" o.ä. geworden sind.

VIII 3. c) Ahnenreihen

    Eine spezielle Form der Verbindung zu den Ahnen findet sich bei den Königen, deren Ahnenreihen stets mit einem Gott und manchmal gleichzeitig auch noch mit einer Göttin beginnen (siehe auch „Tyr" in Band 3, „Heimdall" in Band 8, „Odin" in Band 13/14 und „Freyr" in Band 15).

Dadurch ist der König ein Nachkomme dieses Gottes und steht unter dessen persönlichem Schutz – so wie ein jeder Mensch unter dem Schutz seiner Ahnen steht.

VIII 4.   Die Ahnen in der indogermanischen Überlieferung

Es gibt keine einzige indogermanische Religion, in der der Kontakt zu den Ahnen keine Rolle gespielt hätte. Die Rolle der Ahnen ist überall dieselbe: Sie sind Vorbild, Ratgeber und Helfer für ihre Nachkommen.

Da diese Bedeutung der Ahnen bei allen Indogermanen dieselbe ist und keine weitere Differenzierungen aufweist, die man untersuchen könnte (wenn man einmal von den Zwergen bei den Germanen und Kelten absieht), wird der Glaube an die Ahnen und der Totenkult hier nicht ausführlicher dargestellt.

Einzelne Aspekte wie z.B. die Verwandlung in einen Herdentier auf der Jenseitsreise der Ahnen in das Jenseits finden sich bei den betreffenden Tieren in Band 42 sowie bei den entsprechenden Tier-Verwandlungen in Band 65.

VIII 5.   Die Ahnen in anderen Religionen

Die Bitte an die Ahnen um Rat und Hilfe findet sich in so gut wie jeder älteren Religion. Mit ihr sind oft bestimmte Rituale, Totenbeschwörungen und der sogenannte Ahnenkult verbunden.

VIII 6.   Zusammenfassung

Die Ahnen halfen ihren Nachkommen mit Rat und Tat. Der übliche Fall ist die Bitte eines Mannes an einen seiner männlichen Vorfahren. Diese „Totenbeschwörungen" werden „Utiseta", d.h. „Draußensitzen" genannt und fanden in der Regel am (Hügel-)Grab des betreffenden Toten statt. In den meisten Fällen wurde Hilfe im Kampf erbeten.

In den Mythen wurde das Utiseta mit der Jenseitsreise des Schamanen vermischt, wodurch u.a. die Beschwörung der Seherin (die Göttin Hel) durch den Schamanengott Odin entstand.

Aus den konkreten Ahnen der Menschen wurden die Zwerge und Alfen und aus den Ahnen der Götter die Riesen. Die Trolle waren eine in den meisten Fällen durch die Angst vor dem Tod verzerrte Mischung aus beiden Arten von Ahnen.

Neben der punktuellen Verbindung zu den Ahnen beim Utiseta gab es auch die permanente Verbindung mit einem Ahnen durch das Übernehmen von dessen Namen, in dem sein „persönliches Glück" enthalten war, das auf den Nachkommen überging, der den Namen seines Ahnes trug. Vor diesem Hintergrund erleichterte der allgemein übliche Namenszusatz „Sohn/Tochter des …" nicht nur das Erkennen, um wen es sich handelt, sondern er schuf auch eine Verbindung des/der Betreffenden zu seinem/ihrem Vater.

Es bestand generell der Wunsch nach einer festen Verbindung zu dem eigenen Vater und zu der gesamten Sippe, da man nur von dort Rat und Hilfe erwarten konnte. Dieser Wunsch drückt sich u.a. in dem beliebten Namen „Olaf" aus, den man etwas freier als „der eng mit seinen Ahnen verbunden ist" übersetzen könnte.

Ein Sonderfall ist die Ahnenreihe von Königen, die mit dem Göttervater (Tyr, Heimdall, Odin, Yngvi-Freyr u.a.) beginnen. Die Könige stehen daher unter dem persönlichen Schutz eines dieser Götter.

IX Alfen

Neben den Asen und Wanen sowie den Riesen und Zwergen sind die Alfen eine der wichtigsten Gruppen von Jenseits-Wesen.

IX 1. Wortschatz

IX 1. a) Der Name „Alf"

Der Name „Alf" stammt von dem germanischen Adjektiv „alboz" für „weiß" ab, das wiederum wie auch das lateinische „albus" für „weiß" eine Weiterentwicklung des indogermanischen Adjektivs „albh" für „weiß, glänzend" ist.

Die Alfen sind daher vermutlich nach der hellsichtigen Wahrnehmung von Toten-geistern benannt worden, die weltweit als milchigweiße Schemen beschrieben werden. Diese Form der Wahrnehmung hat zu dem Sagen-Motiv der „Bettlaken-Gespenster" geführt.

IX 1. b) Mit „Alf" gebildete Begriffe

Diese Begriffe erlauben eine erste Charakterisierung der Alfen.

1. Die Alfen sind eine Gruppe von Wesen („Rasse") und es gibt bei ihnen Männer und Frauen:

alfr	= Alf
alf-kona	= Alfen-Frau
alfa-kyn	= Alfen-Rasse
alf-kunnigr	= zu der Alfenrasse gehörend
alf-kunnr	= zu der Alfenrasse gehörend

2. Es gibt einen Ort, an dem die Alfen leben:

alf-heimr   = Alfenheim

3. Es werden zwei Arten von Alfen unterschieden:

ljos-alfa   = Licht-Alfen
svart-alfr   = Schwarz-Alfen

4. Der ehemalige Sonnengott-Göttervater Tyr, der in der Unterwelt zu dem zauber-kundigen Schmied Wieland wird, ist der König der Alfen („Alberich"). Die Wesen, deren König er im Jenseits ist, können nur die Ahnen sein. Die Alfen sind folglich die Totengeister. Sie hießen im Jenseits des ehemaligen Göttervaters Tyr „Alfen" und „Alfen-Frauen". Nach der Absetzung des Tyr um 500 n.Chr. durch Thor und Odin wurden die Ahnen dann in Odins Walhalla „Einherier" genannt – Totengeister von Frauen waren ab 500 n.Chr. in der Halle des Göttervaters nicht mehr zugelassen …

alfa ljodi   = Alfen-Mann, Mann aus der Alfen-Sippe (Tyr-Wieland)
visi alfa   = Alfen-Weiser (Tyr-Wieland)
Alberich   = Alfen-König (Tyr-Wieland, Zwergenkönig)
alf-rödull   = Alfen-Rad = Sonne (Tyr)

5. Man brachte den Alfen (Ahnen) Opfer dar und sang ihnen Lieder, aber man konnte sie auch durch Kot vertreiben.

alfa-blot   = Alfen-Opfer (Opfergaben für die Alfen)
alfa-ljoda   = Alfen-Lieder
alf-rek   = Alfen-Dreck (Kot – er vertreibt die Alfen)
alf-reki   = Alfen-Dreck (Kot – er vertreibt die Alfen)

6. Das Wort „Alf" konnte in Beinamen, Kenningarn u.ä. im Sinne von „Mann" benutzt werden:

raud-alfr   = Raud-Alfe = Mann aus Raud (Beiname)

IX 1. c) Kenningar

Die mit dem Wort „Alfen" gebildeten Kenningar zeigen ebenfalls, daß die Alfen mit der Sonne verbunden sind und daß man „Alf" als Heiti („Ein-Wort-Umschreibung") für „Mann" benutzten konnte.

Sonne	*Alfen-Bestrahlerin*	anonym	Skirnirs Fahrt
		anonym	Odins Rabenzauber
Sonne	*Schön-Rad*	Snorri Sturluson	Thulur
Krieger	*Kriegs-grimmiger Feindschafts-Alf*	Snorri Sturluson	Hattatal
Krieger	*Schwert-Alf*	Snorri Sturluson	Saga über Olaf Tryggva-Sohn

IX 1. d) Personennamen

Die vielen mit „Alf" gebildeten Männer- und Frauennamen, die im Folgenden betrachtet werden, zeigen, daß man sich einst von den Alfen viel Gutes erhofft hat.

1. religiöse Namen

Namen		Bedeutung
Männer	**Frauen**	
	Alfsol	Alfen-Sonne
Alfljotr		Alfen-Leuchten (Sonne?)
Alffinnur		Alfen-Wanderer (Sonne?)
Alfgisl		Alfen-Sonnenstrahl/Pfeil
	Alfheid	Alfen-Licht (Zauberin, Priesterin)
Alfrik, Alberich		Alfen- König (Tyr)
Alfvaldr		Alfen-Herrscher (Tyr)
Gudalfr, Gudälfr		Gott-Alf = Tyr-Alf
Alfmund		Alfen-Hand (Tyr?)
Alfarn		Alfen-Adler (Seelenvogel des Tyr)
	Alfdis	Alfen-Göttin
	Disälfr	Göttin-Alfin (Alfen-Göttin?)
Viälfr		Tempel-Alf
Gandalfr		Zaubergesang-Alf (Priester)
Alfketil		Alfenkessel (Opferkessel?)
Ketilelf	Kätilälfr	Kessel-Alf

Auffällig viele Namen lassen sich am besten als Umschreibungen des ehemaligen Sonnengott-Göttervaters Tyr deuten. Die Alfen-Göttin könnte die Wiedergeburts-Mutter des Tyr sein, also vermutlich Hel-Freya. Aus dem Namen „Alfketil" sollte man lieber keine Schlüsse ziehen, da „ketil" mit sehr vielen verschiedenen Namens-bestandteilen kombiniert worden ist.

2. Kampf-Namen

Namen		Bedeutung
Männer	*Frauen*	
Alfmodr		Alfen-Mut
	Alfthrudr	Alfen-Stärke, Alfen-Thrudr (Göttin)
	Alfveig	Alfen-Stärke
Ellfred		Alfen-Stärke
Hundalfr		Hund-Alf = Krieger
Joralf		Keiler-Alf = Krieger
Brandalfr		Feuer-Alf = Schwert-Alf = Krieger
Alfgeir		Alfen-Speer
Alfgrimr		Alfen-Maskenhelm
Alfharjaz, Älfhere, Elvard, Elvar		Alfen-Heer
Heralvur		Heer-Alf (neu?)
	Alfhildur, Alfhild	Alfen-Kampf
Alfleikr		Alfen-Spiel (= Kampf)
	Gunnälfr	Kampf-Alfin
	Alfdrif	Alfen-Schneetreiben (= Kampf)
Alfmar		Alfen-Ruhm
Hrodälfr, Rodhälf		Ruhm-Alf
„Kampf-Namen" sind bei den Germanen allgemein üblich gewesen sodaß sich aus ihnen nicht viel schließen läßt.		

91

3. Friedens-Namen

Namen		Bedeutung
Männer	**Frauen**	
Alffrid, Alfred, Elfred, Elfradr	Alffrida	Alfen-Frieden
Fridalvur	Fridälfr	Friedens-Alf, Freund-Alf
Alfwin, Elwin		Alfen-Freund
	Alfrun	Alfen-Rune/Geheimnis
	Runälf	Runen-Alfin
Alfrad		Alfen-Rat
Ragnälf		Rat/Macht-Alfe
Bergalfur		Helfender Alf
	Alfgerdr	Alfen-Schutz
Reidalfr		Heim-Alf (Schutz)

Von den Alfen erwartete man offenbar auch Frieden, Rat, Hilfe und Schutz. Dies paßt dazu, daß die Alfen mit dem Ernte- und Wohlstandsgott Freyr assoziiert wurden.

4. sonstige Namen

Namen		Bedeutung
Männer	**_Frauen_**	
	Alfvör, Elfwer, Elvan, Elfva	Alfen-Frau
Alfgautr		Alfen-Gote (Alfen-Mann)
	Audälfr	Besitz-Alfin, Schatz-Alf
Thorälf, Thoralf, Toralf, Thoralfr, Thoralfur, Thoralfr, Thoralfur	Thorelfa	Thor-Alf
Alfthorr		Alfen-Thor
Alfr		Namenskurzform von Alf-…

Die Namensbestandteile „aud" („Besitz") und „Thor" waren so beliebt und weit verbreitet, daß man aus ihrer Kombination mit „Alf" keine Schlußfolgerungen mehr ziehen kann.

IX 2.   Asen und Alfen

Asen und Alfen sind fest miteinander assoziiert worden wie die häufige Redewendung „Asen und Alfen" zeigt. Das Folgende ist nur eine Auswahl von Zitaten dieser Redewendung.

IX 2. a)   Thrym-Lied

Thrym:
„Wie steht's mit den Asen? Wie steht's mit den Alfen?
Was reisest Du einsam gen Riesenheim?"

Loki:
„Schlecht steht's mit den Asen, mit den Alfen schlecht;
Hältst Du Hlorridis Hammer verborgen?"

IX 2. b)   Sigdrifa-Lied

Die Formulierung „Asen und Alfen" bezeichnet vermutlich alle Jenseits-Wesen, d.h. Götter und Totengeister.

Sigdrifa (über die Runen):
„Geschabt wurden alle, die geschnitten waren,
Mit hehrem Met geheiligt
Und gesandt auf weite Wege.
Die sind bei den Asen, die bei den Alfen,
Die bei weisen Wanen,
Einige unter Menschen."

IX 2. c)   Grimnir-Lied

Das „Land der Asen und der Alfen" in der folgenden Strophe ist das Jenseits, d.h. Asgard und Alfheim.

Heilig ist das Land, das ich liegen sehe
Den Asen nah und den Alfen.
Dort in Thrudheim soll Thor wohnen
Bis die Götter vergehen.

IX 2. d)   Odins Runenlied

Ein vierzehntes kann ich, soll ich dem Volke
Der Götter Namen nennen,
Asen und Alfen kenn ich allzumal;
Wenige sind so weise.

IX 2. e)   Skirnir-Lied

Freyr:
„Mehr lieb ich die Maid als ein Jüngling mag
Im Lenz seines Lebens.
Von Asen und Alfen will es nicht einer,
Daß wir beisammen seien.“

IX 2. f)   Skirnir-Lied

Die „flackernde Flamme“ ist die Waberlohe, die die Grenze zwischen Diesseits und Jenseits ist.

Gerdr:
„Wer ist es der Alfen oder Asensöhne,
Oder weisen Wanen?
Durch flackernde Flamme was fuhrst Du allein
Unsre Säle zu schauen?“

Skirnir:
„Bin nicht von den Alfen noch den Asensöhnen,
Noch den weisen Wanen;
Durch flackernde Flamme doch fuhr ich allein
Eure Säle zu schauen.“

IX 2. g)   Ägirs Trinkgelage

Die Asen und die Alfen werden nicht nur oft gemeinsam genannt, sondern sie befinden sich auch beieinander und feiern gemeinsam Feste. Das bestätigt, daß die Alfen die Toten in Walhalla sind. Die ältere Variante dieses Motivs ist noch zu erkennen: Der Meeres-Riese Ägir, in dessen Halle die Asen und die Alfen feiern, ist der ehemalige Göttervater Tyr.

Ägir, der mit anderm Namen Gymir hieß, bereitete den Asen ein Gastmahl, nachdem er den großen Kessel erlangt hatte, wie eben gesagt ist. Zu diesem Gastmahl kam Odin und Frigg, sein Weib. Thor kam nicht, denn er war auf der Ostfahrt. Sif war zugegen, Thors Weib, desgleichen Bragi und Idun sein Gemahl. Auch Tyr war da, der nur eine Hand hatte, denn der Fenriswolf hatte ihm die andre abgebissen, als er gebunden wurde. Da war auch Niörd und Skadi, sein Weib, Freyr und Freyja, und Widar, Odins Sohn. Auch Loki war da und Freyrs Diener Byggwir und Beyla. Da waren noch viele Asen und Alfen.

IX 2. h)   Ägirs Trinkgelage

Loki kam wieder und sprach zu Eldir, den er vor dem Saale fand:
„Sage mir, Eldir, eh Du mit einem
Fuße vorwärts schreitest,
Was für Tischgespräche tauschen hier innen
Der Sieggötter Söhne?"

Eldir:
„ Von Waffen reden und ruhmvollen Kämpfen
Der Sieggötter Söhne.
Asen und Alfen, die hier innen sind,
Keiner weiß von Dir ein gutes Wort."

IX 2. i)   Ägirs Trinkgelage

Loki:
„Schweig Du, Freyja, Dich vollends kenn ich;
Keines Makels mangelst Du;
Der Asen und Alfen, die hier inne sind,
Bist Du jedes Buhlerin."

IX 2. j)   Der Vision der Seherin

Was ist mit den Asen, was ist mit den Alfen?
All Jötunheim ächzt, die Asen gehen zum Thing.
Die Zwerge stöhnen vor steinernen Türen,
Die Bewohner der Felswände. Wißt ihr, was das bedeutet?

Die „steinernen Türen" sind die Verschlußsteine der Grabkammern der Hügelgrä-ber, die hier „Felswände" genannt werden.

IX 2. k)   Alwis-Lied

Thor:
„So sage mir, Alwis, da alle Wesen,
Kluger Zwerg, Du kennst,
Wie heißt die Erde, die allernährende,
In den Welten allen? "

Alwis:
„Erde den Menschen, den Asen Feld,
Die Wanen nennen sie Weg,
Allgrün die Joten, die Alfen Wachstum,
Lehm heißen sie höhere Mächte. "

IX 2. l)   Odins Rabenzauber

Allvater waltet, Alfen verstehen,
Wanen wissen, Nornen weisen,
Iwidie gebiert, Menschen dulden,
Thursen erwarten, Walküren trachten.

IX 2. m)   Fafnir-Lied

Fafnir:
„Verschiedenen Geschlechts scheinen die Nornen mir
Und nicht eines Ursprungs.
Einige sind Asen, andere Alfen,
Die dritten Töchter Dwalins.“

IX 2. n)   Hrolf Kraki und seine Berserker

In dieser Saga ist aus der Norne Skuld eine zauberkundige Halb-Alfenfrau geworden. Dies entspricht der Aussage des Drachen Fafnir, daß einige der Nornen Alfen sind.

Skuld war eine mächtige Zauberin, eine große Zauberlied-Sängerin, die von ihrer Mutterseite her von den Alfen abstammte.

IX 3.   Alfheim, Lichtalfen und Schwarzalfen

Es wurde zwischen Lichtalfen und Schwarzalfen (Zwerge) unterschieden. Die Heimat der Lichtalfen war Alfheim.

IX 3. a)   Gylfis Vision

Es gibt zwei Gruppen von Alfen: die Lichtalfen in Alfheim und die Schwarzalfen unter der Erde. Alfheim liegt somit im Himmel und wurde mit dem Licht und mit der Sonne und somit auch mit dem ehemaligen Sonnengott-Göttervater Tyr („Alberich") assoziiert. Die Aufteilung der Alfen auf Alfheim und die Erde klingt nach zwei parallelen Jenseitsvorstellungen.

„Da ist eine Wohnung, die Alfheim heißt. Da haust das Volk, das man Lichtalben nennt. Aber die Schwarzalben wohnen unten in der Erde und sind ungleich von Angesicht und noch viel ungleicher in ihren Verrichtungen. Die Lichtalben sind schöner als die Sonne von Angesicht; aber die Schwarzalben schwärzer als Pech."

IX 3. b)   Gylfis Vision

Die Lichtalfen wohnen im Süden im höchsten Himmel, also an dem Ort, an dem die Sonne die größte Kraft hat.

Har antwortete: „Es wird gesagt, daß es einen Himmel südlich und oberhalb von diesem gebe, welcher Andlang heiße. Und noch ein dritter Himmel sei über ihnen, welcher Widblain heiße, und in diesen Himmel, glauben wir, sei der Palast gelegen und nur von den Lichtalfen glauben wir diesen Palast jetzt bewohnt."

IX 3. c)   Gylfis Vision

Die Schwarzalfen sind mit den (zauberkundigen) Zwergen identisch:

Da schickte Allvater den Jüngling Skirnir, der Freys Diener war, zu einigen Zwergen in Schwarzalfenheim, und ließ das Band Gleipnir verfertigen. Dieses war aus sechserlei Dingen gemacht: aus dem Schall des Katzentritts, dem Bart der Weiber, den Wurzeln der Berge, den Sehnen der Bären, der Stimme der Fische und dem Speichel der Vögel.

IX 3. d) Zwergennamen

Es gibt die Zwergennamen „Alfr", „Gandalfr" („Zauber-Alf"), „Vindalfr („Wind-Alf"), „Alberich" („Alfen-König") usw.

Das englische „dwarf" für „Zwerg" ist eine Kurzform von altnordisch „dwarftalf" für „Schwarz-Alf" (= Zwerg).

Die Schwarzalfen sind offensichtlich mit den Zwergen identisch oder zumindestens mit ihnen identifiziert worden.

IX 3. e) Odins Rabenzauber

In diesem Lied wird zwischen „Schwarzalfen" und „Zwergen" unterschieden.

Am nördlichen Rand der Jörmungrund
Unter des edlen Baumes äußerster Wurzel
Gingen zu ihren Lagern Riesinnen und Riesen.
Totengeister, Zwerge und Schwarzalfen.

Der *„edle Baum"* ist die Weltesche Yggdrasil, die am Nordpol stand. Wenn die Sonne aufgeht, gehen die Wesen der Unterwelt schlafen: Riesinnen, Riesen, Totengeister, Zwerge und Schwarzalfen.

IX 4.   Alfablot

Den Alfen wurden einst wie den Asen Opfer dargebracht.

IX 4. a)   Heimskringla

Das „alfablot" ist ein Opfergaben-Ritual an die Alfen. Es wird lediglich in der Heimskringla in dem Bericht über Olaf den Heiligen erwähnt. Dort reist Sigvat, Olafs Skalde, nach Osten und erlebt Folgendes:

„Da kam er an einen anderen Hof. Dort stand die Hausfrau in der Türe und sagte, daß er nicht hineinkommen dürfe, da gerade das Elfenopfer abgehalten wird."

IX 4. b)   Thialfi

Thialfi ist der Begleiter des Thor. Er ist das in die Mythen versetzte Urbild des Thor-Priesters. Sein Name bedeutet „Diener der Alfen", was eine Umschreibung für „Ahnen-Priester" ist. Da der Begriff „Alfen" aus den Tyr-Mythen stammt, könnte der Name „Thialfi" ursprünglich ein Titel der Ahnen-Priester in der Tyr-zentrierten Religion der Germanen vor 500 n.Chr. gewesen sein.

IX 5.   der ehemalige Sonnengott-Göttervater Tyr

Die Alfen wurden mit der Sonne und mit dem ehemaligen Sonnengott-Göttervater Tyr assoziiert.

IX 5. a)   Kenningar

Die folgenden Kenningar zeigen
> 1. daß die Alben im Jenseits und somit sehr wahrscheinlich Totengeister waren,
> 2. daß dieses Jenseits mit der Sonne und somit vermutlich mit dem ehemaligen Sonnengott-Göttervater Tyr assoziiert wurde, und
> 3. daß man das Wort „Alf" für „Mann" verwenden konnte.

Sonne	*Glanz der Alben-Welt*	Alfen-Welt = Himmelsjenseits		Eilifir Godrunason	Thorsdrapa
Krieger	*Schwert-Alf*			Eyvindr Skalden-Verderber Finnsson	Haleygjatal
Krieger	*Schild-Alf*			Sturla Thordarson	Hakonarkvida
Krieger	*Helm-Alf*			Sturla Thordarson	Hrynhenda
Krieger	*Brünnen-Alf*			Thjodolfr von Hvini	Ynglingatal
Krieger	*Mord-Alf*			Einarr Schreihals Helgason	Vellekla
Krieger	*Schlachten-Alf*			Sturla Thordarson	Hakonarkvida
Seemann	*Alf des Gurtes der bittenden Rindr des Baldur*	Rindr und Frigg sind Frauen des Odin; Odin und Frigg sind die Eltern des Baldur; Rindr = Erde = Midgard; der „Gurt" ringsum ist das Meer; Alf = Mann; Meer-Alf = Wikinger		Oddi der Kleine Glumsson	Lausavisur

IX 5. b)   Hamdir-Lied

Die Alfen waren mit dem Tag verknüpft. Ihre Trauer bei Tagesanbruch könnte bedeuten, daß die Sonne morgens ihre Jenseits verläßt. Das würde die vermutete

Verbindung der Alfen zur Sonne bestätigen.

Zeitig huben sich harmvolle Taten,
Als Alfen trauerten um des Tages Anbruch.
Zur Morgenstunde erwachen den Menschen
Die Sorgen alle, die Herzen beschweren.

IX 5. c) Skirnir-Lied

Die Sonne wird „Alfen-Bestrahlerin" genannt. Das bedeutet, daß die Alfen entweder in einem Himmelsjenseits sein müssen oder in einer Unterwelt, in der während der Diesseits-Nacht die Sonne leuchtet.

Freyr:
„Wie soll ich sagen Dir jungem Gesellen
Der Seele großen Gram?
Die Alfenbestrahlerin leuchtet alle Tage,
Doch nicht zu meiner Liebeslust."

IX 5. d) Odins Rabenzauber

Auf standen die Herrscher, die Alfenbestrahlerin lief,
Njola ging nördlich gen Nifelheim;
Ulfrunas Sohn, der mächtige Hornbläser,
hob Argiöl hinauf zu den Himmelsbergen.

Die „*Alfenbestrahlerin*" ist die Sonne. Da Tyr vor 500 n.Chr. auch als Sonne aufgefaßt worden ist und sie die Alfen-Totengeister bestrahlt, müssen die Alfen bei Tyr sein – was sich auch schon daraus ergibt, daß Tyr im Jenseits „Alberich", d.h. „Alfenkönig" genannt wurde.

Zusammen mit der Riesin „*Ulfruna*" („Wolfs-Rune") hat Odin den Heimdall gezeugt. Ulfrunas Sohn ist daher der Gott Heimdall.

„*Argiöl*" bedeutet „Adlerschreie" und ist vermutlich ein Beiname der Regenbogenbrücke, der sich auf den am Morgen zurückkehrenden Adler-Seelenvogel des Tyr bezieht.

Der „*Hornbläser*" ist Heimdall.

Die „*Himmelsberge*" sind Asgard.

IX 6.   Alberich

Im Jenseits wird der ehemalige Göttervater Tyr zu dem Schmied Wieland, um sich sein Schwert, das bei seinem abendlichen bzw. herbstlichen Kampf gegen Loki zerbrochen ist, neuzuschmieden. Als Wieland wird Tyr auch „Alberich", d.h. „Alfenkönig" genannt – die Alfen müssen daher die Ahnen im Jenseits sein, deren König Tyr während seines Aufenthalts im Jenseits ist. Tyr in der Unterwelt ist der tote Göttervater in der Nacht bzw. im Winter.

IX 6. a)   Wieland-Lied

Tyr-Wieland wird „Alfengesell" genannt, d.h. daß er wahrscheinlich auch selber ein Alfe ist.

Ruht auf der Bärenschur, die Ringe zählt er,
Der Alfengesell: einen vermißt er,
Dachte, den hätte Hlödwers Tochter:
Alwit die Holde war heimgekehrt.

IX 6. b)   Wieland-Lied

Tyr-Wieland wird auch „Weiser der Alfen" genannt, was bedeutet, daß er ein wichtiger Alfe sein muß. Nidud ist der Wintergott Loki, der den Sommergott Tyr im Herbst gefangennimmt und in die Unterwelt sperrt.

Da rief Nidud, der Niaren Drost:
„Wo erwarbst Du, Wölund, Weiser der Alfen,
Unsere Schätze in Ulfdalir?"

IX 6. c)   Wieland-Lied

„Bekenne mir, Wölund, König der Alfen,
Was ward aus meinen wonnigen Söhnen?"

IX 6. d)   der Zwergenkönig Alberich

Alberich erscheint mehrfach auch als Zwergenkönig. Wenn ein Zwergenkönig „Alfenkönig" genannt wird, müssen Zwerge und Alfen identisch miteinander sein – beide sind die Totengeister.

IX 6. e)   König Alberich

„Alberich" tritt in mehreren Texten auch als Name eines irdischen Königs auf (siehe „Alberich" in Band 39). Hier ist der Götterkönig und Totenkönig Tyr nach seiner Absetzung als nordgermanischer Göttervater in die Sage übertragen worden.

IX 6. f)   Skaldskaparmal

„ Warum wird das Gold 'Sifs Haar' genannt? "
„Loki, Laufeyjas Sohn, hatte der Sif aus purer Bosheit alles Haar abgeschoren. Als Thor dies sah, ergriff er Loki und hätte ihm alle Knochen zerschlagen, wenn er nicht geschworen hätte, von den Schwarzalfen neue Haare aus Gold für Sif machen zu lassen, die wie anderes Haar wachsen sollten.
Darauf fuhr Loki zu den Zwergen, die Iwaldis Söhne heißen. Diese machten das Haar und zugleich Skidbladnir und den Spieß Odins, der Gungnir heißt.

Schwarzalfen = Zwerge
Iwaldi = „Allherrscher", ein Beiname des ehemaligen Göttervaters Tyr
Iwaldis Söhne = die beiden Alcis, die im Jenseits zu zwei Zwergen werden ursprünglich Tyrs zwei Pferde-Söhne – sie werden in der Unterwelt zu zwei Zwergen (Totengeister), die dort anstelle von Tyr sein Schwert neuschmieden

Wenn Tyrs Söhne (Schwarz-)Alfen sind, muß auch Tyr selber ein Alfe sein – er ist der König der Alfen.

IX 6. g)   Odins Rabenzauber

Im Tale weilt die vorwissende Dise
Von Yggdrasils Esche ist sie hinabgesunken,
Sie ist von Alfengeschlecht, Idun genannt,
Die Jüngste von Iwalts älteren Kindern.

Eine *„Dise"* ist eine Göttin.

„Idun" ist die Göttin, die den Göttern die Äpfel bringt, die ihnen ewige Jugend geben. Ihr Apfelbaum ist wahrscheinlich mit der Weltesche Yggdrasil identisch. Ihre Schwäche steht vermutlich mit dem bevorstehenden Tod des Baldur zusammen.

Mit Iduns *„Herabsinken"* ist vermutlich gemeint, daß sie normalerweise neben dem Stamm der Weltesche steht und nach ihren Äpfeln schaut, aber nun erschöpft an dem Stamm des Weltenbaumes niedergesunken ist und zwischen seinen Wurzeln sitzt.

„Iwalt", „Iwaldi", „Alwaldi" und „Ölwaldi" bedeuten alle „Allkönig" oder „Allmächtiger" und sind der Name eines Zwergenkönigs. Ein solcher Name kann nur die höchste Gottheit bezeichnen, d.h. den Göttervater Tyr, der in der Unterwelt ein Totengeist, also ein Zwerg ist. Als König der Götter ist Tyr im Jenseits auch der König der Toten („Alberich"), d.h. der Zwergenkönig.

Idun wird hier als eine seiner älteren Töchter aufgefaßt. Dies sieht nach einer Umdeutung aus, da das ursprüngliche Motiv die Wiedergeburt des Sonnengott-Göttervaters durch die Jenseitsgöttin gewesen ist. Tyr ist vor seiner Absetzung durch Odin und Thor der „Alfenkönig" („Alberich") gewesen.

Iduns Bezeichnung als „Alfe" paßt gut zu der ihrer Auffassung als Tochter des Iwalt, da die „Alfen" die Totengeister sind und Iwalt der König der Zwerge/Alfen/Totengeister ist. Idun befindet sich folglich im Jenseits. Wenn Idun eine Alfe ist, sollte auch ihr Vater Tyr-Iwalt ein Alf sein.

IX 6. h)   Hervor-Saga

In dieser Saga wird über Alfheim und den dort herrschenden König berichtet. Wie in Sagen üblich, sind die mythologischen Themen zu historischen Motiven an konkreten geographischen Orten umgedeutet worden.

Alf war der König, der über Alfheim herrschte. Alfhild war seine Tochter. Alfheim lag zwischen dem Goten-Fluß und dem Raum-Fluß.

Alfheim war das Jenseits des ehemaligen Göttervaters Tyr, den man daher wohl mit

König Alf („Alberich") gleichsetzen kann.

Dessen Tochter Alfhild wird daher die zur Göttertochter bzw. Königstochter umgedeutete Jenseitsgöttin als Wiederzeugungs-Geliebte Freya-Idun sein. Von Idun ist bekannt, daß sie zu den Alfen gehört. Da Freyr in Alfheim wohnt, sollten auch er und seine Schwester Freya Alfen sein. Dies wird dadurch bestätigt, daß Idun ein Aspekt der Freya ist und dadurch, daß „Hild" ein Beiname der Freya als Walküre gewesen ist.

An einem Herbsttag veranstaltete König Alf ein großes Disen-Opfer, also ein Göttinnen-Opfer, und Alfhild ging zu den Opferungen. Sie war schöner als alle Frauen und auch alle anderen Leute in Alfheim waren schöner anzusehen als andere Menschen zu jener Zeit.

Hier werden die schönen Licht-Alfen beschrieben.

Aber in der Nacht, als sie den Altar rötete, raubte Starkad Krieger-Sohn Alfhild und nahm sie mit heim zu sich.

Der Herbst ist die Zeit, in der Loki über Tyr siegt, ihm die Frau raubt und daher der Winter beginnt. Starkad wäre somit Loki und Alf der Göttervater Tyr.

Da rief König Alf Thor und bat ihn, Alfhild zu suchen, woraufhin Thor den Starkad tötete und Alfhild zusammen mit Grim, dem Sohn des Hergrim, zu ihrem Vater heimbrachte.

Thor ist in den neueren Mythen der Besieger der Tyr-Riesen. Er hat hier die Rolle des wiedergeborenen Tyr im Frühling übernommen.

IX 6. j) Illugi-Saga

Auch der König Ali von Alfheim ist eine Sagen-Variante des ehemaligen Göttervaters Tyr, der der Herr der Alfen (Totengeister) gewesen ist. König Alis Tochter Hild ist mit Alfhild, der Tochter des Königs Alf aus der vorigen Saga identisch.

Einst lebte ein König mit dem Namen Ali, der über Alfheim herrschte. Er hatte eine Königin mit dem Namen Alfrun. Sie hatten eine Tochter, die Signy genannt wurde und die geschickt in allen Dingen war.
Sobald Signy alt genug war, wurde sie mit einem König mit dem Namen Eirek vermählt. Er fiel auf einem Raubzug in den Westen.

Sie hatten eine Tochter mit dem Namen Hild und sie war die allerschönste Maid. Da zog Signy zu ihrem Vater und blieb bei ihm.

IX 6. i)   Über Fornjotr und seine Verwandten

Der in dieser Saga berichtete Stammbaum von Helden und Königen beginnt mit Alfi dem Alten, der sicherlich mit dem Alfenkönig Tyr („Alberich") und mit dem König Alfi aus der vorigen Saga identisch ist.

Einige der Helden in diesem Stammbaum wie Sigurd Drachen-Töter (= Sigurd Schlange-im-Auge) haben die Symbolik des jungen, wiedergeborenen Tyr übernommen.

Alfi der Alte herrschte über Alfheim.
Er war der Vater des Alfgeir,
dieser war der Vater des Gandalf,
dieser war der Vater der Alfhilda.
Alfhilda war die Mutter des Ragnar Lodenhose,
dieser war der Vater des Sigurd Schlange-im-Auge,
dieser war der Vater der Aslaug,
diese war die Mutter des Sigurd Hirsch,
dieser war der Vater der Ragnhild,
diese war die Mutter des Königs Harald Haarschön.

IX 6. k)   Die Saga über Thorstein Viking-Sohn

Diese Saga ist sehr reich an Motiven aus den Mythen des ehemaligen Göttervaters Tyr. Er erscheint u.a. als Alf der Alte.

Grim war ein großer Berserker. Seine Frau war Alvor, eine Schwester von Alf dem Alten.
... ...
Das Land, das von König Alf dem Alten beherrscht wurde, wurde Alfheim genannt und alle seinen Nachkommen sind mit den Alfen verwandt. Sie waren schöner als alle anderen Menschen.

König Alf, König Alfi, König Ali und König Alf der Alte sind alle derselbe König – Tyr als der Totenkönig Alberich.

IX 6. l)   Gylfis Vision

Alfheim ist mit auch dem Wanen-Gott Freyr verbunden gewesen. Alfheim wird als Teil der „Beute" nach der Absetzung des „Alfenkönigs" Tyr an Freyr gefallen sein.
Eine „Zahngabe" ist eine Art Taufgeschenk.

Alfheim gaben sie dem Frey
am Anfang der Zeiten
als Zahngabe.

IX 7. Sonstiges

Es gibt noch einige weitere bekannte Details über die Alfen, die das bisherige Bild bestätigen und ergänzen.

IX 7. a) Die Saga über Thorstein Haus-Macht

Thorstein stiegt in eine Hügelgrab ein, um es auszurauben. Dort erlebte er eine Mischung aus Vision und realem Grabraub. In dem Hügelgrab sah er auch einen Alfen:

Dann sah Thorstein, wie ein Mann in die Halle trat und den König grüßte. Der Neuangekommene sagte, daß er von dem Jarl gesandt worden sei, der über den Berg Lucanus in Indien herrsche. Er erklärte dem König, daß er ein Alfe sein. Er über-reichte dem König einen goldenen Ring.

Der Berg Lucanus ist die Sagen-Variante eines Hügelgrabes. Indien ist hier ein weit entferntes Land, das eine Rationalisierung des „weit entfernten" Jenseits ist. Der König in dem Hügelgrab ist daher Tyr-Alberich.

IX 7. b) Die Geschichte über Norna-Gest

In dieser Saga verhält sich ein Alf wie ein Hausgeist oder ein Poltergeist, für die es typisch ist, daß sie durch verschlossene Türen gehen.

In derselben Nacht wachte König Olaf Tryggva-Sohn und las seine Gebete, wäh-rend alle anderen in dem Raum schliefen.

Da schien dem König, daß eine Art von Alf oder Geist in das Haus gekommen sei, obwohl alle Türen verschlossen waren. Der Alf ging neben das Lager eines jeden Mannes, der dort schlief, und kam schließlich zu dem Lager des Mannes, der dort in der Nähe des Eingangs lag.

Da blieb der Elf stehen und sagte: „Ein erstaunlich starkes Schloß habt ihr hier an einem leeren Haus und der König ist nicht weise genug, um das zu wissen, was alle anderen erzählen – selbst wenn er der weiseste aller Männer ist; er, der hier so fest schläft."

Dann verschwand er wieder durch die verschlossene Tür.

Die Worte des Alfen beziehen sich darauf, daß der König seinen alten Glauben abgelegt und zum Christentum gewechselt ist – dadurch hat er den Schutz und die Unterstützung der Totengeister, d.h. der Alfen verloren.

IX 7. c) Grettir-Saga

Alfen sind „nachtaktiv", da sie Jenseitswesen sind und das Jenseits mit der Nacht assoziiert wurde.

Hallmund:
„Wenig Nutzen sahen sie in mir,
das Alfen-Volk
oder die üblen Geister,
die des Nachts umgehen."

IX 7. d) Hrolf Kraki und seine Berserker

Die folgende Szene aus dieser Saga ist eine Umdeutung der Wiederzeugung des Königs bzw. des Tyr zusammen mit der Göttin im Jenseits zu einer Alfen-Frau. Der Name „Helgi" des Königs ist einst ein Beiname des Tyr gewesen.

In einer Julnacht, als König Helgi zu Bett gegangen war und draußen ein übles Wetter war, klopfte es eher zaghaft an der Tür. Es schien ihm, daß es nicht sehr königlich wäre, irgendeinen armen Kerl draußen stehen zu lassen, wenn er ihm doch Unterkunft anbieten konnte. Daher stand er auf und öffnete die Tür.
Da sah er das arme Ding, das gekommen war.
Sie sagte: „Du hat wohlgetan, König," und kam herein.
Der König sprach: „Nimm dies Stroh und leg das Bärenfell über Dich, damit Du nicht frierst."
Sie sagte: „Laß mich in Dein Bett, Herr, und laß mich neben Dir liegen. Mein Leben hängt davon ab."
Der König sagte: „Mir kommt zwar bei Deinem Anblick das Essen hoch, aber wenn es ist, wie Du sagst, dann leg Dich in Deinen Kleidern hier an die Kante. Das wird mir schon nicht schaden."

Da tat sie wie geheißen. Der König wandte ihr seinen Rücken zu. In dem Haus begann Licht zu scheinen. Nach einer Weile geschah es, daß der König sich umdrehte und neben sich eine Frau liegen sah, die so schön war, wie er noch nie eine gesehen zu haben glaubte. Sie trug ein seidenens Kleid. Voller Zuneigung drehte er sich rasch zu ihr.

Sie sprach: „Nun will ich fortgehen," sprach sie, „und Du hast mich von einem fürchterlichen Fluch erlöst, mit dem mich meine Stiefmutter belegt hatte. Ich habe viele Könige in ihren Hallen besucht – daher brauchst Du nun nicht in Scham zu versinken. Ich will nun nicht länger hier bleiben."

„Nein," sprach der König, „das steht Dir nicht frei. Du wirst nicht so schnell von mir fortgehen und wir werden uns nicht so voneinander trennen. Es wird eine schnelle Heirat sein müssen, fürchte ich, denn ich mag Dich sehr."

„Es ist an Dir, dies zu entscheiden, Herr," sagte sie und sie schliefen diese Nacht zusammen.

Doch als der Morgen anbrach, sprach sie diese Worte: „Du hattest Deinen Willen mit mir, aber wisse dies: Wir werden ein Kind haben. Tue, wie ich sage, König, und komme und sehe unser Kind im nächsten Winter an Deinen Bootsschuppen – oder Du wirst dafür bezahlen, wenn Du nicht tust, was ich Dir gesagt habe."

Danach ging sie fort.

König Helgi war nun ein wenig glücklicher als zuvor. Die Zeit verging und er vergaß alles. Und nach drei Jahren, so wird erzählt, kamen drei Reiter zu dem Gebäude, in dem der König schlief. Es war Mitternacht. Sie kamen mit einem kleinen Mädchen und setzten sie neben dem Haus nieder.

Die Frau, die das Kind gebracht hatte, sprach diese Worte: „Wisse dies, König," sprach sie, „Deine Sippe wird dafür bezahlen, daß Du nicht das getan hast, was ich Dir gesagt habe. Aber Du sollst Milde haben, weil Du mich von jenem Fluch befreit hast. Und wisse dies: Das Mädchen heißt Skuld. Sie ist unsere Tochter."

Nach diesen Worten ritt sie fort. Es war eine Elfen-Frau gewesen. Der König hörte nie wieder von ihr.

Die Verwandlung der häßlichen Frau in eine schöne Frau beruht auf der Aufspaltung der Jenseitsgöttin zwei Bilder: in die ersehnte Wiederzeugungs-Geliebte (Freya, Gunnlöd, Menglöd u.a.) sowie die gefürchtete Herrin des Totenreiches (Hel). Die Identität der beiden zeigt sich u.a. noch darin, daß der König in manchen Nachruf-Liedern in das Jenseits reist, um sich dort mit Hel zu vereinen (siehe „Wiederzeugung" in Band 51).

Die Norne Skuld ist in dieser Saga zu einer Tochter des Tyr-Helgi umgedeutet worden (siehe auch „Helgi" in Band 39).

IX 7. e)   Cormac-Saga

Thorvard genas nur langsam und als er wieder auf seinen Füßen stehen konnte, ging er zu Thordis und frug sie, was ihm am meisten bei seiner Heilung helfen könnte.

„Nicht weit von hier," sprach sie, „liegt ein Hügel, in dem die Alfen wohnen. Hole Dir den Stier, den Cormac getötet hat, und rötete die Außenseite des Hügels mit seinem Blut und bereite den Alfen ein Fest mit seinem Fleisch. Dann wirst Du geheilt werden."

Diesen Stier hat Cormac nach seinem Zweikampf-Sieg über Thorvard als Opfer (wahrscheinlich an Tyr) getötet.

IX 7. f)   Die Saga über Bosi und Herraud

In dieser Saga singt die Zauberin Busla einen Zauberspruch, in dem Elfen als Magie-kundige Wesen des Jenseits erscheinen:

„Trolle und Elfen
und Zauber-Nornen
sollen Deine Hallen niederbrennen!
Reifriesen sollen Dich vernichten!
Pferde sollen auf Dir trampeln!
Stroh soll Dich stechen
und Stürme sollen Dich schütteln
und Leid soll über Dich kommen,
wenn Du nicht tust, was ich will!"

IX 7. g)   Gesta danorum

Das leuchtende Haar des Alf in dem folgenden Text könnte eine Sagen-Variante der goldenen Zähne des Heimdall, des Goldes im Mund des Tyr-Thiazi und des Goldhelms des Tyr/Odin sein. Der Goldhelm, die Goldzähne, das Gold im Mund, der Goldhelm, das goldene Haar und ähnliche Symboliken weisen alle darauf hin, daß die Sonne einst als der Kopf des Sonnengott-Göttervaters Tyr aufgefaßt worden ist.

Auf diesen Siwald folgte sein Sohn Sigar, der die Söhne Siwald, Alf und Alger sowie die Tochter Signe hatte.

Alf übertraf alle anderen an Verstand und Schönheit und widmete sich der Tätigkeit der Raubzüge. Solch eine Gnade war auf sein Haar gelegt worden, daß es ein wunderbares, gleißendes Leuchten hatte, daß seine Locken silbern zu strahlen schienen.

„Silbern" ist hier vermutlich als ein vornehmerer („wertvollerer") Begriff für „weiß" oder für „golden" anzusehen.

IX 7. h) Ortsnamen

Im Landnahme-Buch gibt es nur wenige mit „Alfen" gebildete Ortsnamen.

Alfgeirsvellir	= Alfgeir-Feld (Feld des Bauern Alfgeir)
Alfsnes	= Alfen-Landzunge
Alfsos	= Alfenbucht

IX 8.) Jakob Grimm: Deutsche Mythologie

Jakob Grimm hat eine reichhaltige Überlieferung zu den Alfen gesammelt:

Bestimmtere färbung hat schon das althochdeutsche/mittelhochdeutsche wort alp (genius); angelsächsisch älf, altnordisch âlfr; die gothische form albs steht zu vermuten. vielleicht galt neben dem masculinum ein althochdeutsches neutrum alp, plural elpir, wie sich ein mittelhochdeutscher plural diu elber beweisen lässt; und aus dem mittelhochdeutschen datativ femininum elbe muß wol ein nominativ diu elbe, althochdeutsch alpia, elpia, gothisch albi, genitiv albjôs gefolgert werden, weil sonst keine motion stattfände.

Nach einer geläufigeren motion sagte man ohne zweifel althochdeutsch elpinna, mittelhochdeutsch elbinne, und Albrecht von Halberstadt wählte diese noch durch Wikrams umarbeitung erscheinende form; angelsächsisch elfen, genitiv elfenne. des nominativ plural masculinum bin ich nur im altnordischen sicher, wo er âlfar lautet, also ein gothisches albôs, althochdeutsches alpâ, mittelhochdeutsches albe, angelsächsisches. älfas fordern würde; auf ein althochdeutsches elpî (gothisch albeis) führt hingegen der mittelhochdeutsche plural elbe (wenn dieser nicht von jenem femininum elbe herrührt) und der angelsächsische nominativ plural ylfe (Beovulf), genitiv plural ylfa.

Die englische formen elf, plural elves, die schwedischen elf, plural elfvar (masculinum), elfvor (femininum), die dänischen elv, plural elve sind ganz in der regel; bei der dänischen zusammensetzung ellefolk, ellekoner, elleskudt, ellevild ist assimilation eingetreten.

Neuhochdeutsch dauert alp mit der bedeutung eines nachtgeistes fort, daneben haben schriftsteller des vorigen jahrhunderts die unserer mundart ungerechte englische form elf eingeführt; früher findet man nur den richtigen plural elbe oder elben. Hans Sachs gebraucht ölp ›du ölp, du dölp!‹ und ölperisch; vergleiche ölpern und ölpetrütsch, alberdrütsch, drelpetrütsch, elpentrötsch und tölpentrötsch, trilpentrisch bei Schmid. in Hersfeld hilpentritsch. man denkt sich darunter einen linkischen einfältigen menschen, dem die elbe etwas angethan haben, was sonst auch bloß elbisch heißt. elvesce wehte, elbische wichte, liest man.

Über die natur der elbe ziehe ich vor allen andern die altnordischen quellen zu rath. es ist schon angemerkt, daß die ältere edda verschiedentlich æsir und âlfar zusammenstellt, gleichsam als den inbegrif höherer wesen, und daß geradeso auch die angelsächsische ês und ylfe nebeneinander stehen. hierdurch scheint den elben nähere göttlichkeit als den menschen eingeräumt. einigemal treten als drittes glied die vanir zu, d. h. ein von den æsir verschiedner, allein durch heirat und verträge mit ihnen in bestimmtes verhältniß getretener volksstamm.

115

Hrafnagaldr beginnt mit den worten: ›alföðr orkar, âlfar skilja, vanir vita‹: allvater, d. h. der âs, hat macht, âlfar verstehen, vanir wissen. Alvismâl zählt die abweichende benennung auf, welche gestirnen, elementen und gewächsen in verschiednen sprachen zukommt: hierbei werden æsir, âlfar und vanir berücksichtigt, außerdem aber goð, menn, ginregin, iötnar, dvergar und bewohner der unterwelt (hel). das merkwürdigste für uns dabei ist, daß âlfar und dvergar gesondert stehen. ebenso unterschieden sind âlfar und dvergar; dvergar und döckâlfar; dreierlei arten der nornir: âskungar, âlfkungar und dœtr Dvalins' d. h. von ansen, elben und zwergen herstammende; auch die mittelhochdeutshen dichter unterscheiden noch elbe und getwerc, wie man aus Wikrams Albrecht ersieht.

Verwandt gleichwol scheinen âlfar und dvergar schon deshalb, weil unter den zwergseigennamen ein Alfr und Vindâlfr vorkommen. Loki, zwar sonst âs geheißen, eigentlich aber nur zu den asen gezählt, und iötischer abstammung, empfängt dennoch die anrede âlfr, ja Völundr, ein göttlicher held heißt ›âlfa lioði‹ (alforum socius) ›vîsi âlfa‹ (alforum princeps). ich erkläre das nicht historisch (aus einer finnischen abkunft), sondern mythisch: auch nach deutscher sage ist Wielant könig Elberichs gesell und mit ihm schmid im berge Gloggensachsen (sonst Gögelsahs, Caucasus?). wir sehen also das wort âlfr eingeschränkt und ausgedehnt.

Was ist aber die eigentliche bedeutung des wortes albs, alp = genius? man wird freilich versucht, das lateinische albus zu vergleichen, wofür die Sabiner nach Festus alpus sagten; noch mehr fügt sich αλφός (vitiligo) dem gesetz der lautverschiebung. albs mag also ursprünglich einen lichten, weißen, guten geist, und namentlich wo âlfar und dvergar einander gegenüber stehn, jenes die weißen, dieses die schwarzen bezeichnen. hiermit stimmt genau die hohe schönheit und der glanz der âlfar. Da sich aber beiderlei wesen, wie die folgende untersuchung lehrt, vielfach mischten und vertraten, half man durch zusammensetzung und nannte die eigentlichen âlfar liosâlfar.

Jene döckâlfar (genii obscuri) fordern einen gegensatz, der in den eddischen liedern nicht ausgesprochen ist, wol aber in Snorris prosa. ›in Alfheim‹, sagt er, ›wohnt das volk der liosâlfar (lichtelbe), unten in der erde wohnen die döckâlfar (dunkelelbe), beide einander ungleich in aussehen und kräften, liosâlfar leuchtender als sonne, döckâlfar schwärzer als pech. liosâlfar bewohnen des himmels dritten raum. Synonym mit döckâlfar scheint auf den ersten blick der in den liedern gar nicht vorkommende name svartâlfar (schwarzelbe) und diesen stellt Snorri ganz offenbar die dvergar gleich: seine dvergar hausen in Svartâlfaheim. einmal widerstreitet das der in den liedern stattfindenden sonderung der âlfar und dvergar, dann aber namentlich der verschiedenheit, welche Sæmingr zwischen döckâlfar und dvergar angenommen wurde. ich mag die dichtersprache, die uns sonst überall bestimmte auskunft über den alten glauben ertheilt, hier nicht als allgemein und unbestimmt beseitigen. nicht zu übersehen sind auch dabei die nâir, d. h. die todbleichen oder todten gespenster neben den dvergar, obschon unter diesen selbst wieder der eigenname Nâr und Nâinn

116

vorkommt.

Man findet in dem gegensatz der lichten und schwarzen elbe den dualismus, der auch in andern mythologien zwischen guten und bösen, freundlichen und feindlichen, himlischen und höllischen geistern, zwischen engeln des lichts und der finsternis aufgestellt wird.

Die Lichtalfen und die Schwarzalfen leiten sich eher von zwei verschiedenen Jenseitsvorstellungen (Himmel/Sonne und Erde/Hügelgrab/Hel) ab als von einer moralischen Kategorie, da solche moralischen Einteilungen nur für die monotheistischen Religionen mit ihren allgemeingültigen Gesetzen typisch sind.

Sollten aber nicht drei arten nordischer genien anzunehmen sein: liosâlfar, döckâlfar, svartâlfar? ich erkläre damit freilich Snorris satz ›döckâlfar eru svartari en bik‹ für irreleitend. döckr scheint mir weniger das entschieden schwarze, als das trübe, finstere; nicht niger, sondern obscurus, fuscus, aquilus. altnordisch scheint iarpr, angelsächsisch eorp fuscus von zwergen gebraucht. Haupts zeitschrift verwandt ist der frauenname Irpa. dann bliebe die gleichstellung der zwerge und schwarzelbe gültig, aber auch jener alteddische unterschied zwischen zwergen und dunkelelben gerechtfertigt.

Dieser trilogie gebricht es an entscheidender bestätigung; einiges wird sich zu ihren gunsten anführen lassen. Einmal scheint die pommersche volkssage wirklich weiße, braune und schwarze unterirdische abzusondern; anderwärts begnügt sich der volksglaube zwerge in grauer kleidung, grauen oder braunen nebelkappen anzunehmen; die schottische überlieferung zumal hat solche brownies, braunfarbige geister, d. h. eher döckâlfar als svartâlfar.

Dann aber muß ich noch einen namen anführen, der für solche geister genommen keinen großen umfang zu haben scheint, ich treffe ihn nicht über das Vogtland und einen theil des östlichen Thüringens hinaus an. dort heißen die kleinen zumal mit der Berchta umziehenden elbischen wesen die heimchen und die benennung gilt für feiner und edler als querxe oder erdmännchen. schwerlich ist sie aus einer ähnlichkeit mit den zirpenden grillen, die auch heimchen, althochdeutsch heimili genannt werden, noch weniger aus heim (domus) zu deuten, da diese wichte keine hausgeister (domestici) sind; auch scheint die schreibung heinchen richtiger, man möchte sie mit dem namen des todes freund Hein und dem niedersächsisch heinenkleed (todtenkleid) verknüpfen.

Die vorstellung abgeschiedner geister, die im wütenden heer und geleite alter götter erscheinen und ein eignes leben forttreiben, könnte jene eddischen nâir bestätigen, ihnen die bleiche farbe, die graue, braune, schwarze den gröber gedachten sonst aber ähnlichen zwergen gebühren. so vermute ich. In einem auf echt deutsche sage gegründeten heldenlied, in dem von Morolt, erscheinen geradezu drei geisterscharen, welche der im kampf gefallnen und ihrer seelen wahrnehmen: die weiße, bleiche, schwarze, was erklärt wird: engel, aus der unterwelt kommende verwandte der streiter, und teufel.

Eine solche kriegerische rolle spielen freilich die nordischen âlfar niemals, nicht sie, sondern valkyrien haben es mit dem kampf zu thun; aber die überlieferung mag längst verworren sein, und die ämter vermischen. an sich gleichen liosâlfar und svartâlfar hinreichend den christlichen engeln und teufeln, die bleiche schar ›uz der helle‹ sind die ›niðri î iörðu‹ wohnenden döckâlfar, ja das, was im Alvîsmâl nicht ausdrücklich benannt, allein mit den worten ›î heljo‹ bezeichnet wird. nun kann ich es auch so fassen: liosâlfar wohnen im himmel, döckâlfar (und näir?) in hel, der heidnischen hölle, svartâlfar in Svartâlfaheim, was niemals gleichbedeutig mit hel (hölle) gebraucht ist. Seelen verstorbner menschen sind die dunkeln elbe, wie der jüngere dichter glaubte, oder hat man döckâlfar und nâir von einander zu sondern? beider aufenthalt in den regionen der unterwelt, wie der lichten in denen des himmels: von allen andern erzählt die edda weniger, als von den schwarzen, mit den menschen öfter verkehrenden. svartâlfar werden in menge genannt, liosâlfar oder döckâlfar unsicher.

Festgehalten werden muß die identität der svartâlfar und dvergar. Dvergr, gothisch dvaírgs? angelsächsisch dveorg, althochdeutsch tuerc, mittelhochdeutsch tverc, neuniederländisch zwerg entspricht dem lateinischen nanus, griechisch νάννος; zwerg, puppe, italienisch nano, spanisch enano, portugisisch anão, provencalisch nan, nant, französish nain, auch mittelniederländisch naen und nane; oder griechisch πυγμαῖος; neben jenen männlichen formen erscheint gewöhnlich die althochdeutsche/mittelhochdeutsche neutrale gituerc; getwer; daz wilde getwerc. männlich gebraucht steht getwerc bei Eilhart: der twerk darf θεουργός (übernatürliche dinge verrichtend, was sonst mittelhochdeutsch wunderære heißt) dazu gehalten werden?

Dem begrif nach vergleichen sich die idaeischen dactyle der alten, cabiren und πάταικοι. in der edda sind alle oder die meisten dvergar kunstfertige schmiede. daher scheint sich ihr schwarzes, rußiges aussehen (wie der cyclopen) am einfachsten zu erklären. ihre schmiede liegt in hölen und bergen: Svartâlfaheimr wird also in eine gebirgige gegend zu setzen sein, nicht in den abgrund der hölle. Auch unsere deutschen volkssagen erwähnen allenthalben das schmieden der zwerge in den gebirgen. ›von golde wirkent si diu spæhen werc‹ meldet der Wartburger krieg von dem getwerge Sinnels in Palakers, wogegen den elben und elbinnen lieber das geschäft des webens beigelegt wird. Stehen also die zwerge den schmiedenden helden und göttern (Wielant und Vulcan) nahe, so schließen sich die elbe an den dienst der feen und guten frauen.

Hat die gegebene vorstellung einiges für sich, so begreift man leicht, wie sie der spätere volksglaube verändern und verwirren konnte, seit ihm die unheidnischen begriffe christlicher engel und teufel zugeführt wurden. teuflische eigenheiten haben im grund alle elbe, selbst die lichten, z. b. ihre lust menschen zu necken; aber teufel sind darum auch die schwarzen nicht, sondern oft gutmütige wesen. Es scheint sogar, daß man gerade den schwarzelben, d. h. den berggeistern, die in manigfalte beziehung zu den menschen traten, eine bestimmte verehrung, eine art von cultus erwies, dessen spuren noch in später zeit fortdauern.

Das wichtigste zeugnis hierfür findet sich in der Kormakssaga. mit dem blut eines erlegten stiers soll (gleich dem altar eines gottes) der hügel der elbe geröthet und aus dem fleisch des thiers den elben ein mahl zugerichtet werden: ›hôll einn er heðan skamt î brott, er âlfar bûa î; graðúng þann, er Kormakr drap, skaltu fâ, ok rioða blôð graðúngsins â hôlinn utan, en gera alfum veizlu af slâtrinu, ok mun þer batna‹. ein wirkliches âlfablôt.

Der Stier ist ansonsten das Opfertier an Tyr – die Alfen sollten daher mit Tyr assoziiert gewesen sein.

Damit verbinde ich den abergläubischen gebrauch, engeln speise zu kochen und hinzustellen. ebenso wird hausschmieden und kobolden der tisch gedeckt und ein topf speise hingesetzt; der domina Abundia essen und trinken; den unterirdischen in ihre höle, beim vorübergehen, geld oder brot gelegt.

Wie nach göttern sind einige pflanzen auch nach elben benannt: alpranke, alpfranke, alfsranke, alpkraut (lonicera periclymen., solanum dulcam.), was sonst geißblatt, in Dänmark troldbär, in Schweden trullbär heißt. dveorges dvosle ist bei Lye pulegium, Mones quellen schreiben dvostle; dvergeriis heißt nach Molbechs das spartium scoparium. âlfrek aber nannte man eine latrina, wörtlich genios fugans.

Während der mensch langsam heranwächst, erst nach dem funfzehnten jahr seine volle gestalt erreicht und dann siebenzig jahr lebt, der riese hingegen steinalt werden kann, ist der zwerg schon im dritten jahr seines lebens ausgewachsen und im siebenten jahr ein greis; der elbkönig wird gewöhnlich als weißbärtiger alter geschildert.

Nachrichten über die erschaffung der zwerge wird capitel xix zusammenstellen; doch scheinen sie sich bloß auf die irdische gestalt der schwarzen, nicht der lichten elbe zu beziehen.

Hauptzüge der elbischen natur scheinen folgende. Der leib des menschen hält mitte zwischen dem des riesen und des albs; so weit der riese über die menschliche größe hinaus ragt, so weit steht der alb unter ihr. Alle elbe werden klein und winzig gedacht, die lichten aber wolgebildet, ebenmäßig, die schwarzen häßlich und misgestalt. jene strahlen von zierlicher schönheit und tragen leuchtendes gewand; das angelsächsische älfsciene, schön wie elbe, leuchtend wie engel, altnordisch ›frið sem âlfkona‹, drückt den gipfel weiblicher schönheit aus.

In Rudlieb ruft ein gefangner zwerg seine frau aus der höle herbei, alsobald erscheint sie: ›parva, nimis pulchra, sed et auro vesteque compta‹. ›þat er kunnigt î

119

öllum fornum frâsögnum um þat fôlk, er âlfar hêtu, at þat var miklu frîðara enn önnur mankind‹. die englischen elves sind fein und schmächtig, Falstaff nennt den Henry: ›you starveling, you elfskin!‹ (elbhaut).

Der widrigen farbe der zwerge tritt noch ein übelgebauter leib, höcker und grobe tracht hinzu; seitdem man elbe und zwerge mengte, geht auch die anmutige bildung der elbe oft auf die zwerge über, doch bleibt ihnen zuweilen ausdrücklich die schwarze oder graue farbe: ›svart î synen‹; ›ein kleines schwarzes männchen‹; ›ein kleines graues männchen‹.

Ihre größe selbst wird verschiedentlich bestimmt, bald erreichen sie das wachsthum eines vierjährigen kindes, bald erscheinen sie weit kleiner, nach spannen oder daumen gemessen. ›kûme drîer spannen lanc, gar eislich getân‹; zwei spannen lang; ein wihtel ›reht als ein dûmelle lanc‹; ›ein kleinez weglin (lies: wihtlîn) dûmeln lanc‹. in einem dän. lied der kleinste trold nicht größer als eine ameise.

Daher däumling (petit poucet) in den märchen zwergartige gestalt bezeichnet, der δάκτυλος Ἰδαῖος von δάκτυλος, πυγμαῖος von πυγμή (faust), das altpreußische parstuck, perstuck (zwerg) vom litthauisch pirsztas (finger), slavisch perst, prst und eine böhmische benennung des zwergs pjdimuz'jk (spannenmännlein) von pjd' (spanne) zu leiten ist. im sanskrit ist bâlakhilja geniorum genus pollicis magnitudinem aequans, ihrer sechzigtausend wurden aus dem haar des Brahma hervorgebracht.

Bâla, auch bâlaka bedeutet puer, parvulus, ilja verstehe ich nicht. Von der unform zwergischer füße, welche denen der gänse oder enten gleichen sollen (wie die der königin Berhta, oder der schwanjungfrauen), gehen besondere erzählungen. man wird auch an die blatevüeze erinnert.

Das mittelniederländische gedicht von Brandaen, keine andere bearbeitung der legende, enthält einen sehr merkwürdigen zug Brandan begegnete in der see einem daumlangen mann, der auf einem blatt schwamm, mit der rechten ein näpfchen, mit der linken hand einen griffel haltend: den griffel steckte er in die see und ließ davon wasser in den napf triefen, war der napf voll, so goß er ihn aus und füllte dann von neuem; ihm sei auferlegt die see zu messen bis an den jüngsten tag.

Naides et Dryades mediis incedere silvis. dagegen ist Hogni, dessen vater ein alb ist, bleich und fahl wie bast und asche. wie denn auch die wechselbälge häßlich sind. dernea wihti heißen sie, schwarz ist auch der rothmützige zwerg.

Zwerge sind breitstirnig und langhändig. Dybe grôze arme, kurziu bein het er nâch der getwerge site. auch die blatevüeze im Rother angeführten orts scheinen zu den zwergen zu gehören, indem sie den riesen kostbares gewand bringen.

Die zwerge reichen den menschen bis ans knie, wie die menschen den riesen. die kniewes hôhen, die dô sint eins kniewes hôch. oft erreichen sie nur daumshöhe vergleiche lateinisch pollex, polnisch paluch, böhmisch palec, altnordisch þûmlûngr (neben schwedisch pyssling: alla min fru mors pysslingar; altnordisch pysslîngr fasciculus), litthauisch nyksztélis däumling und zaunkönig. wichtig ist, daß in indi-

120

schen sagen die seele als daumgroßes männchen aus dem leib des sterbenden geht.

Das altpreußische barzdukkai leitet übrigens Ruhig nicht vom litthauisch pirsztas finger, sondern von barzda bart ab, wie denn die unterirdischen oft mit langem bart erscheinen. für zwerg wird mittelhochdeutschen gesagt: der kleine mann; der wênige man; der wênige gast; wênigez mennel; ein gar wêniger man mit einer güldîn krône; ein wênic twirgelîn; der kurze kleine mann; der wunderkleine; der kleine recke. serbisch starmali d. h. der alte kleine. eine abweichende bezeichnung des zwerges: le puant nain, wie der knecht und fremde.

Der elbkönig sitzt unter einem großen schwamm und wer einen erdschwamm bei sich trägt, wird schmal und leicht wie elbe. dem auf einem blatt schwimmenden däumling im mitelniederländishen Braudæn vergleicht sich das mädchen, das auf den blättern der wasserlilie über den wellen schwebt.

Dieser däumling auf dem blatt schwimmend erinnert an uralte, indische mythen.

Der indische Gott Vishnu sitzt zwischen der Auflösung einer Welt und der Neuerschaffung der nächsten Welt im Urozean auf einer Lotusblüte.

Die âlfar bilden ein volk, wie die edda ausdrücklich sagt, und wie im Alvîsmâl âlfar, helbûar (wenn ich dies wort gebrauchen darf) und dvergar den menschen, riesen, göttern, asen und vanen als besondere classe, und mit ihren eignen sprachen, zur seite stehn. daher auch das stille volk, the good people, huldufôlk und in der Lausitz ludki, die leutchen, von lud (volk) althochdeutsch liut, böhmisch lid; welsh ›y teulu‹ (die familie), ›y tylwyth têg‹ (die schöne familie), das kleine schöne volk.

Ob man daraus ein historisches, in bestimmter gegend gelegnes reich folgern darf, lasse ich hier unentschieden. dvergmâl (sermo nanorum) ist der altnordische ausdruck für das echo: sehr bezeichnend, weil ihr ruf und geschrei in den bergen widerhallt, dem gegen den berg hin lautredenden menschen der zwerg gleichsam antwortet. ›Sigurðr stilti svâ hâtt hörpuna, at dvergmâl qvað î höllunni‹, er spielte so hoch auf der harfe, daß es im saal widerhallte. die helden führten laute streiche: ›dvörgamâl sang uj qvörjun hamri‹, echo sang in jedem felsen; sie hieben stark, ›dvörgamâl sang uj fjödlum‹ echo sang in den bergen. altnordisch ›qveðr við î klettunum‹ (reboant rupes). sollte vielleicht græti âlfa (ploratus nanorum) im dunkeln eingang des Hamdismâl etwas ähnliches meinen? aber auch in unserer einheimischen heldenpoesie mag die nemliche vorstellung gehaftet haben:

dem fehten allez nâch erhal,
dô beide berg und ouch diu tal
gaben ir slegen stimme.

daz dâ beide berg und tal
vor ihr slegen wilde wider einander allez hal.

Hier heißt es nicht bloß, die berge hallten von den schwertschlägen der helden wider, sondern sie gaben stimme und antwort von sich, d. h. die in ihnen hausenden zwerge.

Diesem volk der elbe oder zwerge steht ein könig vor. zwar aus nordischen sage kenne ich kein beispiel für die âlfar und dvergar.

Im Altnordischen wird u.a Wieland (Tyr) „Alfen-König" („Alberich") genannt.

Doch Huldra ist königin des huldrefolk, Berchta der heinchen, auch englische überlieferungen reden von einer elfqueen; ich denke, weil auch in gallischen die vorstellung weiblicher feen (fairys) überwog. die altfranzösische fabel von Huon de Bordeaux kennt einen roi Oberon, d. i. Auberon für Alberon, also schon dem namen zufolge einen alb: das königreich der feen (royaume de la féerie) ist sein eigen.

Unser gedicht von Orendel führt einen zwerg namens Alban auf. im Otnit spielt künec Albêrîch, Elberich, ›dem manec berg und tal‹ unterthan ist, eine bedeutende rolle; das Nibeluingenlied macht ihn nicht zu einem könig, nur zu einem dienstmann der könige Schilbung und Nibelung. ein ungenannter zwergkönig erscheint im gedicht von Ecke; anderwärts könig Goldemâr. könig Sinnels und Laûrîn; ›der getwerge künec Bîleî‹. auch die deutschen volkssagen geben dem zwergvolk einen könig; könig der erdmännchen. Gübich ist in den Harzsagen ein zwergkönig. Heiling ist fürst der zwerge.

Alle diese sind könige schwarzer elbe, nur den Oberon halte ich für einen lichten alb. Es scheint daß menschliche helden, indem sie sich das oberhaupt der elbe unterwerfen, zugleich die herschaft über die geister erwerben: in solcher meinung kann Völundr vîsi âlfa heißen und gleichen anspruch hatte nach Elberichs besiegung Siegfried:

nu huop der wênige man
von jâmer alsô grôzen schal,
daz im der berc entgegenhal.

Nüchterner ist der ausdruck: dô antwurte im sîn dôn. dagegen lebendiger: dvergmâli qvađ î hverjum hamri. dvergmalenn. angelsächsisch vudumaer heißt echo und nympha silvestris. ein holzmann ruft aus dem walde. nach Böclers abergläubische gebräuche der Esthen sind namen des echos: schielauge, waldes antwort, elbensohns rufen. nach Possart bildet der neckische waldelb mets halias das echo. echo ist die waldstimme des Faunus, Picus (vergleiche specht und Vile). ähnlich fassen es die Mongolen auf. nach den irischen märchen und sagen heißt das echo übrigens nicht muc alla, sondern macalla und alla bair. gallisch mactalla sohn des felsens.

Wie die altnordische sage Huldra als zwergkönigin kennt, erscheint in schwedi-

schen sagen eine schöne frau als herrin der zwerge. auch ein könig ist nicht unbekannt vergleiche den bergkong. in England ist die queen of fairies wol bekannt und eine schöne beschreibung der queen Mab (kind, puppe?) findet sich in Romeo vergleiche die fairies in the merry wives of Windsor. dazu kommt noch Morguein de elvinne.

Im deutschen glauben überwiegen die könige. im Sörlaþâttr ist Alfrigg ein bruder oder genoß des Dvalinn, neben welchem Alþiofr steht. vergleiche in deme Elperîchislohe. der getwerge künec Bîleî hat einen bruder Brîans. Grigoras und Glecidolân herren über der twerge lant. ein andrer heißt Antilois. über den namen des zwergkönigs Luarîn, Luaran siehe. Haupts zeitschrift. im roman des 7 sages ein Laurins. zu Gibich vergleiche Gebhart. König Piper oder Pippe kong. dann noch der zwerg beim Scherfenberger. der könig der erdmännchen Worblestrüksken. von einem got der twerge redet Albrecht von Halberstadt.

In den altnordischen quellen sind eine menge für die mythologische forschung wichtiger zwergnamen überliefert. ich hebe die reimenden formen Vitr und Litr, Fili und Kili, Fialarr und Galarr, Skirvir und Virvir, Anar und Onar, Finnr und Ginnr so wie die ablautenden Bivor und Bavor heraus. Nâr und Nâinn bedeuten offenbar dasselbe (mortuus) wie Thrâr und Thrâinn (contumax oder rancidus?). zu Nâinn stimmt Dâinn (wiederum mortuus); zu Oinn (timidus) Moinn; Dvalinn, Durinn, Thorinn, Fundinn zeigen wenigstens den gleichen participialen ausgang. Alfr, Gandâlfr und Vindâlfr setzen den zusammenhang der zwerge und elben außer zweifel. zweimal kommt Ai vor, es scheint avus zu bedeuten, Finnr, Billîngr gleichen den erörterten heldennamen. Nŷr und Niđi, Nŷr und Nŷrâđr beziehen sich auf phasen des mondlichts; einzelne andere namen sollen im verfolg angegeben werden.

In Sämingr heißen alle zwerge Ivalda synir, dieser Ivaldi scheint dem elbischen Ivaldr, vater der Iđunn identisch, wie anderwärts Folkvaldr und Folkvaldi (angelsächsisch Folcvealda), Dômvaldr und Dômvaldi = Domaldi wechseln. Ivaldr entspricht dem dänischen Evald, neuhochdeutsch Ewald, einem in älteren urkunden seltnen namen; bekannt sind die beiden heiligen Ewalde (niger et albus), die zu Pipins zeiten im jahr 695 gemartert und in Cöln begraben wurden, aber aus England stammten. Beda schreibt Hewald und die angelsächsische übersetzung Heávold.

„Iwaldi" bedeutet „Allherrscher" und ist ein Beiname des ehemaligen Göttervaters Tyr. Die Zwergenpaare mit ähnlichlautenden Namen, die Iwaldis Söhne sind, sind die beiden Pferde-Söhne des Tyr („Alcis").

Von den wohnungen der lichtelbe im himmel wissen die volkssagen nichts mehr; desto häufiger schildern sie die der zwerge in den schluchten und hölen des gebirges. daher die angelsächsische benennungen bergälfen, dunälfen, muntälfen. altnordisch ›bŷ ec for iörđ neđan, â ec undr steini stađ‹; ›dvergr sat undir steininum‹; ›dvergar

123

bûa î iördu oc î steinum‹. Elbenstein ist der name eines adlichen geschlechts. in den Niederlanden nennt das volk die hügel, welche graburnen enthalten, alfenbergen. schätze stecken in den gräbern wie bei den elben, und gleich diesen sind die todten unterirdische. darum heißen die zwerge auch erdmännlein, erdmanneken, in der Schweiz härdmändle, sonst auch unterirdische, dänisch underjordiske.

Alfen und Zwerge sind ursprünglich die Geister der Toten in ihren Hügelgräbern gewesen.

Über fluh und tobel springen sie und ermüden nicht vom steigen der jähen wände: ›den wilden getwergen wære ze stîgen dâ genuoc‹ heißt es von einer felsengegend. den dänischen volksglauben von dem biergmand, biergfolk, biergtrold stellt Molbechs dialectlexicon zusammen. die frau des biergmand heißt biergekone. Alle solche überlieferungen von den erdmännchen und berggeistern stimmen überein. in die ritzen und spalten der berge schlüpfend oder schliefend scheinen sie plötzlich zu verschwinden, und eben so plötzlich (wie der schwick) kommen sie aus dem erdboden hervor; überall, wo sie hausen, zeigt man solche zwergslöcher, querlichslöcher. auch die lausitzischen ludki kommen aus unterirdischen gängen, wie mäuselöchern, zum vorschein; ein bretagnisches volkslied nennt die grotte der korred. in diesen höhlen treiben sie ihr wesen, sammeln schätze und schmieden köstliche waffen; ihre könige bauen sich prächtige gemächer unter der erde aus, Elberich, Laurin wohnen in solchen wunderbaren bergen, menschen und helden werden zuweilen hinuntergelockt, begabt, entlassen oder festgehalten

*gân ûf manegen hôhen rûhen berc,
dâ weder katze noch getwerc
möhte über sîn geklummen.*

Die bezeichnung böhlersmännchen im böhlersloch kommt wol von bühel collis vergleiche althochdeutsch puhiles perc. wendisch ludkowa gora. in montanis (Prasiorum) pygmaei traduntur (Plinius). man zeigt die twargeslöcker oder wüllekeslöcker, wulwekerslöcker, wünnerkesgätter. auch wohnen sie in grabhügeln oder in steinhaufen (stenrös) und unter den häusern der menschen und scheunen. diese bewohnen im sommer auch die courriquels der Bretagne, die im winter am heerde schlafen. aber sie können nicht leiden, daß die menschen über ihren wohnungen ställe bauen, weil der mist des viehs hinabläuft und sie verunreinigt.

Dies entspricht der altnordischen Vorstellung, daß Alfen durch Kot vertrieben werden können („alfreck", d.h. „Alfendreck").

Weit verbreitet ist die bezeichnung der unterirdischen. dat unnerersch, das ünnere-ersche, auf Silt önnererske. de unnerärschen bei Usedom. beim brunnengraben kam man auf ihren schornstein und fand ein ganzes haus voll. Kuhn: erdmännel und erdweibel. litthauisch kaukas erdmännchen, kaukaras berggott. vergleiche semmes deewini erdgötter. auf Föhr und Amrum önnerbänkissen, im dänischen Schleswig unnervæstöi, unnerborstöi, unnersboestöi (töi = zeug). im innern der erde bewohnen die elbe, wie z. b. Laurin einen rosengarten, in welchem blumenbrechen bestraft wird.

Dieterich von Bern ward am ende seines lebens von einem zwerg abgeholt; nach dem lied von der klage weiß man nicht, ›ob er sich verslüffe in löcher der steinwende‹ (= Grabkammer im Hügelgrab). wahrscheinlich meint die sage, er sei, gleich dem Tanhäuser und dem getreuen Eckhart, in den berg gerathen, in welchem frau Venus hause. von diesem frau Venusberg wird erst seit dem 15./16. jahrhundert erzählt, man möchte wissen, welche ältere vorstellungen ihm zum grund liegen: ist frau Venus an die stelle einer unterirdischen elbkönigin, oder einer göttin, wie frau Holda, Frikka getreten?

Heinrich von Morunge singt von seiner geliebten:

und dunket mich, wie si gê zuo mir dur ganse mûren,
ir trôst und ir helfe lâzent mich niht trûren;
swenne si wil, sô vüeret sie mich hinnen
mit ir wîzen hant hôhe über die zinnen,
ich wæne sie ist ein Vênus hêre.

Er vergleicht sie also der Venus oder Holda, die mit elbischer kraft durch mauern dringe und über zinnen weg entführe (siehe Tannhäuser). Wenn also ein hessisches kindermärchen im wald drei haulemännerchen erscheinen läßt, so sind das diener der Holle, elbe in ihrem gefolg, und vorzüglich bemerkenswerth scheint ihre dreiheit und daß sie begaben: es ist selten, männliche wesen die stelle der weissagenden frauen einnehmen zu sehn. anderwärts erscheinen eher die erdfräulein, bei Hebel sagt Eveli zu der waldfrau: ›gott dank der, und wenn du s'erdmännlis frau bisch, willi di nit förche‹.

An frau Holda gemahnt noch eine andere beziehung: ›die guten holden‹, ›guedehol-den‹ penates (Teutonista), holdichen, holdeken, holderchen scheint ganz gleichbe-deutig mit ›die guten elbe‹; holdo, holde ist dem wort nach ein freundliches, günstig gesinntes wesen, und auf Island wird liuflîngar (lieblinge) und huldufôlk, huldumenn für âlfar gebraucht.

„Frau Venus" wird auf die Jenseitsgöttin als Wiederzeugungs-Geliebte der Toten und als Wiedergeburts-Mutter der Seelen der Toten zurückgehen. Sie entspricht daher mehreren der germanischen bzw. altnordischen Göttinnen wie Frigg, Freya, Idun,

Hulda u.a. Als Mutter aller Toten im Jenseits ist diese Göttin auch die Mutter aller Zwerge und Alfen, da diese eben die von wiedergeborenen Toten(-seelen) sind.

Die dänische benennung hyldemänd führt auf den falschen nebenbegrif von hyld (sambucus, hollunder), wonach frau Holda als hyldemoer oder hyldeqvind, d. h. eine an diesen baum geknüpfte dryas erscheint, doch ihr zusammenhang mit den huldre geht nichts desto weniger daraus hervor.

Von dieser seite her sind die elbe gutmütig und hilfreich: sie heißen das stille volk, the good people, die guten nachbarn, die friedlichen leute (schottisch daoine shi, irisch daoine maith, welsh dynion mad). bleiben sie in ihrem stillen treiben ungestört, so halten sie friede mit den menschen, und erweisen ihnen, wo sie können, dienste durch schmieden, weben und backen. oft haben sie den leuten von ihrem neubacknen brot oder kuchen mitgetheilt.

Sie bedürfen auch ihrerseits des rathes und beistands der menschen in gewisser lage; dahin sind besonders drei fälle zu rechnen. einmal holen sie frauen und hebammen, um kreißenden zwerginnen hilfe zu gewähren; dann verständige männer zur theilung eines schatzes, zur schlichtung eines streites; drittens leihen sie einen saal für ihre hochzeit; immer aber belohnen sie durch geschenkte kleinode, die dem haus und den nachkommen des menschen glück bringen.

Ihnen selbst wohnt mancherlei kenntnis verborgner heilkräfte der pflanzen und steine bei.

Der finnische volksglaube nimmt an, daß in den kirchen unter dem altar kleine misgestalte wesen hausen, und nennt sie kirkonwäki (kirchenvolk). wenn ihre hausfrauen in schwerer kindesnoth liegen, können sie erlöst werden, sobald eine Christin sie besucht und ihre hand auflegt. einen solchen dienst belohnen sie reichlich mit gold und silber.

Zu Mykleby wohnte Swen, der gieng einen sonntagsmorgen aus auf die jagd und bei Tyfweholan gewahrte er auf dem berg einen großen bock mit einem ring um den hals, in demselben augenblick rief es aus dem berg: ›sieh, der mann schießt unsern ringbock!‹ ›nein‹, rief eine andere stimme, ›das läßt er wol bleiben, er hat sich heute nicht gewaschen‹ (d. h. in der kirche nicht mit weihwasser besprengt).

Als Swen das hörte, ließ er auf der stelle sein eigen wasser, wusch sich eilends und schoß den ringbock.

Da entstand heftiges schreien und lärmen im berg und einer sprach: ›sieh, der mann nahm sein hängebecken und wusch sich, aber ich will ihn schon bezahlen‹. ein anderer antwortete: ›das wirst du wol bleiben lassen, der weiße bock steht ihm bei‹.

Darauf erscholl mächtiges geräusch und eine menge von trollen erfüllte rings den wald. Swen warf sich zur erde und kroch unter einen haufen wurzeln, da fiel ihm ein was der troll gesagt hatte, der weiße bock stehe ihm bei, denn so nannte er verächtlich die kirche. Swen that nun das gelübde, wenn ihm gott aus der gefahr helfe, wolle er den ring des bocks nach Mykleby, das horn nach Torp, die haut nach Langeland in die kirche geben.

Als er unbeschädigt heimgelangt war, erfüllte er alles: der ring bildet bis zum jahr 1732 den ring an der Myklebyer kirchthür, und ist von unbekanntem metall, wie aus eisenerz, das bockshorn verwahrte man in der Torpkirche, das fell in der Langeland-kirche.

In Rudlieb gibt der gefangne zwerg allen vorwurf der hinterlist mit folgender rede zurück:

absit ut inter nos unquam regnaverit haec fraus;
non tam longaevi tunc essemus neque sani.
Inter vos nemo loquitur nisi corde doloso,
hinc nec ad aetatem maturam pervenietis:
pro cujusque fide sunt ejus tempora vitae.
non aliter loquimur nisi sicut corde tenemus,
neque cibos varios edimus morbos generantes,
longius incolumes hinc nos durabimus ac vos.

Also schon im 10. jahrhundert klagt der zwerg über die treulosigkeit des menschen-geschlechts und leitet mit daraus das kurze menschliche alter her, während die zwerge, weil sie redlich seien und einfache speisen essen, lang und gesund leben. mit den geheimen kräften der natur näher vertraut wissen sie die schädliche nahrung sicherer zu meiden. durch diese merkwürdige stelle wird die ansicht von der zwerge langlebigkeit gerechtfertigt, und das meiden menschlicher, den tod herbeiführender nahrung stimmt zu dem unterschied zwischen göttern und menschen.

Die Langlebigkeit der Zwerge (und Alfen) stammt ursprünglich daher, daß sie als Totengeister im Jenseits ewig leben – sie können als Tote ja nicht mehr sterben …

Indem sich die zwerge so, und noch auf andere weise, zuweilen dem menschlichen geschlecht nähern, scheinen sie doch überhaupt vor ihm zurückzuweichen und ma-chen den eindruck eines unterdrückten, bedrängten volkstamms, der im begrif steht, die alte heimat den neuen mächtigeren ankömmlingen zu überlassen. ihrem character ist etwas scheues, und zugleich heidnisches eingeprägt, das sie dem umgang mit Christen entfremdet. sie grollen der menschlichen treulosigkeit, das soll wol ur-sprünglich heißen, dem abfall vom heidenthum. Laurin wird in den gedichten des mit-telalters ausdrücklich als ein heide dargestellt. es ist den zwergen innerlich zuwider, wenn kirchen gebaut werden, glockengeläute stört sie in ihrer alten heimlichkeit; auch das reuten der wälder, den ackerbau und neue pochwerke im gebirg hassen sie.

Bretagnische sage berichtet: einer hatte in dem zwergloch einen schatz gehoben *und dann vorsichtig seine haustenne mit asche und glühenden kohlen bedeckt; als nun mitternachts die zwerge nahten, ihr gut zurückzuholen, verbrannten sie sich die füße so heftig, daß sie ein lautes klaggeschrei erhuben und eilends entflohen, doch alles geschirr zerbrachen.*

Aus solcher abhängigkeit von dem menschen, umgekehrt aus geister überlegenheit der elbe in andern stücken, folgt nun ein feindseliges verhältnis zwischen beiden. die menschen achten der elbe nicht, die elbe schaden den menschen und necken sie. Uralter glaube war es, daß von den elben gefährliche pfeile aus der luft herabgeschossen werden: hier sind also lichtelbe gemeint; auch schweigen die zwergsagen davon, in der angelsächsischen formel wird êsagescot und ylfagescot neben einander gestellt, die elbe scheinen mit ähnlichen waffen, wie die götter selbst, ausgerüstet; der göttliche donnerkeil heißt auch albschoß und in Schottland elfarrow, elfflint, elfbolt ein harter, spitzer keil, von dem man glaubt, daß ihn die geister entsendet haben; rasen, den der wetterstrahl aus dem boden schneidet, sollen sie herausheben. ich habe schon gefolgert, daß irgend ein näherer bezug der elbe zu dem donnergott dagewesen sein muß, der uns jetzt entgeht: sind ihm seine keile von elben geschmiedet worden, so führt das wieder auf schwarzelbe.

Ihre berührung, ihr anhauch kann menschen und thieren krankheit oder den tod verursachen; wen ihr schlag trift, der ist verloren oder untüchtig. dvergslagen heißt in Norwegen gelähmtes vieh, dem sie es angethan haben: der benennung elbentrötsch für blödsinnige geistesschwache menschen, die ihre rächende hand berührt hat, wurde schon gedacht.

Diese „Pfeile" und „Keile" wurden als Ursache für Krankheiten angesehen, wie der Begriff „Zwergenschlag" zeigt, aus dem dann später der „Hexenschuß" wurde.

Wer von den elben verführt ist, heißt dänisch ellevild, und dies ellevildelse wird in bezug auf frauen so geschildert: ›at elven legede med dem‹.

Als wehende blasende wesen erschienen sie von jeher schon in der sprache: wie von spirare spiritus ist unser geist von dem alten stamm gîsan (flari, cum impetu ferri) herzuleiten; altnordisch bedeutet gustr flatus, und ein zwerg heißt Gustr; andere zwerge Austri, Vestri, Norðri, Suðri bezeichnen die vier hauptwinde, Vindâlfr, noch ein zwergsname, erklärt sich selbst.

Gleich dem anhauch hat der bloße blick der elbe bezaubernde kraft: das nennt unsere alte sprache intsehan (torve intueri) mittelhochdeutsch entsehen: ›ich hân in gesegent, er was entsehen‹; ›von der elbe wirt entsehen vil maneger man‹.

Das volk schreibt den elben die astlöcher im holz zu. so geht in Småland die sage von der stammmutter eines namhaften geschlechts, die elbjungfrau war, durch ein astloch der wand mit den sonnenstrahlen in ein haus kam und von dem sohn geheiratet wurde. sie gebar ihm vier kinder und verschwand an einem heiteren tage auf dieselbe weise, wie sie gekommen war. aber man glaubt nicht nur, daß sie selbst hindurch kriechen, sondern auch, daß wer hindurch schaue, erlange ihm sonst verborgne dinge zu sehn; ein gleiches geschieht, wenn man durch die öfnung blickt, die der pfeil eines elbs durch die haut eines thiers geschossen hat. jenes astloch heißt auf schottisch elfbore, nach Jamieson: a hole in a piece of wood, out of which a knot has droppen or been driven; viewed as the operation of the fairies. man sagt auch auwisbore, jütisch ausbor. wird auf dem hügel, wo elbe hausen, folgender reim 15mal ausgesprochen:

ällkuon, ällkuon, est du her inn,
saa ska du herud paa 15 iegepinn!

(elbfrau, elbfrau bist du hier innen,
so sollst du heraus durch 15 eichenastlöcher, egepind)

so muß die elbin heraus kommen.
Schon dem namen und noch mehr dem begrif nach berühren sich die elbe mit den geisterhaften, aus wiederholter verwandlung ihrer gestalt hervorgehenden schmetterlingen. eine althochdeutsche glosse sagt: brucus, locusta quae nondum volavit, quam vulgo albam vocant. der alp soll oft als schmetterling erscheinen und in den hexenprocessen heißen elbe bald die kriechenden raupen, bald die puppen, bald die entfliegenden insecten. auch die benennung der guten holden und der bösen dinger theilen sie mit den geistern selbst.
Über schwerfällige menschen erhebt diese leichten, luftigen geister das göttliche vermögen, zu verschwinden oder unsichtbar zu werden. kaum erscheinen sie, so sind sie wieder unsern augen entrückt. nur wer den ring trägt vermag Elberich zu erblicken.

Als Totengeister sind die Alfen und Zwerge nur hellsichtig sichtbar und erscheinen dann als nebelhafte, milchigweiß leuchtende Schemen, die auch schnell wieder verschwinden können. Dies gilt vor allem für die Elfen („Alfen" = „Weiße, Leuchtende").

Für die lichten elbe versteht es sich von selbst, aber auch den schwarzen ist diese eigenschaft unentzogen. gewöhnlich wird die unsichtbarkeit der zwerge in ein bestimmtes stück ihrer kleidung, einen hut oder mantel gesetzt, durch deren zufälliges ablegen oder abwerfen sie plötzlich sichtbar werden. die zwergsagen erzählen von nebelkappen, von grauen röcken und rothen kappen, von scharlachmänteln. frühere jahrhunderte bedienen sich der ausdrücke helkappe, helkeplein, helkleit, nebelkappe und tarnkappe. muß unter tarnkappe (oder dem bloßen kappe) Alberîchs und nachher

Sigfrits nicht die kopfbedeckung allein verstanden werden, sondern ein ganzer mantel, denn es steht auch tarnhût, die bergende haut, und des schretels rôtez keppel ist bei Hans Sachs ein mantel scharlach rot des zwergleins; außer der unsichtbarkeit verleiht sie höhere leibesstärke und zugleich herschaft über das volk und den hort der zwerge.

Anderwärts dachte man sich nur die mütze: in einer norw. volkssage bei Faye heißt sie uddehat (spitzer hut?), und ein hildesheimischer hausgeist führt von dem filzhut, den er trug, den namen Hôdeken. vermutlich haben das althochdeutsche helothelm (latibulum), altsächsisch helithhelm, angelsächsisch heoloðhelm, häleðhelm, altnordisch hialmr huliz (ein eddischer name für wolke), angelsächsisch grîmhelm.

Ähnliche bedeutung, obgleich schon in dem einfachen helm und grîme der begrif von hülle und larve steckt. helm gehört zu helan, wie huot zu huotan (tegere).

Ohne zweifel trugen auch andere höhere wesen, außer den elben und zwergen, das unsichtbarmachende gewand. vor allem erinnere ich an Oðins gekrempten hut, an Mercurs petasus, an den hut des Wunsches, der noch in unsern märchen wünschelhut genannt wird, und an des Pluto oder Orcus helm.

Die Unsichtbarkeit der Zwerge (und Elfen) liegt darin begründet, daß sie Totengeister sind. Darauf weisen auch die Bezeichnungen „hel-kappe" und „nifel-kappe" hin, die beide „Jenseits-Umhang" bedeuten: „Hel" und „Nifelheim" sind die Unterwelt. Die Vorstellung, daß es einen solchen Umhang gab, ist möglicherweise aus dem Fell des für die Toten geopferten Tiere entstanden. Die Toten wurden bei ihrer Bestattung in dieses Fell gewickelt, damit die Zeugungskraft des Opfertieres auf sie übertragen und so ihre eigene Wiederzeugung magisch abgesichert wurde.

Die zwerge können in einer besonderen, jetzt verdunkelten, beziehung zu Oðinn gestanden haben, wie die huttragenden patäken, kabiren und Dioskuren zu Jupiter.

Aus dieser fähigkeit ihre gestalt zu bergen und aus ihrer neckischen natur überhaupt geht nun vielfacher trug und täuschung hervor, denen der mensch im verkehr mit den elben und zwergen ausgesetzt ist. ›der alp triuget‹ heißt es; ›den triuget, weizgot, nicht der alp‹; ›die mag triegen wol der alp‹; ›ein getroc daz mich in dem slâfe triuget‹; ›dich triegen die elbin‹ (lies: elbe, selbe); ›elbe triegent‹; ›diu elber triegent‹; ›in bedûhte daz in trüge ein alp‹; ›alfs ghedroch‹ ; ›alfsche droch‹.

Gitroc, getroc, âgetroc, abegetroc, bezeichnet in der älteren sprache vorzugsweise teuflische, von bösen geistern ausgehende täuschung und in diesem sinn gelten auch von den elben andere nachtheilige benennungen: elbischez getwâs, elbischez âs, elbischez ungehiure, wie der teufel selbst getwâs (fantasma) und ungeheuer heißt.

Ganz in gleicher bedeutung wird von der krankhaften beklemmung schlafender und träumender gesagt: ›der teufel hat dich geschüttelt, geritten‹, ›hînaht rîtert (schüttelt) dich satanas‹; oder der nachtmar, der alp: ›dich hat geriten der mar‹; ›ein alp zoumet dich‹.

Und wie frau Holle gespinst oder haare verwirrt, selbst verworrene haare trägt, ein struppiges haar Hollenzopf heißt; wickelt der nachtalb, nachtmar, haar der menschen, mähne und schweif der pferde in knoten oder kaut sie durch: alpzopf, drutenzopf, wichtelzopf, weichselzopf; in Niedersachsen mahrenlocke, elfklatte, dänisch marelok, englisch elflocks, elvish krots; das verbum elf bedeutet bei Shakspeare die haare verfilzen: ›elf al my hair in knots‹. hierher gehören die ›comae equorum diligenter tricatae‹, wenn die weißen frauen ihren nächtlichen umzug halten, an deren spitze Abundia steht.

Auch der litthauische alb aitwaras genannt, verfilzt die haare: aitwars jo plaukus suzindo, suwele (hat ihm die haare zusammengezogen). Lasicz hat aitwaros, incubus qui post sepes habitat (von twora sepes und ais pone).

Einige niedersächsische gegenden zwischen Elbe und Weser geben dem wichtelzopf den namen selkensteert, sellentost, was ich verstehe: zopf des hausgeistes, des gesellchens. in Thüringen saellocke.

hatte ein siechez houbet
des hatten sich verloubet
di hârlocke alle garewe.

Auch der Sibilla (antfahs) wird haar beigelegt: verworren als eines pherdes mane. den hollenzopf kennen skandinavische sagen nicht, dafür verleihen sie den huldren einen schwanz. von dieser haarverfilzung handelt Cichocki de historia et natura plicae polonicae. Berol, der noch die bezeichnung gwozdziec angibt, was eigentlich nagelstechen, reißen bedeutet.

In der edda werden weder âlfar noch dvergar reitend vorgestellt, in unsern gedichten des mittelalters hingegen kommen Elberich und Laurin geritten. Heinrich von Ofterdingen legt diesen ein ros ›als ein geiz‹, Ulrichs Alexander dem zwergkönig Antilois eins von rehes größe zu, und reitet der wihtel geradezu auf weißem reh. Antilois ist reichgekleidet, an seinem zaum erklingen schellen, er zürnt auf Alexander, der ihm seinen blumengarten verdorben hat, wie Laurin auf Dietrich und Wittich. Auch in den welschen sagen heißt es bei Crofton Croker: ›they were very diminutive persons riding four abreast, and mounted upon small white horses, not bigger than dogs‹.

Alle zwerge und elbe sind diebisch. unter den eddischen zwergnamen findet sich Alþiofr; Alpris, richtiger Alfrîkr dvergr heißt ›hinn mikli stelari‹, und im Titurel ein berüchtigter dieb, der die eier unter den vögeln wegstielt, Elbegast (verderbt Elegast, Algast). in den niederdeutschen volkssagen stellen sie zumal den erbsenfeldern nach.

„Thiof" war ein beliebter Bestandteil altnordischer Männernamen wie z.B. in „Fridthjof" = „Friedensdieb" = „Krieger". Das Rauben und Plündern war bei den

Wikingern eine ganz normale und angesehene Form des Broterwerbs.

dat ist gaut, dat de büerken dat nich weit,
dat de sunne üm twölwe up geit!

Asse sek awer melle, wesden se öne en afgefillet perd, dat solle mêe nömen, wîer
können se öne nits gewen. Da was de buere argerlich, awer hei wolle doch fleisch vor
sine hunne mêe nömen, da haude en grat stücke af un laud et upen wagen. Asser mêe
na hus kam, da was alles et schire gold. da wollet andere noch nae langen, awer da
was hüle un perd verswunnen.
  Die merkwürdige bestellung vor sonnenaufgang scheint noch aus der eddischen
tagscheu des zwerggeschlechts erklärbar, es meidet die sonne und hat in seinen höh-
len andres licht und andere zeit, als die menschen. in den nordischen sagen kehrt der
zug wieder, den trold solange in ein gespräch zu verwickeln, bis die sonne aufgegan-
gen ist: sieht er sich nun um und erblickt die sonne, so springt er entzwei.

Die Alfen und Zwerge sind Jenseitswesen und wurden als solche mit der Nacht
assoziiert. Daraus folgte der mythologische Umkehrschluß, daß Jenseitswesen kein
Licht vertragen und im Sonnenschein zu Stein erstarren. Die ältere Vorstellung ist
jedoch, daß die Totengeister des Nachts aktiver und besser zu sehen sind (das Hell-
sehen ist in der Dämmerung und im Dunklen am einfachsten).

Andere diebstäle der zwerge sind in elfenmärchen gesammelt und von ihrem ver-
langen nach kindern und blühenden jungfrauen ist schon gehandelt. zwergkönige
entführen jungfrauen in ihre berge: Laurin die schöne Similt (Sindhilt?), Goldemâr
oder Volmar eines königs tochter; das schwed. volkslied ›den bergtagna‹ erzählt von
einer jungfrau, die acht jahre lang bei dem bergkönig zubringt, sieben söhne und eine
tochter mit ihm erzeugt, ehe sie die ihrigen wiedersieht.
  Folgende sage aus Dorste bei Osterode trägt, wie man sehn wird, auf zwerge über,
was im kindermärchen no. 46 von einem hexenmeister erzählt wird:

Et was enmal en mäken int holt nan arberen egan, da keimen de twarge un neiment
mêe. da se na örer hülen keimen, da verleifde sek de eine twarg in se un da solle se
öne ok frien, awer iest (erst) wollen de twarge de andern twarge taur hochtit bidden,
underdes solle dat mäken in huse alles reine maken un taur hochtit anreien. Awer dat
mäken, dat wolle den twarg nich frien, da wollet weglopen, awer dat set nich glik
merken, tug et sin teug ut un tug dat ne strawisch an, un da sach et ne tunne vul
hunig, da krup et rinder (hinein), und da sach et ok ne tunne vul feddern, un da krup
et ok rinder, un da et wedder ruter kam, was et gans vul feddern, und da leip et weg
un steig upn hoagen boam. Da keimen de twarge derbunder (darunter) vorbi, un da

set seichen meinen se, et wöre en vugel, da reipen set an un sêen:

›wohen, woher du schööäne feddervugel?‹
›ek kome ut der twarges hüle.‹
›wat maket de schööäne junge brût?‹
›dei steit metn bessen un keret dat hus.‹
›juchhei! sau wil wie ok hen.‹

Und da se hen keimen, sêen se taur brut ›gûen morgen‹, un sêen noch mehr dertau; awer da se nich antwure, sleuchten ser hinder de aren, un da fell se hen.

Wolgestalte kinder der menschen entwenden sie aus der wiege und legen ihre eignen häßlichen oder gar sich selbst an deren stelle.

Diese untergeschobnen geschöpfe heißen cambiones, althoichdeutsch wihselinga, neuhochdeutsch wechselbälge, schwedisch bytingar, dänisch bittinger, neuhochdeutsch auch kielkröpfe, dickköpfe von ihren dicken hälsen und köpfen.

Schon im gedicht von Zeno ist es der teufel, der das geraubte kind ersetzt. zweck des wechsels scheint, daß die elbe bemüht sind ihre art durch das entwendete menschliche kind größer zu ziehen, welches sie nun bei sich zu behalten meinen und wofür sie ihr eignes kind hingeben.

Gegen die austauschung sichert, daß man einen schlüssel, oder eins von des vaters kleidern, oder stahl und nähnadeln in die wiege lege.

Eine der bedeutendsten einstimmungen, die ich überhaupt kenne, findet statt in bezug auf die art und weise, wie man sich den wechselbalg vom halse schaffen kann.

In Hessen als der wichtelmann wasser in eierschalen über feuer kochen sieht, ruft er aus: ›nun bin ich so alt wie der Westerwald und habe doch nicht in eierschalen kochen sehn‹.

In Dänemark wird dem wechselbalg ein mit haut und haar gefülltes schwein vorgesetzt: ›nun hab ich dreimal jungen wald auf Tisö gesehn und niemals dergleichen‹.

Vor dem irischen werden auch eierschalen gesotten, bis er sagt: ›ich bin 1500 jahre auf der welt und nimmer sah ich das‹. vor dem schottischen legt die mutter 24 eierschalen auf den heerd und lauscht was er sagen werde, er sagt: sieben jahr war ich alt bevor ich zur amme kam, und vier jahr lebte ich seitdem, nimmer sah ich so viel milchpfannen‹.

Nach dem bretagnischen volkslied sieht er die mutter in einer eierschale für zehn hausknechte kochen und bricht in die worte aus; ›ich habe das ei vor der weißen henne gesehn und die eichel vor der eiche, gesehn die eichel und den zweig, die eiche im wald Brezal, und nimmer solches‹. diese sage vom wechselbalg wird auch auf frau Gaudens hündlein angewandt.

Villemarqué führt hierzu noch eine welsche sage und aus Gottfried von Monmouth eine stelle an, wo die bretagnische und welsche formel für das hohe alter bereits Merlin dem wilden in den mund gelegt wird. ein alter wald wird immer dabei genannt.

Es kam in allen jenen sagen darauf an, den wechselbalg zum selbstgeständnis seines alters, folglich der vertauschung durch ein seltsames vornehmen zu bringen. Solche überlieferungen müssen von frühster zeit an in Europa weit verbreitet gewesen sein; offenbar nahm man an, daß den elben und den korred eine ganz andre lebensdauer zustehe als dem menschlichen geschlecht.

Die seltsame weise, den wechselbalg zum selbstgeständniß seines alters, folglich der vertauschung zu bringen, wird durch zahlreiche sagen belegt. als vor dem kind eines unterirdischen in einem hühnerdopp ein brau gemacht und das bier dann in den dopp eines gänseeis gegossen war, ruft es aus: ›ik bün so oelt as de Behmer woelt unn heff in myn läebn so'n bro nich seen‹. ›so viel jahre als die tanne nadeln hat‹. ›ich habe die eiche im wald Brezal gesehn‹ scheint alt, denn schon im Roman de Rou heißt es vom wald von Breceliande: vis la forest, è vis la terre. zu Iwein daß die elbe ein hohes alter erreichten, wird auch sonst bezeugt, so war Elberich älter als 500 jahr.

Alle elbe haben unwiderstehlichen hung zu musik und tanz. man sieht sie nachts im mondschein auf den wiesen ihre reigen führen und erkennt morgens die spur im thau: dänisch älledands, schwedisch älfdands, englisch fairy rings, fairy green. die erscheinung tanzender berggeister auf den matten zeigt den menschen ein gesegnetes jahr an. ein östreichisches volkslied: ›und duärt drobn afm beargl, da dânzn zwoa zweargl, de dänzn so rar‹. in Laurins berg, in frau Venus berg rauscht fröhliche, verführerische musik, tänze werden darin getreten; im Ortnit ist ein smalez pfat getreten mit kleinen füezen. der elbinnen gesänge locken jünglinge auf den berg und es ist um sie geschehen. dies spiel heißt elffrus lek, elfvelek. das gewöhnliche fornyrdalag führt bei den isländischen dichtern den namen liuflîngslag (carmen genii); in Norwegen heißt eine solche süße musik huldreslât; ein ungedrucktes mittelhochdeutsches gedicht enthält die merkwürdige stelle: da saßen fideler ›und videlten alle den albleich‹, ein andres redet von ›seiten spil und des wihtels schal‹, es muß eine süße, entzückende weise gewesen sein, deren erfindung man den elben beimaß.

Finn Magnusen bezieht den namen des zwergs Haugspori auf die dem gras eingedrückten spuren eines bei nächtlicher weile über die hügel streifenden albs. Auch in einem liede bei Villemarqué tanzen sich die zwerge außer athem.

Diese liebe der elbe zu den tönen und tänzen knüpft ihr geschlecht an höhere wesen, vorzüglich an halbgöttinnen und göttinnen.

Auf (der Isis) schif erschallt nächtlicher freudengesang, und das volk zieht seine reigen darum her. in frau Holdas wohnung, in frau Venus berg ist gesang und tanz. celtische überlieferungen stellen die feen tanzend vor; diese feen stehen in der mitte zwischen elbinnen und weisen frauen. von den griech. bergfrauen heißt es:

δηρὸν μὲν ζώουσι καὶ ἄμβροτον εἶδαρ ἔδουσι,
καί τε μετ' αθανάτοισι καλὸν χορὸν ερρώσαντο.

Kein wunder, daß auch den klugen elben und zwergen die gabe der weissagung zugeschrieben wird. Andvari der zwerg erscheint ganz so in der edda und noch mehr Alvîs; zwerg Eugel (niederdeutsch Ögel) weissagt dem Siegfried wie Grîpir in der edda, dessen vater Eylimi heißt; im altfranzösischen Tristran ist der nains (nanus) Frocin ein devins (divinator) und er deutet die sterne bei der geburt von kindern.

Wo zwerge in sagen und märchen einzeln neben menschen auftreten, sind sie kluge rathgeber und hilfreich, leicht aber auch erzürnt und beleidigt. diesen character haben Elberich und Oberon; in einem schweizerischen kindermärchen erscheint ›e chlis isigs mandle‹ (kleines eisgraues männlein), ›e chlis mutzigs mandle‹ (kleines kurzes männlein) in einem ›isige chläidle‹ und lenkt die ereignisse; annahendes unheil oder den tod verkündigen elbe den menschen voraus.

In dieser hinsicht ist auch nicht ohne bedeutung, daß elbe und zwerge das von frau Holda und Frikka begünstigte spinnen und weben treiben. die fliegenden spinneweben im herbst hält der volksglaube für ein gespinnst von elben und zwergen; von den Christen wurde es Marienfaden, Mariensommer genannt, weil man sich auch Maria spinnend und webend dachte. schwedisch bedeutet dverg außer nanus auch araneus, dvergsnät (zwergsnetz) ein spinneweb.

Die altnordische saga von Samson hinn fagri erwähnt eines wunderbaren mantels (skickja), den elbinnen gewebt hatten (sem âlfkonurnar höfðu ofit).

Auf einem von geistern bewohnten hügel hört man nachts die elbin (das mag hier troldkone bedeuten) spinnen und ihr spinnrad schnurren, erzählt Thiele. Melusine die fee heißt in einem mittelniederländischen gedicht alvinne.

Die männlichen zwerge hingegen schmieden kleinode und waffen.

Daß man den zwergen rohes eisen bringt und den andern morgen um geringen lohn vor der höle geschmiedet findet, ist ein uralter zug; der scholiast des Apollon. rhod. erläutert die ἄκμονες Ἡφαίστοιο durch eine sage von den vulkanischen inseln um Sicilien aus Pytheas reisebericht: τὸ δὲ παλαιὸν ελέγετο τὸν βουλόμενον αργὸν σίδηρον αποφέρειν καὶ ἐπὶ τὴν αύριον ελθόντα λαμβάνειν ἢ ξίφος ἢ εἴ τι ἄλλο ἤθελε κατασκευάσαι, καταβαλόντα μισθόν.

manec spaehez werc
ez worht ein wildez twerc
der listig Pranzopil.

Dâinsleifr ist der name eines von einem zwerge gefertigten schwertes. auch Elberich trug von der esse die ringe. Ortnit sagt von einem harnasch:

135

er wart von einem wîbe
verstoln einem getwerge
alrêrst ûz einem berge,
dâ ez in mit listen gar
het geworht wol drîzec jâr.

Die westfälischen schönaunken schmieden pflugeisen und brandröste in dreifuß-
gestalt. der held der Wielandsage erscheint als Hefäst oder als schmiedender zwerg.

Was ich über die natur und eigenheiten der elbe zusammengestellt habe wird sich
durch betrachtung einzelner elbischer wesen, die noch unter besondern namen
vorkommen, bestätigen.

Unter ihnen will ich einem genius, der in den nordischen mythen gar nicht auftritt,
die erste stelle anweisen; er scheint dennoch von hohem alter. mittelhochdeutsche
gedichte erwähnen seiner verschiedentlich:

si wolten daz kein pilwiz
si dâ schüzze durch diu knie.

er solde sîn ein guoter
und ein pilewis geheizen,
davon ist daz in reizen
die übeln ungehiure.

dâ kom ich an bulwechsperg gangen
dâ schôz mich der bulwechs,
dâ schôz mich die bulwechsin,
dâ schôz mich als ir ingesind.

von schrabaz pilwihten.

sein part het manchen pilbiszoten.

Hieraus ist es schwer, den echten namen zu gewinnen. Wolfram reimt pilwiz (varianten: pilbiz, bilwiz, bilwitz) auf biz (morsus) mit kurzem vocal in der letzten silbe,
das scheint auf pilwiht hinzudeuten, so wie bilbis in einem gedicht, das sonst pilbeis
geschrieben hätte, es darf also nicht an das altsächsische balowîso, noch unmittelbar
an jenen gegensatz von bilwîs und balwîs gedacht werden. die wechselnde form
verräth, daß man das wort schon im 13./14 jahrhundert nicht mehr verstand;
späterhin wurde es noch auf andere weise entstellt, bulwechs gemahnt an einen ganz
abliegenden ausdruck balwahs (hebes).

Ein beichtbuch aus der ersten hälfte des 15 jahrhunderts hat pelewysen synonym mit hexen und in gleichem sinn braucht des Colerus hausbuch bihlweisen; mehrere belege für die form pilbis liefert Schmidt. Willkommen ist das westphälische/ neuniederländische belewitten im Teutonista, es wird von Schuiren gleichgesetzt den ausdrücken guede holden und witte vrouwen (penates).

Kilian hat belewitte (lamia), hierher gehört eine stelle aus Gisbert Voetius de miraculis: ›de illis, quos nostrates appellant beeldwit et blinde belien, a quibus nocturna visa videri atque ex iis arcana revelari putant‹. belwit ist also penas, ein freundlichgesinnter hausgeist, ein guote holde, wie es bei Ruediger heißt ›ein guoter und ein pilewiz‹.

Der angelsächsische sprache ist ein adjectiv eigen bilvit, bilevit, das mansuetus, simplex („einfach") erklärt wird, genauer aequus, justus („gerecht") bedeuten könnte. bilevit fäder heißt gott und so wird er auch im codex exon angeredet; bilvitra breost (bonorum, aequorum pectus). die schreibung bilehvit (Beda: wo es simplex übersetzt) würde auf hvît (albus) führen; was sollte dann aber bil bedeuten? ich ziehe das beglaubigtere bilevit vor, und nehme vit für scius, bilvit, althochdeutsch pilawiz, pilwiz? für aequum sciens, aequus, bonus, obgleich ein adjectiv vit, wiz sonst, so viel ich weiß, mangelt, und das altnordische vitr (genitiv vitrs) noch ein ableitendes R zufügt. Sind diese etymologien haltbar, so ist bilwiz ein guter genius, aber elbischer natur, er hauset in bergen, sein geschoß wird, wie das des albs gefürchtet, er verwirrt und verfilzt, gleich dem alp die haare.

Zumal merkwürdig ist die beigebrachte stelle: ›so man ain kind oder ain gewand opfert zu aim pilbispawm‹, d. h. einem baum, den man von dem pilwiz bewohnt glaubt, wie waldgeister und elbe in den bäumen stecken.

Der Alf im Baum geht vermutlich auf die Alfen im Weltenbaum zurück und dies Motiv wiederum auf den Weltenbaum als Weg in das Jenseits zu den Alfen. Aus dieser Assoziation könnte die Vorstellung von Pflanzenelfen entstanden sein.

Börners sagen aus dem Orlagau nennen eine hexe Bilbze. auf die verwandlung des ausdrucks bilwiz, bilwis in bilwiht mochte man leicht gerathen, da auch sonst S und H, S und HT, ST und HT tauschen, die zusammensetzung bilwiht aber einen passenden sinn gewährte (guter wicht). wihsilstein (penas), ja die heutige zwischen weichselzopf, wichselzopf und wichtelzopf (bichtelzopf) schwankende benennung der plica bestätigt den übergang der formen bilweichs, bilwechs und bilwicht; ohne zweifel kommt auch bilweichszopf, bilwizzopf vor.

In den jüngsten jahrhunderten hat der volksglaube, die alte, edlere bedeutung dieses geisterhaften wesens verlierend, gerade wie bei alb, Holla und Berhta, nur die feindselige seite seiner natur festgehalten: es erscheint als plagendes, schreckendes, haar und bart wirrendes, getraide zerschneidendes gespenst, meist in weiblicher ge-

137

stalt, als böse zauberin und hexe. schon Martin von Ambergs beichtspiegel deutet das pilbis durch teufel und Kilian belewitte durch lamia, strix. die überlieferung haftet vornehmlich im östlichen Deutschland, in Baiern, Franken, Vogtland, Schlesien.

Hans Sachs gebraucht bilbitzen vom verwickeln der haarzöpfe, pilmitz von verworrenen haarlocken: ›ir har verbilbitzt, zapfet und stroblet, als ob sie hab der rab gezoblet‹; ›pilmitzen, zoten und fasen‹. Im ackermann von Böhmen steht pilwis gleichbedeutig mit hexe. ›zauberer pielweiser, wahrsager‹, ›ein pielweiß lebendig begraben‹, ›zwo ehrbare frauen für pilweißen und huren gescholten‹, ›du pileweißin!‹, ›las de deine bilbezzodn auskampln‹ sagt die zornige mutter zum kinde, ›i den bilmezschedl (struppigen kopf) get nix nei‹. pilmeskind, eine schelte wie teufelskind. in Thüringen an der Saale sagt man bulmuz von ungewaschnen, ungekämmten kindern; bilbezschnitt, bilwezschnitt, bilfezschnitt, pilmasschnid bezeichnet aber einen durchschnitt im getraidefeld, den man als werk eines geistes, einer hexe oder des teufels betrachtet.

Dieser glaube geht auch in ein hohes alter hinauf. schon die lex bajuvar: ›si quis messes alterius initiaverit maleficis artibus et inventus fuerit, cum duodecim solidis componat, quod aranscarti dicunt‹. ein solcher übelthäter hieß wol damals piliwiz, pilawiz? Mederer bemerkt zu der stelle: ein ehrlicher landmann erzählte mir von dem sogenannten bilmerschnitt, bilberschnitt folgendes: ›der böse mensch, der seinem nachbar auf die gottloseste weise schaden will, geht mitternachts, ganz nacket, an den fuß eine sichel gebunden und zauberformeln hersagend, mitten durch den eben reifenden getraideacker hin. von dem theil des feldes, den er mit seiner sichel durchschnitten hat, fliegen alle körner in seine scheune, in seinen kasten‹. Hier wird alles einem von menschen geübten zauber beigemessen.

diu muoter heizit Rachel,
diu hât in gelêret:
swenne sie in hiez sniden gân,
sîn hant incom nie dâr an,
sîn sichil sneit schiere
mêr dan andere viere;
wil er durch einin berc varn,
der stêt immer mêr ingegen im ûf getân.

Auch Julius Schmidt berichtet aus dem Vogtland: der glaube an die bilsen oder bilverschnitter ist ziemlich verbreitet, ja es mag gewisse leute geben, die welche zu sein meinen: diese gehen dann am Johannis, mitunter am Walpurgistage vor sonnenaufgang in das feld, schneiden mit kleinen an die großen zehen gebundnen sicheln die halme ab, wobei sie quer durch den acker treten. solche leute sollen kleine dreieckige hüte (bilsenschnitterhütchen) aufhaben; grüßt sie jemand in dem gang, so müßen sie heuer sterben. die bilsenschnitter glauben nun die hälfte des ertrags von dem felde, wo sie geschnitten haben, zu bekommen; bei manchen leuten hat man nach ihrem tode kleine sichelförmige instrumente gefunden. wenn der eigenthümer des ackers stoppeln der geschnittenen halme antrift, und in den rauch hängt, so muß der bilsenschnitter nach und nach vertrocknen.

Zufolge einer mittheilung aus Thüringen kann man den bilmes oder binsenschneider, wie er auch heißt, auf doppelte weise verderben. entweder setze man sich auf trinitatis oder Johannis, wenn die sonne am höchsten steht, mit einem spiegel vor der brust auf einen holunderstrauch, und schaue nach allen enden um, so kann man den binsenschneider wol entdecken; jedoch mit großer gefahr: denn wenn der aufpassende eher vom binsenschneider gesehen wird, als er ihn erblickt, so muß er sterben und der binsenschneider bleibt leben, er müste sich denn zufällig selbst in dem spiegel, den jener vor der brust hat, erschauen, in welchem fall er auch noch in diesem jahr sein leben verliert.

Oder, man trage ähren, die der binsenschneider geschnitten hat, stillschweigend in ein neuausgeworfenes grab, die ähren dürfen aber nicht mit bloßer hand angefaßt werden: würde nur das geringste dabei gesprochen oder käme ein tropfen schweiß aus der hand mit ins grab, so muß, sobald die ähren verfaulen, derjenige sterben, welcher sie hineinwarf.

Was hier menschlichen zauberern, wird anderwärts dem teufel beigelegt oder elbischen gespenstern, die sich schon an ihren kleinen hüten kundgeben. sie heißen bald bilgenschneider, bald pilver oder hilpertsschnitter, bald führen sie ganz abweichende benennungen.

Alberus gibt den mit Huldas heer fahrenden weibern sicheln an die hand.

Nach Schmidt heißt es an einigen orten bockschnitt, weil das gespenst auf einem bock durchs getraidefeld reisen soll, wobei an Dietrich mit dem eber erinnert werden kann.

Der osnabrückische volksglaube läßt die tremsemutter im korn umgehen: sie wird von den kindern gefürchtet. im Braunschweigischen heißt sie kornwif, wenn die kinder kornblumen suchen, wagen sie sich nicht zuweit ins grüne feld und erzählen sich vom kornweib, das die kleinen raube. in der Altmark und mark Brandenburg wird sie genannt roggenmöhme und man schweigt schreiende kinder mit den worten: ›halts maul, sonst kommt roggenmöhme mit ihren schwarzen langen zitzen und schleppt dich hinweg!‹ andere erzählen: ›mit ihren schwarzen eisernen zitzen‹, was an die eiserne Berhta erinnert; noch andere nennen sie rockenmör, weil sie, gleich Holla und Berhta, den faulen mägden, die in den zwölfen ihren rocken nicht abgesponnen haben, allerlei possen spielt. kinder, die sie an ihre schwarze brust legt, können leicht sterben.

Ist nicht auch die bairische preinscheuhe ein solches getraidegespenst? im Schräckengast finden sich ›preinscheuhen und meerwunder‹, ›wilde larvenschopper und preinscheuhen‹ nebeneinander. prein, brein, eigentlich brei (puls) bedeutet auch körnertragende pflanzen wie haber, hirse, panicum, plantago und breinscheuhe wäre der geist, den das volk in haber und hirsenfeldern fürchtet?

Unverkennbar durch alle diese zusammenstellungen ist die verwandtschaft der bilwiße mit göttlichen und elbischen wesen unseres heidenthums.

Sie verfilzen das haar wie frau Holla, frau Berhta und der alb, sie tragen den kleinen hut und führen das geschoß der elbe, sie sind zuletzt gleich Holla und Bertha, zu einer kinderscheuche herabgesunken. ursprünglich ›gute holden‹, gesellige wolthätige wesen haben sie sich allmälich in unholde, teuflische gespenster, zauberer und hexen verkehrt.

Ja hinter diesen elbischen können hier noch höhere göttliche wesen stecken. die Römer verehrten einen Robigo, der den brand im korn hinderte, vielleicht wenn er zürnte hervorbrachte. das umgehen des bilwiß, der Roggenmuhme im getraide hatte anfangs eine wohlthätige ursache: wie der name mutter, muhme, mör lehrt, ist sie eine mütterliche, spindel und acker schützende göttin.

Fro wird auf seinem eber durch die fluren geritten sein und sie ergiebig gemacht haben, ja sogar das gleichnis von dem durchs korn reitenden Siegfried möchte ich auf eines gottes umritt zurückführen, und nun erst glaube ich zu verstehen, warum der wetterauische landmann bei dem wallen der kornähren im winde noch heute zu sagen pflegt, daß der eber im korn gehe. es gilt von dem gott (Freyr), der die saaten fruchtbar macht.

So führt uns zu den alten göttern die untersuchung der dem volk länger bekannt gebliebenen elbe. ihre berührung mit Holla und Berhta ist auch darum merkwürdig, weil alle diese wesen, dem eddischen glauben fremd, eine eigenthümliche entwickelung oder wendung der heidnischen religion im innern Deutschland erkennen lassen.

An die behaarten, struppigen elbe oder bilwiße reiht sich zunächst ein geist, der in althochdeutschen sprachdenkmälern scrat oder scrato, in gleichzeitigen lateinischen pilosus genannt wird. die glossen haben scratun (pilosi), waltschrate (satyrus), srate (lares mali); ebenso mitelhichdeutsch scrâz, ›ein wilder waltschrat‹, ›von dem schraze‹ = zwerge. ›sie ist villîhte ein schrat, ein geist von helle‹.

Daß ein kleiner, elbischer geist verstanden werde, folgt aus dem diminuitiv schretel, das gleichbedeutend mit wihtel in der artigen fabel gebraucht ist, von welcher unsere irischen elfenmärchen einen auszug lieferten, die seitdem in Mones untersuchung der heldensage ganz abgedruckt erschien, und wozu auch jetzt die echte norwegische sage an den tag gekommen ist (einer der auffallendsten belege für die zähe dauer solcher stoffe in der volksüberlieferung): das schretel mit dem namen wazzerbern entsprechen dem trold mit dem hvidbiörn vollkommen.

Vintler denkt sich unter schrättlin einen windleichten geist, von der größe eines kinds. der vocabular von 1482 hat schretlin (penates), Dasypodius nachtschrettele (ephialtes); spätere schreiben schrättele, schrättel, schrettele, schrötle; schrata oder

140

schretele ist ein schmetterling.

Einen Thidericus Scratman nennt eine urkunde von 1244. in Niederhessen heißt eine gegend der Schratweg.

Auch andern deutschen dialecten scheint das wort bekannt: angelsächsisch scritta, englisch scrat (hermaphroditus), altnordisch skratti (malus genius, gigas); ein mee- resfelsen heißt skrattaskar (geniorum scopulus); diese formen zu jenen hochdeutsch gehalten vermist man lautverschiebung. in der that gewähren andere hochdeutsche formen ihr Z statt T: scraz, screza (larvae, lares mali), srezze vel strate (nicht screzzol scraito); ›unreiner schrâz‹. auch oberdeutsche wörterbücher des 16. jahrhunderts stellen schretzel und alp zusammen, Höfer hat ›der schretz‹, Schmidt der schretzel, das schretzlein. nach Mich. jegliches haus hat ein schrezlein, wer es hegt, dem gibt es gut und ehre, es reitet und fährt auf dem vieh, richtet an der Brechtnacht seinen tisch u.s.w.

Wichtig ist die einstimmung slavischer wörter. altböhmisch scret (daemon); screti, scretti (penates intimi et secretales); böhmisch skřet, škřjtek (penas, idolum), polnisch skrzot skrzitek; slovenisch shkrát, shkrátiz, shkrátelj (bergmännchen). dem serbischen und russischen dialect scheint der ausdruck unbekannt.

Ich weiß der deutschen form keine genügende wurzel, im slavischen wäre skrŷti (celare, occulere) zu erwägen.

Gehen wir dem begrif nach, so scheint schrat ein wilder, rauher, zottiger waldgeist, dem lateinischen faun und griechischen satyr, auch dem römischen silvanus ver- gleichbar; schrätlein, synonym mit wichtel und alp, hausgeist, bergmännlein. immer kommt aber nur das männliche geschlecht vor, nie das weibliche; es mangelt also, wie bei den faunen, der verschönernde gegensatz, welcher in den elbinnen und bil- wissinnen da ist. einiger beziehung halben lassen sich allerdings die am schluß de xvi capitel abgehandelten wilden weiber und waldminnen den schraten zur seite setzen. Die griechische dichtung kennt dryaden (in angelsächsischen glossen verdeutscht vuduälfenne) und bergnymfen (δρυάδες, νύμφαι, ορεσκῶοι), deren leben mit dem eines baums eng verwachsen ist:

Floridis velut enitens
myrtus Asia ramulis,
quos Hamadryades deae
ludicrum sibi roscido
nutriunt humore.

Auch darin unterscheiden sich die schrate von den elben, daß sie kein volk bilden, und einzeln auftreten.

Auf dem Fichtelberg haust ein waldgeist, der Katzenveit genannt, mit dem man die kinder schweigt: ›schweig oder der Katzenveit kommt!‹ ähnliche wesen, voll

141

zwergischer und koboldischer laune, darf man in dem Gübich des Harzes, in dem Rübezal des Riesengebirges erkennen. der letztere scheint aber slavisches ursprungs, böhm. Rybecal, Rybrcol. in Mähren läuft die sage von dem seehirten, einem schadenfrohen geist, der in gestalt eines hirten, die peitsche in der hand, reisende in einen moorbruch verlockt.

Die glosse bei Hanka hal vilcodlac faunus, vilcodlaci fauni ficarii, incubi, dusii; neuböhmische form wäre wlkodlak, wolfhaarig; den Serben ist vukodlak der vampyr. Es wird nicht auffallen und gewährt neue berührung zwischen elben, bilwissen und schraten, daß in Polen dem skrzot dieselbe verfilzung der haare zugeschrieben und nach seinem namen, so wie in Böhmen skřjtek, benannt wird; in einigen gegenden Deutschlands schrötleinzopf.

Schon frühe dachte man sich in Europa dämonische wesen als pilosi. die vulgata hat Jesaias 13, 21 ›et pilosi saltabunt ibi‹, wo die LXX: δαιμόνια εκεĩ ορχήσονται. pilosi qui graece panitae, latine incubi nominantur, – hos daemones Galli dusios nuncupant. quem autem vulgo incubonem vocant, hunc Rornani faunum dicunt. Burcard von Worms gedenkt des abergläubischen brauchs, den hausgeistern in keller und scheune spielsachen, schuhe, bogen und pfeile hinzulegen, und auch diese genien heißen satyri vel pilosi.

Der mönch von Stankt Gallen erzählt im leben Carls des großen von einem pilosus, der das haus eines schmiedes besuchte, sich nachts mit hammer und amboß belustigte und die flasche in eines reichen keller füllte. vergleiche irische elfenmärchen.

Also ein spielender, fröhlicher, tanzender, launiger hausgeist, rauh und haarig anzusehen, wie die Heidelberger fabel sagt, ›eislich getân‹, und mit dem rothen käppchen der zwerge ausgestattet, gern in küche und keller sein wesen treibend.

Nur nehme ich an, daß man in älterer zeit dem schrat oder waldschrat eine ernstere, größere gestalt, und erst später dem schrettel die heitere, kleinere beilegte. das scheint auch aus der altnordische bedeutung von skratti gigas, riese hervorzugehn.

Diese waldgeister müssen noch im 6./7 jahrhundert eines eignen cultus theilhaftig geworden sein: bäume und tempel waren ihnen heilig. beweisende stellen sind schon dafür angeführt: ›arbores daemoni dedicatae‹, und unter den Warasken, einem den Baiern verwandten stamm, ›agrestium fana, quos vulgus faunos vocat‹.

In Eckeharts Waltharius kommen merkwürdige äußerungen vor. Ekevrid aus Sachsen redet ihn mit der bitteren schelte an:

dic (ait), an corpus vegetet tractabile temet,
sive per aërias fallas, maledicte, figuras?
saltibus assuetus faunus mihi quippe videris.

Walthari entgegnet hohnlachend:

142

celtica lingua probat, te ex illa gente creatum,
cui natura dedit reliquas ludendo praeire;
at si te propius venientem dextera nostra
attingat, post Saxonibus memorare valebis,
te nunc in Vosago fauni fantasma videre.

Du magst einmal den Sachsen, deinen landsleuten, von dem schrat erzählen, der dir im Wasgau erschienen ist.
Als nun Ekevrid seinen speer vergeblich geworfen, ruft Walthari:

haec tibi silvanus transponit munera faunus,

(einen solchen wurf sendet jetzt der waltschrat zurück.)

Hier heißt der faun fantasma, phantom, althochdeutsch giscîn, sonst auch scînleih (monstrum), angelsächsisch scînlâc (portentum) oder gitroc. phantasma vagabundum; ›fantasma vult nos pessundare‹; ›fantasia quod in libris gentilium faunus solet appellari‹. ein municipium oder oppidum mons fauni in Ivonis, vergleiche dazu beigebrachte urkunde, wo monsfaunum.
Und gerade so in altfranzösischen gedichten: ›fantosme nous va faunoiant‹; ›fantosme, qui me desvoie, demaine‹. eine aus Girart de Rossillon in Mones archiv mitgetheilte stelle meldet von einem berg: ›en ce mont ha moult de grans secrez, trop y a de fantomes‹.
Solche fauni ficarii und silvestres homines sind es, zu welchen Jornandes die gothischen aliorunen sich gesellen läßt. sie streifen aber auch in das gebiet halbgöttlicher helden über: Miming, silvarum satyrus, Witugouwo (silvicola) scheinen zugleich kunstreiche, schmiedende schrate und helden. mit dem satyrhaften Völundr verbindet sich eine valkyrie, wie mit den faunen die aliorunen. wilde weiber, waltminne und wilde man berühren einander. von dem zwerge Karriöz:

sîn muoter was ein wildez wîp,
dâ von was sîn kurzer lîp
aller rûch unde stark,
sîn gebein was âne mark
nach dem geslehte der muoter sîn,
deste sterker muoser sîn.

Im Wolfdieterich wird ein solcher wilder mann waltluoder, im Laurin waltman genannt. Die altnordische mythologie kennt wilde waldfrauen unter dem namen îviðjur und iarnwiðjur. von der îviðja steht zu eingang des Hrafnagaldrs der dunkele

143

ausspruch ›elr îviðja‹, alit, auget, parit, gignit dryas; îviðja ist abgeleitet von einem wald oder hain îviðr, dessen Völuspa erwähnung thut: ›nio man ek heima, nio îviði‹; ebenso iarnviðja von iarnviðr (eisenwald).

. . . et faunos esse loquuntur
quorum noctivago strepitu ludoque jocanti
affirmant volgo taciturna silentia rumpi,
chordarumque sonos fieri, dulceisque querelas,
tibia quas fundit digitis pulsata canentum.

Visi etiam audire vocem ingentem ex summi cacuminis luco. silentio proximae noctis ex silva Arsia ingentem editam vocem, Silvani vocem eam creditam.
So nennt Hroswitha die waldstelle, wo das kloster Gandersheim erbaut wird, silvestrem locum faunis monstrisque repletum.
Lye hat vudevâsan (oder vudevasan?) satyri, fauni, sicarii, Wright vudevâsan ficarii (richtig) vel invii, altenglisch a woodwose satyrus (vâsa ist sonst coenum, lutum, engl. ooze, altn. veisa) vergleiche ein wudewiht lamia in einem Lüneburger glossar des 15. jahrhunderts. mittelniederländisch heißt der faun volencel von vole, pullus equinus, weil man ihm einen pferdefuß oder pferdsgestalt beilegte? vergleiche nahtvole.

Der Wald ist auch in der altnordischen Religion ein Bild für das Jenseits: „myrkvid" = „Düsterwald". Die „Waldmänner" sind daher die Toten – im Harbard-Lied nennt Odin die Hügelgräber „Waldwohnungen".

Der Pferdefuß oder die Pferdegestalt der Waldwesen stammt von der magischen Identifikation der Toten mit den für sie geopferten Hengsten ab, deren Zeugungskraft sie für ihre Wiederzeugung erhalten sollten.

Dagegen sind fauni nachtschmetterlinge. der faun heißt auch fantasma. die fantasima beschwören. andre namen sind: waltman, waltschrat, walttôre, waltgeselle, waltgenôz, waltgast, wilder man, wilde leute. mit ihnen sind oft verbunden die wilden weiber, wildez wîp, waldminchen, vergleiche: wildeweibsbild, wildeweibszehnte, eine felsenhöhe bei Birstein. holzweibelsteine in Schlesien. des wilden mannes frau heißt fangga. fanggenlöcher, im Vorarlberg feng, fenggi, fenggamäntschi. der altnordische name der waldfrauen îviðr könnte malus, perversus, dolôsus sein vergleiche gothisch invinds und altsächsisch inwid, althichdeutsch inwittêr dolosus, îviðgiarn. syrjänisch vörsa silvae genius, von vör silva.

IX 9. Zusammenfassung

Der Name „Alfen" bedeutet „Weiße, Leuchtende", womit die hellsichtig wahrge-nommenen Totengeister gemeint sind, die als milchigweiß leuchtende Schemen erscheinen.

Als Alfen wurden in der der Tyr-zentrierten Religion vor 500 n.Chr. die Ahnen-Geister bezeichnet. Sie wurden als eine Rasse bzw. als ein Volk aufgefaßt, daß sowohl aus Männern als auch aus Frauen bestand – im Gegensatz zu der reinen Männerversammlung in Odins Walhall.

Der Alfenkönig war der ehemalige Göttervater Tyr, der im Jenseits den Titel „Alberich" („Alfenkönig") trug. Er wurde auch „Alf von Alfheim", „Alf der Alte", „König Alfi" und „König Ali" genannt. Er ist, wie bei Göttervätern üblich, der Ahnherr der Helden (Sigurd u.a.) und Könige (Harald Haarschön u.a.). Viele mit „Alf" gebildete Personennamen lassen sich am besten erklären, wenn man von „Alf" als Umschreibung für „Tyr" ausgeht.

Um 500 n.Chr., als Tyr durch Odin, Thor und Freyr als Göttervater abgesetzt wur-de, erhielt Freyr Alfheim als seinen Anteil an der Beute.

Dadurch, daß Tyr eng mit der Sonne assoziiert worden ist, wurden auch die Alfen eng mit der Sonne verbunden. Ihr Wohnort ist Alfheim, das im Süden hoch am Himmel liegt – also dort, wo die Sonne steht, wenn ihre Kraft am größten ist. Die Alfen feiern gemeinsam mit den Asen Feste in der Halle des Tyr-Ägir und werden sehr oft gemeinsam mit ihnen genannt: „Asen und Alfen".

Aus dem Motiv der Bestattung in einem Hügelgrab entstand die Vorstellung von „Schwarzalfen", d.h. Ahnen in der dunklen Grabkammer des Hügelgrabes („Hel" = „Höhle").

Tyr wurde als Göttervater auch „Iwaldi", d.h. „Allherrscher" genannt. Seine bei-den Söhne („Alcis") wurden im Jenseits zu Schwarzalfen, d.h. zu Zwergen. Sie waren handwerklich geschickt und zauberkundig, da sie von Tyr-Wieland das Schmiedehandwerk erlernt hatten. Somit sind sowohl Tyr selber als seine beiden Söhne Alfen.

Den Alfen wurden Opfer dargebracht. Diese Ahnen-Opfer wurden „alfablot" genannt. Der für die Ahnen-Opfer zuständige Priester wurde „Thialfi", d.h. „Diener der Alfen" genannt. Er wurde nach 500 n.Chr. zu dem Priester des Thor, als dessen Diener er in den Mythen erscheint. Den Alfen wurde bisweilen ein Stier geopfert – der Stier war das wichtigste Opfertier an den ehemaligen Göttervater Tyr.

Möglicherweise gehörte die in den späteren Quellen berichtete Vorliebe der Elfen für Musik und Tanz ursprünglich zu dem Alfen-Opfer – aber das ist sehr unsicher.

Idun, die Göttin der Äpfel der ewigen Jugend, die eine der vielen Formen der Wiedergeburtsgöttin ist, wurde als Alfenfrau angesehen. Sie muß daher in den Tyr-zentrierten Mythen die Rolle der Wiedergeburts-Mutter der Toten innegehabt haben. Sie wird daher auch die Wiederzeugungs-Geliebte des Tyr und anschließend seine Wiedergeburts-Mutter gewesen sein.

Vermutlich ist dies auch die Wurzel der Vorstellung, daß einige der Nornen Alfen sind.

Zu diesem Themenkreis paßt auch, daß König Alf ein Disen-Opfer veranstaltet und Idun als Dise (alter Name für „Göttin") bezeichnet wird.

In den Vorstellungen in der frühen Zeit des Christentums, als die Alfen notgedrungen in den „weltanschaulichen Untergrund" gehen mußten, erscheinen sie als kleine, schlanke, schmächtige, feine und helle Wesen. Sie sind ausgesprochen friedlich und hilfsbereit, aber man sollte sie nicht verärgern – dies paßt gut zu den allgemeinen Vorstellungen über die hilfreichen Ahnengeister. Als Ahnengeister sind sie in der Regel unsichtbar. Wenn sie geärgert werden, necken sie die Menschen oder rächen sich und können sogar Krankheiten und Alpträume („Alp" = „Alf") verursachen.

Dies „kleine Volk" wohnt oft im Wald und in der Erde. Die Abgrenzung zu den Zwergen ist recht undeutlich – letztlich sind Alfen und Zwerge auch dieselben Wesen.

Das Motiv der Verführung von Menschen durch Elfen stammt sicherlich von dem Motiv der Wiederzeugung im Jenseits ab. Eine Sekundärbildung dazu ist die Vorstellung von Wechselbälgern, also von Baby der Elfen, die von den Elfen an die Stelle von geraubten Menschen-Babys gelegt worden sind.

Da die Elfen weise sind und sich im Jenseits befinden und daher wie alle Jenseitswesen magische Fähigkeiten haben, können sie auch die Zukunft vorhersagen.

Die Alfen scheinen auch „Bilwis" und „Schrat" genannt worden zu sein. Leider ist die Bedeutung beider Worte sehr unsicher.

Die Auffassung der Alfen als Pflanzenelfen, also als Pflanzengeister ist möglicherweise aus der Assoziation der Alfen (Totengeister) mit dem Weltenbaum als dem Weg ins Jenseits entstanden.

X   Blau-Menschen

X 1.   Die Symbolik der Farbe „Blau"

In mehreren Sagas wird über „Blau-Menschen" berichtet. Da man mit der Farbe „blau" Leichen charakterisiert hat, sind die „Blau-Menschen" Totengeister (siehe auch „blau" in Band 46).

Dieses Motiv ist vermutlich von der Vorstellung des Totenreiches in Niflheim im Norden abgeleitet worden, das in der Saga zu einem realen Land wurde, das von lebenden Menschen bewohnt wird.

X 2.   Blaumenschen in den Sagas

X 2. a)   Grettir-Saga

„Blau" ist die ungesunde Körperfarbe. Nach dem Kampf mit einer Troll-Frau war Guest nur noch so gerade am Leben:

Da war Guest so steif und erschöpft, daß er lange dort auf den Felsen lag. Als zu dämmern begann, ging er heim und legte sich in sein Bett. Er war über und über blau und geschwollen.

X 2. b)   Die Saga über Sturlaug den Mühen-Beladenen

In dieser Saga erscheint eine Priesterin in einem Tempel des Thor und des Odin, die ganz blau ist. Diese Farbe wird hier mit Tod gleichgesetzt.

In dem Tempel waren sechzig Frauen und eine unter ihnen stach unter allen anderen hervor. Sie war groß wie eine Riesin, blau wie der Tod und fett wie eine Stute, schwarz-äugig und gemein-aussehend. Trotzdem war sie gut gekleidet.

147

X 2. c) Gylfis Vision

Die Priesterin in der Sturlaug-Saga ist vermutlich von der Beschreibung der Hel inspiriert worden:

Sie ist halb blau-schwarz, halb menschenfarbig, also kenntlich genug durch grimmiges, furchtbares Aussehen.

Das Adjektiv „bla" wird meistens mit „schwarz" übersetzt; es bedeutet jedoch zunächst einmal „blau". Die Bedeutung „schwarz", die auch vorkommt, ist möglicherweise über „dunkelblau" entstanden.

X 2. d) Dew Ausspruch der Seherin

In diesem Lied wird „Blain" („Blauer") als eine Umschreibung für den getöteten Urriesen Ymir benutzt. „Blau" ist die „Farbe des Todes".

Da gingen die Berater zu den Richterstühlen,
Hochheilge Götter hielten Rat,
Wer schaffen sollte der Zwerge Geschlecht
Aus Brimirs Blut und Blains Gebeinen.

X 2. e) Die Saga über Thorstein Viking-Sohn

Die blaue Farbe dieses Berserkers soll vermutlich seine Gefährlichkeit betonen.

Dis heiratete Jokul Eisen-Rücken, einen blauen Berserker.

X 2. f) Sörli-Saga

In dieser Saga wird über ein „Blau-Land" berichtet. Leider wird jedoch nichts näheres erzählt, sodaß nicht klar ist, ob es sich um Afrika, das auch „Blau-Land" genannt worden ist, handelt oder um das Land der „Blau-Menschen". Da Sörli von einer Riesin im hohen Norden von dem „Blau-Land" erfährt und sie selber in diesem Land wohnt, ist es wahrscheinlicher, daß hier das Jenseits der „Blau-Menschen" genannten Toten gemeint ist.

Er frug die alte Frau, welches Land das sei, in das er gekommen war. Sie sagte ihm, daß es das Blau-Land sei und daß es von einem König mit dem Namen Estroval der Große beherrscht wird, einem der freigiebigsten Menschen in diesem Teil der Welt.

Der Name „Estroval" klingt spanisch und ist heute vor allem als Pferdenamen bekannt. Er bedeutet möglicherweise „Tal der Wiederzeugung", falls er sich von „estro" für „Brunst" und von „val" für „Tal" ableitet. Wenn diese Herleitung zutreffen sollte, wird „Tal" hier ähnlich wie in „Surturs tiefes Tal" im Sinne von „Höhle, Unterwelt" gemeint sein.

... ...

Nachdem sie einige Tage gesegelt waren, gerieten sie plötzlich in einen so dichten Nebel, daß niemand mehr den richtigen Kurs sehen konnte. So ging es mehrere Tage lang, sodaß niemand mehr wußte, wo sie waren.
Nach einer Weile sahen sie, daß sie zu irgendeinem Land gelangt waren.
... ...
Als der Königssohn diese riesigen Blaumänner begegnete, gab es eine große Schlacht.

„Blau" ist die Farbe des Todes, sodaß die „Blaumänner" die Toten in dem Land auf der anderen Seite des Meeres (Jenseitsinsel) hinter dem dichten Nebel („Niflheim" = „Nebelheim" = Jenseits) sind.
Später, nachdem Sörli wieder heimgekommen war, berichtete er über seine Erlebnisse:

Sörli berichtete alles über seine Fahrt und über den Ruhm, den er im Blau-Land errungen hatte.

X 2. g)   Die Saga über Sturlaug den Mühen-Beladenen

In den späten Sagas ist eine bunte Vermischung von Riesen, Berserkern, Blau-Menschen u.ä. entstanden.

Dieser Berserker-Blaumann war groß wie ein Riese, dick wie ein Stier und schwarz

149

wie die Hel. Er hatte Krallen von solcher Größe, daß sie eher wie Geier-Krallen als wie menschliche Fingernägel waren.

X 2. h) Heimskringla

In dieser Genealogie der norwegischen Könige wird am Anfang die Geographie der Welt und ihre Bewohner beschrieben – entsprechend den damaligen Vorstellungen.

Nördlich des Schwarzen Meeres liegt das Swithiod das Große, das auch Swithiod das Kalte genannt wird. Groß-Swithiod wird von einigen für nicht kleiner als Groß-Serkland gehalten, während es andere mit Groß-Blauland vergleichen.

Swithiod = Schweden
Groß-Serkland = Nordafrika
Groß-Blauland = entweder die Sahara oder das Totenreich des Tyr im heißen Muspelheim-Süden (später auch das Totenreich im kalten Niflheim-Norden)

Der nördliche Teil von Schweden ist wegen dem Frost und dem Schnee unbewohnt so wie die südlichen Bereiche des Blau-Landes wegen dem Brennen der Sonne öde sind.

Dieses Blau-Land hat offenbar nicht mit dem Blau des Todes zu tun. Sein Name ist möglicherweise von dem ewig blauen Himmel abgeleitet worden.

In Schweden gibt es viele Fürstentümer und viele verschiedene Völker und viele verschiedene Arten von Sprachen. Dort gibt es Riesen und Zwerge und dort sind auch Blau-Menschen und es gibt dort auch noch seltsamere Wesen. Dort legen große wilde Tiere und schreckliche Drachen.

Die „Blau-Menschen" gehören Snorri Sturluson zufolge in eine Kategorie mit den Riesen, Zwergen und Drachen, was ihre Deutung als die Toten im Jenseits, das man im hohen Norden vermutete, bestätigt.

X 2. i) Hamburgische Kirchengeschichte

Auch der Bischof Adam von Bremen hat um 1075 n.Chr. über Blau-Menschen berichtet:

150

Die dritte Insel ist die, welche Semland heißt, in der Nähe der Ruzzen (Russen) *und Polanen* (Polen). *Diese bewohnen die Semben oder Pruzzen, sehr menschenfreundliche Menschen, die denen, welche aus dem Meere Gefahr leiden, oder von Seeräubern angefallen werden, zur Hülfe entgegenfahren. Gold und Silber achten sie sehr gering; sie haben Überfluß an fremden Fellen, deren Duft unserer Welt das todbringende Gift der Hoffart eingeflößt hat. Und zwar schätzen jene diese Felle nicht höher denn Mist und damit, glaube ich, ist uns das Urteil gesprochen, die wir mit allen, rechten wie unrechten Mitteln nach einem Marderkleid wie nach der höchsten Glückseligkeit trachten. Daher bringen jene für wollene Gewänder, die wir Faldone nennen, die so kostbaren Marderfelle dar.*

Von diesen Völkern könnte man noch viel Lobenswertes sagen was die Sitten anlangt, wenn sie nur den Glauben hätten, dessen Prediger sie voll Wildheit verfolgen. Bei ihnen erlangte Adalbert, der erlauchte Bischof der Böhmen, die Märtyrerkrone. Bis auf den heutigen Tag wird in Wahrheit noch den Unseren, mit denen sie doch sonst alles teilen, von ihnen der Zutritt zu den Hainen und Quellen verwehrt, welche, wie sie behaupten, durch den Besuch der Christen verunreinigt werden. Sie bedienen sich des Pferdefleisches als einer Speise, und trinken deren Milch und Blut, so daß sie sich selbst darin berauschen sollen.

Die Menschen sind blau (cerulei) von Farbe, das Gesicht ist rot und das Haar lang. Außerdem wollen sie, unzugänglich durch Sümpfe, keinen Herrn unter sich dulden.

X 3. Zusammenfassung

„Blau" war die Farbe des Todes, weshalb auch der von den Asen getötet Urriese Ymir „Blain", d.h. „Blauer" genannt werden konnte. Auch die Blaue Riesin in einem Tempel des Thor und des Odin wird durch ihre Farbe als Jenseitswesen bezeichnet worden sein. Auch Hel selber ist zur Hälfte blau-schwarz.

Die „Blau-Menschen" in dem „Blau-Land" werden daher die Toten im Jenseits sein.

Dieses „Blau-Land" hat vermutlich nichts mit der Bezeichnung „Blau-Land" für die Sahara zu tun – es sei denn, daß die Sahara mit dem Muspelheim-Jenseits des Tyr assoziiert worden ist.

XI Kobolde

Kobolde finden sich vor allem in der neueren Überlieferung, obwohl das Wort „Kobold" selber schon recht alt ist.

Es gibt viele Varianten dieses Namens sowie auch andere Namen für dieselbe Art von Wesen, von den die „Heinzelmännchen" vermutlich am bekanntesten sind.

XI 1. Wortschatz

XI 1. a) Der Name "Kobold"

Der Name „Kobold" setzt sich aus „Kobe, Koben, Kotten" für „Haus, Hütte, Bau" sowie entweder „hold" für „wohlgesonnenes Wesen" oder „walt" für „Walter, Herr, Herrscher" zusammen und bedeutet somit „Haus-Wesen", „Hausgeist" oder „Haushelfer". Dieses Wort stammt aus dem Mittelhochdeutschen und ist im Altnordischen nicht zu finden.

Ihrem Namen zufolge werden die Kobolde ursprünglich die Ahnen gewesen sein, die das betreffende Haus errichtet haben und nun über das Wohlergehen ihrer Nachkommen in diesem Haus wachen. Kobolde sind somit Zwerge (Totengeister), die sich an das Haus, in dem sie wohnten und in dem nun ihre Nachkommen wohnen, gebunden haben.

XI 2.   Berichte über Kobolde

XI 2. a)   Die Sagen der Gebrüder Grimm:
Der Bauer mit seinem Kobold

Ein Bauer war seines Kobolds ganz überdrüssig geworden, weil er allerlei Unfug anrichtete; doch mochte er es anfangen, wie er immer wollte, so konnte er ihn nicht wieder loswerden. Zuletzt ward er Rats, die Scheune anzustecken, wo der Kobold seinen Sitz hatte, und ihn zu verbrennen. Deswegen führte er erst all sein Stroh heraus, und bei dem letzten Karrn zündete er die Scheune an, nachdem er den Geist wohl versperrt hatte.

Wie sie nun schon in voller Glut stand, sah sich der Bauer von ungefähr um, siehe! da saß der Kobold hinten auf dem Karrn und sprach: „Es war Zeit, daß wir herauskamen! Es war Zeit, daß wir herauskamen!"

Er mußte also wieder umkehren und den Kobold behalten.

Kobolde sind anscheinend nicht nur Hausbeschützer, sondern eben auch „Kobolde", also Wesen, die allerlei Unfug anrichten.

XI 2. b)   Die Sagen der Gebrüder Grimm:
Der Kobold in der Mühle

Es machten einmal zwei Studenten von Rinteln eine Fußreise. Sie gedachten in einem Dorfe zu übernachten, weil aber ein heftiger Regen fiel und die Finsternis so sehr überhand nahm, daß sie nicht weiter konnten, gingen sie zu einer in der Nähe liegenden Mühle, klopften und baten um Nachtherberge.

Der Müller wollte anfangs nicht hören, endlich gab er ihren inständigen Bitten nach, öffnete die Türe und führte sie in eine Stube. Sie waren beide hungrig und durstig, und da auf dem Tisch eine Schüssel mit Speise und eine Kanne mit Bier stand, baten sie den Müller darum und waren bereitwillig, es zu bezahlen.

Der Müller aber schlug's ab, selbst nicht ein Stück Brot wollt er ihnen geben und nur die harte Bank zum Ruhbett vergönnen.

„Die Speise und der Trank«, sprach er, »gehört dem Hausgeist; ist euch das Leben lieb, so laßt beides unberührt, sonst aber habt ihr kein Leid zu befürchten, lärmt's in der Nacht vielleicht, so bleibt nur still liegen und schlafen."

Mit diesen Worten ging er hinaus und schloß die Türe hinter sich zu.

Die zwei Studenten legten sich zum Schlafen nieder, aber etwa nach einer Stunde griff den einen der Hunger so übermächtig an, daß er sich aufrichtete und die Schüssel suchte.

Der andere, ein Magister, warnte ihn, er sollte dem Teufel lassen, was dem Teufel gewidmet wäre, aber er antwortete: „Ich habe ein besser Recht dazu als der Teufel", setzte sich an den Tisch und aß nach Herzenslust, so daß wenig von dem Gemüse übrigblieb. Darnach faßte er die Bierkanne, tat einen guten pommerschen Zug, und nachdem er also seine Begierde etwas gestillt, legte er sich wieder zu seinem Gesellen. Doch als ihn über eine Weile der Durst aufs neue plagte, stand er noch einmal auf und tat einen zweiten so herzhaften Zug, daß er dem Hausgeist nur die Neige hinterließ. Nachdem er sich's also selbst gesegnet und wohl bekommen geheißen, legte er sich und schlief ein.

Es blieb alles ruhig bis zu Mitternacht; aber kaum war die herum, so kam der Kobold mit großem Lärm hereingefahren, wovon beide mit Schrecken erwachten. Er brauste ein paarmal in der Stube auf und ab, dann setzte er sich, als wollte er seine Mahlzeit halten, zu dem Tisch, und sie hörten deutlich, wie er die Schüssel herbeirückte. Gleich drauf setzte er sie, als wär er ärgerlich, hart nieder, ergriff die Kanne und drückte den Deckel auf, ließ ihn aber gleich wieder ungestüm zuklappen. Nun begann er seine Arbeit, wischte den Tisch, darnach die Tischfüße sorgfältig ab und kehrte dann, wie mit einem Besen, den Boden fleißig ab.

Als das geschehen war, ging er noch einmal zur Schüssel und Kanne zurück, ob es jetzt vielleicht besser damit stehe, stieß aber beides wieder zornig hin. Darauf fuhr er in seiner Arbeit fort, kam zu den Bänken, wusch, scheuerte, rieb sie, unten und oben; als er zu der Stelle gelangte, wo die beiden Studenten lagen, zog er vorüber und nahm das übrige Stück unter ihren Füßen in die Arbeit. Wie er zu Ende war, fing er an der Bank oben zum zweitenmal an und überging auch zum zweitenmal die Gäste.

Zum drittenmal aber, als er an sie kam, strich er dem einen, der nichts genossen hatte, über die Haare und den ganzen Leib, ohne ihm im geringsten weh zu tun. Den andern aber packte er an den Füßen, riß ihn von der Bank herab, zog ihn ein paarmal auf dem Erdboden herum, bis er ihn endlich liegenließ und hinter den Ofen lief, wo er ihn laut auslachte.

Der Student kroch zu der Bank zurück, aber nach einer Viertelstunde begann der Kobold seine Arbeit von neuem: kehrte, säuberte, wischte. Die beiden lagen da, in Angst zitternd, den einen fühlte er, als er an ihn kam, ganz lind an, aber den andern warf er wieder zur Erde und ließ hinter dem Ofen ein grobes und spottendes Lachen hören.

Die Studenten wollten nun nicht mehr auf der Bank liegen, standen auf und erhuben vor der verschlossenen Türe ein lautes Geschrei, aber es hörte niemand darauf. Sie beschlossen endlich, sich auf den platten Boden hart nebeneinanderzulegen, aber der

Kobold ließ sie nicht ruhen.

Er begann sein Spiel zum drittenmal, kam und zog den Schuldigen herum und lachte ihn aus. Dieser war zuletzt wütend geworden, zog seinen Degen, stach und hieb in die Ecke, wo das Gelächter herschallte, und forderte den Kobold mit Drohworten auf, hervorzukommen. Dann setzte er sich mit seiner Waffe auf die Bank, zu erwarten, was weiter geschehen würde, aber der Lärm hörte auf, und alles blieb ruhig.

Der Müller verwies ihnen am Morgen, daß sie seiner Ermahnung nicht nachgelebt und die Speise nicht unangerührt gelassen; es hätte ihnen leicht das Leben kosten können.

Dieser Kobold ist ein fleißiger Helfer im Haushalt, aber er möchte auch die ihm dafür zustehenden Speisen erhalten.

XI 2. c) Die Sagen der Gebrüder Grimm:
Hütchen

An dem Hofe des Bischof Bernhard von Hildesheim hielt sich ein Geist auf, der sich vor jedermann in einem Bauernkleide unter dem Schein der Freundlichkeit und Frömmigkeit sehen ließ; auf dem Haupt trug er einen kleinen Filzhut, wovon man ihm den Namen Hütchen, auf niedersächsisch Hödeken, gegeben hatte.

Er wollte die Leute gern überreden, daß es ihm vielmehr um ihren Vorteil als ihren Schaden zu tun wäre, daher warnte er bald den einen vor Unglück, bald war er dem andern in einem Vorhaben behilflich. Es schien, als trüge er Lust und Freude an der Menschen Gemeinschaft, redete mit jedermann, fragte und antwortete gar gesprächig und freundlich.

Zu dieser Zeit wohnte auf dem Schlosse Winzenburg ein Graf aus Schwaben bürtig, namens Hermann, welcher das Amt als eine eigene Grafschaft besaß. Einer seiner Diener hatte eine schöne Frau, auf die er ein lüsternes Auge warf und die er mit seiner Leidenschaft verfolgte, aber sie gab ihm wenig Gehör. Da sann er endlich auf schlechte Mittel, und als ihr Mann einmal an einen weit entlegenen Ort verreist war, raubte er ihr mit Gewalt, was sie ihm freiwillig versagte. Sie mußte das Unrecht verschweigen, solang ihr Mann abwesend war, bei seiner Rückkehr aber eröffnete sie es ihm mit großem Schmerz und wehmütigen Gebärden.

Der Edelmann glaubte, dieser Schandflecken könne nur mit dem Blute des Täters abgewaschen werden, und da er die Freiheit hatte, wie ihm beliebte, in des Grafen Gemach zu gehen, so nahm er die Zeit wahr, wo dieser noch mit seiner Gemahlin zur Ruhe lag, trat hinein, hielt ihm die begangene Tat mit harten Worten vor, und als er merkte, daß jener sich aufmachen und zur Gegenwehr anschicken möchte, faßte er

155

sein Schwert und erstach ihn im Bette an der Seite der Gräfin.

Diese entrüstete sich aufs allerheftigste, schalt den Täter gewaltig, und da sie gerade schwangeren Leibes war, sprach sie dräuend: „Derjenige, den ich unter dem Gürtel trage, soll diesen Mord an dir und den Deinigen rächen, daß die ganze Nachwelt daran ein Beispiel nehmen wird."

Der Edelmann, als er die Worte hörte, kehrte wieder um und durchstach die Gräfin wie ihren Herrn.

Graf Hermann von Winzenburg war der Letzte seines Stammes und demnach mit seinem und der schwangern Gräfin Tod das Land ohne Herrn. Da trat Hütchen in selbiger Morgenstunde, in welcher die Tat geschehen war, vor das Bett des schlafenden Bischofs Bernhard, weckte ihn und sprach: „Steh auf, Glatzkopf, und führe Dein Volk zusammen! Die Grafschaft Winzenburg ist durch die Ermordung ihres Herrn ledig und verlassen, Du kannst sie mit leichter Mühe unter Deine Botmäßigkeit bringen."

Der Bischof stand auf, brachte sein Kriegsvolk eilig zusammen und besetzte und überzog damit die Grafschaft, so daß er sie, mit Einwilligung des Kaisers, auf ewig dem Stift Hildesheim einverleibte.

- - -

Die mündliche Sage erzählt noch eine andere, wahrscheinlich frühere Geschichte:

Ein Graf von Winzenburg hatte zwei Söhne, die in Unfrieden lebten; um einen Streit wegen der Erbschaft abzuwenden, war mit dem Bischof zu Hildesheim festgemacht, daß derjenige mit der Grafschaft belehnt werden solle, welcher zuerst nach des Vaters Tod sich darum bei dem Bischof melden würde. Als nun der Graf starb, setzte sich der älteste Sohn gleich auf sein Pferd und ritt fort zum Bischof; der jüngste aber hatte kein Pferd und wußte nicht, wie er sich helfen sollte.

Da trat Hütchen zu ihm und sprach: „Ich will Dir beistehen, schreib einen Brief an den Bischof und melde Dich darin um Belehnung; er soll eher dort sein als Dein Bruder auf seinem jagenden Pferd."

Da schrieb er ihm den Brief, und Hütchen nahm und trug ihn auf einem Wege, der über Gebirge und Wälder geradeaus ging, nach Hildesheim und war in einer halben Stunde schon da, lang eh der älteste herbeigeeilt kam, und gewann also dem jüngsten das Land. Dieser Pfad ist schwer zu finden und heißt noch immer Hütchens Rennpfad.

Hütchen erschien an dem Hofe des Bischofs gar oft und hat ihn ungefragt vor mancherlei Gefahr gewarnt. Großen Herren offenbarte es die Zukunft. Bisweilen zeigte es sich, wenn es sprach, bisweilen redete es unsichtbar. Es hatte den großen Hut aber immer so tief in den Kopf gedrückt, daß man niemals sein Gesicht sehen konnte. Die Wächter der Stadt hat es fleißig in acht genommen, daß sie nicht schliefen, sondern hurtig wachen mußten. Niemand fügte es etwas Leid zu, es wäre denn am ersten beschimpft worden; wer seiner aber spottete, dem vergaß es solches nicht, sondern bewies ihm wiederum einen Schimpf.

Gemeinlich ging es den Köchen und Köchinnen zur Hand, schwatzte auch vielmal mit ihnen in der Küche.

Eine Mulde im Keller war seine Schlafstätte, und es hatte ein Loch, wo es in die Erde gekrochen ist. Als man nun seiner gar gewohnt worden und sich niemand weiter vor ihm gefürchtet hat, begann ein Küchenjunge es zu spotten und höhnen, mit Lästerworten zu hudeln und, sooft er nur vermochte, mit Dreck aus der Küche auf es loszuwerfen oder es mit Spülwasser zu begießen. Das verdroß Hütchen sehr, weshalb es den Küchenmeister bat, den Jungen abzustrafen, damit er solche Büberei unterwegen ließe, oder er selbst müßte die Schmach an ihm rächen.

Der Küchenmeister lachte ihn aus und sprach: „Bist Du ein Geist und fürchtest Dich vor dem kleinen Knaben!"

Darauf antwortete Hütchen: „Weil Du auf meine Bitten den Buben nicht abstrafen willst, will ich nach wenig Tagen Dir zeigen, wie ich mich vor ihm fürchte;" und ging damit im Zorn weg.

Nicht lange darauf saß der Junge nach dem Abendessen allein in der Küche und war vor Müdigkeit eingeschlafen; da kam der Geist, erwürgte ihn und zerhackte ihn in kleine Stücke. Dann warf er selbige vollends in einen großen Kessel und setzte ihn ans Feuer. Als der Küchenmeister kam und in dem Kessel Menschenglieder kochen sah, auch aus den übrigen Umständen merkte, daß der Geist ein fremdes Gericht zurichten wolle, fing er an, ihn greulich zu schelten und zu fluchen.

Hütchen, darüber noch heftiger erbittert, kam und zerdrückte über alle Braten, die für den Bischof und dessen Hofleute am Spieße zum Feuer gebracht waren, abscheuliche Kröten, also daß sie von Gift und Blut träufelten.

Und weil ihn der Koch deswegen wiederum schmähete und schändete, stieß er ihn, als er einstens aus dem Tore gehen wollte, von der Brücke, die ziemlich hoch war, in den Graben. Weil man auch in Sorgen stand, er möchte des Bischofs Hof und andere Häuser anzünden, mußten alle Hüter auf den Mauern, sowohl der Stadt als des Schlosses, fleißig wachen.

Aus dieser und andern Ursachen suchte der Bischof Bernhard seiner loszuwerden und zwang ihn endlich auch durch Beschwörung zu weichen.

- - -

Sonst beging der Geist noch unterschiedliche, abenteuerliche Streiche, welche doch selten jemand schadeten.

157

In Hildesheim war ein Mann, der ein leichtfertiges Weib hatte, als er nun verreisen wollte, sprach er zu Hütchen: „Mein guter Gesell, gib ein wenig Achtung auf mein Weib, dieweil ich aus bin, und siehe zu, daß alles recht zugeht.“

Hütchen tat es, und wie das Weib, nach der Abreise des Mannes, ihre Buhler kommen ließ und sich mit ihnen lustig machen wollte, stellte sich der Geist allzeit ins Mittel, verjagte sie durch Schreckgestalten, oder wenn einer sich ins Bett gelegt, warf er unsichtbarerweise ihn so unsauber heraus, daß ihm die Rippen krachten. So ging es einem nach dem andern, wie sie das leichtfertige Weib in die Kammer führte, so daß keiner ihr nahen durfte.

Endlich, als der Mann wieder nach Hause kam, lief ihm der ehrbare Hüter voller Freuden entgegen und sprach: „Deine Wiederkunft ist mir trefflich lieb, damit ich der Unruhe und Mühe, die Du mir aufgeladen hast, einmal abkomme.“

Der Mann fragte: „Wer bist Du denn?“

Er antwortete: „Ich bin Hütchen, dem Du bei Deiner Abreise Dein Weib in seine Hut anbefohlen. Dir zu Gefallen habe ich sie diesmal gehütet und vor dem Ehebruch bewahret, wiewohl mit großer und unablässiger Mühe. Allein ich bitte, Du wollest sie meiner Hut nicht mehr untergeben, denn ich will lieber der Schweine in ganz Sachsen als eines einzigen solchen Weibes Hut auf mich nehmen und Gewährschaft vor sie leisten, so vielerlei List und Ränke hat sie erdacht, mich zu hintergehen.“

- - -

Zu einer Zeit befand sich zu Hildesheim ein Geistlicher, welcher sehr wenig gelernt hatte. Diesen traf die Reihe, daß er zu einer Kirchenversammlung von der übrigen Geistlichkeit sollte verschickt werden, aber er fürchtete sich, daß er in einer so ansehnlichen Versammlung durch seine Unwissenheit Schimpf einlegen möchte. Hütchen half ihm aus der Not und gab ihm einen Ring, der von Lorbeerlaub und andern Dingen zusammengeflochten war, und machte dadurch diesen Gesandten dermaßen gelehrt und auf eine gewisse Zeit beredt, daß sich auf der Kirchenversammlung jedermann über ihn verwunderte und ihn zu den berühmtesten Rednern zählte.

- - -

Einem armen Nagelschmiede zu Hildesheim ließ Hütchen ein Stück Eisen zurück, woraus goldene Nägel geschmiedet werden konnten, und dessen Tochter eine Rolle Spitzen, von der man immer abmessen konnte, ohne daß sie sich verminderte.

Auch der Kobold „Hütchen“ ist im Grunde hilfsbereit, aber er rächt sich, wenn man ihn verspottet oder ärgert.

XI 2. d)   Die Sagen der Gebrüder Grimm:
Hinzelmann

Auf dem alten Schlosse Hudemühlen, das im Lüneburgischen nicht weit von der Aller liegt und von dem nur noch Mauern stehen, hat sich lange Zeit ein wunderlicher Hausgeist aufgehalten.

Zuerst ließ er sich im Jahre 1584 hören, indem er durch bloßes Poltern und Lärmen sich zu erkennen gab. Darnach fing er an, bei hellem Tage mit dem Gesinde zu reden, welches sich vor der Stimme, die sich hören ließ, ohne daß jemand zu sehen war, erschreckte, nach und nach aber daran gewöhnte und nicht mehr darauf achtete.

Endlich ward er ganz mutig und hub an, vor dem Hausherrn selbst zu reden, und führte mittags und abends während der Mahlzeit mit den Anwesenden, fremden und einheimischen, allerhand Gespräche. Als sich nun die Furcht verlor, ward er gar freundlich und zutraulich, sang, lachte und trieb allerlei Kurzweil, solang ihn niemand bös machte; dabei war seine Stimme zart, wie die eines Knaben oder einer Jungfrau.

Als er gefragt wurde, woher er sei und was er an diesem Ort zu schaffen habe, sagte er, daß er aus dem böhmischen Gebirg gekommen wäre und im Böhmerwalde seine Gesellschaft hätte, die wolle ihn nicht leiden; daher sei er nun gezwungen, sich so lang zu entfernen und bei guten Leuten Zuflucht zu suchen, bis seine Sachen wieder besser ständen. Sein Name sei Hinzelmann, doch werde er auch Lüring genannt; er habe eine Frau, die heiße Hille Bingels. Wann die Zeit gekommen, wolle er sich in seiner wahren Gestalt sehen lassen, jetzt aber wäre es ihm nicht gelegen. Übrigens wäre er ein guter und ehrlicher Geselle wie einer.

Der Hausherr, als er sah, daß sich der Geist je mehr und mehr zu ihm tat, empfand ein Grauen und wußte nicht, wie er ihn loswerden sollte. Auf Anraten seiner Freunde entschloß er sich endlich, sein Schloß auf eine Zeit zu verlassen und nach Hannover zu ziehen.

Auf dem Weg bemerkte man eine weiße Feder, die neben dem Wagen herflog, wußte aber nicht, was sie zu bedeuten habe. Als der Edelmann zu Hannover angelangt war, vermißte er eine goldene Kette von Wert, die er um den Hals getragen hatte, und warf Verdacht auf das Gesinde des Hauswirts; dieser aber nahm sich seiner Leute an und verlangte Genugtuung für die ehrenrührige Anklage.

Der Edelmann, der nichts beweisen konnte, saß unmutig in seinem Zimmer und überlegte, wie er sich aus diesem verdrießlichen Handel ziehen könnte, als er auf einmal neben sich Hinzelmanns Stimme hörte, der zu ihm sprach: „Warum bist Du so traurig? Ist Dir etwas Widerwärtiges begegnet, so entdecke mir's, ich weiß Dir vielleicht Hilfe. Soll ich auf etwas raten, so sage ich, Du bist wegen einer verlorenen Kette verdrießlich."

„Was machst Du hier?" antwortete der erschrockene Edelmann, „warum bist Du

mir gefolgt? Weißt Du von der Kette?"

Hinzelmann sagte: „Freilich bin ich Dir gefolgt und habe Dir auf der Reise Gesellschaft geleistet und war allzeit gegenwärtig. Hast Du mich nicht gesehen? Ich war die weiße Feder, die neben Deinem Wagen flog. Wo die Kette ist, will ich Dir sagen: such nur unter dem Hauptkissen in Deinem Bett, da wird sie liegen."

Als sie sich da gefunden hatte, ward dem Edelmann der Geist noch ängstlicher und lästiger, und er redete ihn heftig an, warum er ihn durch die Kette mit dem Hauswirt in Streit gebracht, da er doch seinetwegen schon die Heimat verlassen.

Hinzelmann antwortete: „Was weichst Du vor mir? Ich kann Dir ja allenthalben leichtlich folgen und sein, wo Du bist! Es ist besser, daß Du in Dein Eigentum zurückkehrst und meinetwegen nicht daraus entweichst. Du siehst wohl, wenn ich wollte, könnte ich das Deinige all hinwegnehmen, aber darauf steht mein Sinn nicht."

Der Edelmann besann sich darauf und faßte den Entschluß, zurückzugehen und dem Geist, im Vertrauen auf Gott, keinen Fußbreit zu weichen.

- - -

Zu Hudemühlen zeigte sich Hinzelmann nun gar zutätig und fleißig in allerhand Arbeit. In der Küche hantierte er nachts, und wenn die Köchin abends nach der Mahlzeit Schüssel und Teller unabgewaschen durcheinander in einen Haufen hinsetzte, so waren sie morgens wohl gesäubert, glänzend wie Spiegel, in guter Ordnung hingestellt. Daher sie sich auf ihn verlassen und gleich abends nach der Mahlzeit ohne Sorgen zur Ruhe legen konnte. Auch verlor sich niemals etwas in der Küche, oder war ja etwas verlegt, so wußte es Hinzelmann gleich in der verborgnen Ecke, wo es steckte, wiederzufinden und gab es seinem Herrn in die Hände.

Hatte man fremde Gäste zu erwarten, so ließ sich der Geist sonderlich hören, und sein Arbeiten dauerte die ganze Nacht: da scheuerte er die Kessel, wusch die Schüsseln, säuberte Eimer und Zuber. Die Köchin war ihm dafür dankbar, tat nicht nur, was er begehrte, sondern bereitete ihm freiwillig seine süße Milch zum Frühstück.

Auch übernahm der Geist die Aufsicht über die andern Knechte und Mägde, gab Achtung, was ihre Verrichtung war, und bei der Arbeit ermahnte er sie mit guten Worten, fleißig zu sein. Wenn sich aber jemand daran nicht kehrte, ergriff er auch wohl den Stock und gab ihm damit die Lehre. Die Mägde warnte er oft vor dem Unwillen ihrer Frau und erinnerte sie an irgendeine Arbeit, die sie nun anfangen sollten.

Ebenso geschäftig zeigte sich der Geist auch im Stalle: er wartete der Pferde, striegelte sie fleißig, daß sie glatt anzusehen waren wie ein Aal, auch nahmen sie sichtbarlich zu wie in keiner Zeit, also daß sich jedermann darüber verwunderte.

Seine Kammer war im obersten Stockwerk zur rechten Seite, und sein Hausgerät bestand aus drei Stücken. Erstlich aus einem Sessel oder Lehnstuhl, den er selbst von Stroh in allerhand Farben gar kunstreich geflochten, voll zierlicher Figuren und

Kreuze, die nicht ohne Verwunderung anzusehen waren. Zweitens aus einem kleinen runden Tisch, der auf sein vielfältiges Bitten verfertigt und dahin gesetzt war. Drittens aus einer zubereiteten Bettstatt, die er gleichfalls verlangt hatte.

Man hat nie ein Merkmal gefunden, daß ein Mensch darin geruht, nur fand man ein kleines Grüblein, als ob eine Katze da gelegen. Auch mußte ihm das Gesinde, besonders die Köchin, täglich eine Schüssel voll süßer Milch mit Brocken von Weißbrot zubereiten und auf sein Tischlein stellen, welche hernach rein ausgegessen war.

Zuweilen fand er sich an der Tafel des Hausherrn ein, wo ihm an einer besonderen Stelle Stuhl und Teller gesetzt werden mußte. Wer vorlegte, gab ihm die Speise auf seinen Teller, und ward das vergessen, so geriet der Hausgeist in Zorn. Das Vorgelegte verschwand, und ein gefülltes Glas Wein war eine Weile weg und wurde dann leer wieder an seine Stelle gesetzt. Doch fand man die Speisen hernach unter den Bänken oder in einem Winkel des Zimmers liegen.

In der Gesellschaft junger Leute war Hinzelmann lustig, sang und machte Reime; einer der gewöhnlichsten war:

> „Ortgieß läßt du mick hier gan,
> glücke sallst du han;
> wultu mick aver verdrieven,
> unglück warst du kriegen.“

wiewohl er auch die Lieder und Sprüche anderer wiederholte zur Kurzweil, oder um sie damit aufzuziehen.

- - -

Als der Pfarrer Feldmann einmal auf Hudemühlen zu Gast geladen war und vor die Türe kam, hörte er oben im Saal jemand singen, jauchzen und viel Wesens treiben, weshalb er dachte, es wären abends vorher Fremde angekommen, die oben ihre Zimmer hätten und sich also lustig bezeugten.

Er sagte darum zu dem Hofmeier, der auf dem Platz stand und Holz gehackt hatte: „Johann, was habt ihr droben vor Gäste?“

Der Hofmeier antwortete: „Niemand Fremdes; es ist unser Hinzelmann, der sich so lustig stellt, es wird sonst kein lebendiger Mensch im Saal sein.“

Als der Pfarrer nun in den Saal hinaufstieg, sang ihm Hinzelmann entgegen:

> „Mien Duhme (Daumen), mien Duhme,
> mien Ellboeg sind twey!“

Der Pfarrer verwunderte sich über diesen ungewöhnlichen Gesang und sprach zu

Hinzelmann: „Was soll das für eine Musik sein, damit Du nun aufgezogen kommst?"

„Ei", antwortete der Geist, „das Liedlein hab ich von Euch gelernt, denn Ihr habt es oft gesungen, und ich hab es noch vor etlichen Tagen, als Ihr an einem gewissen Ort zur Kindtauf waret, von Euch gehört."

\- \- \-

Hinzelmann neckte gern, ohne aber jemand Schaden dabei zu tun. Knechte und Arbeitsleute, wenn sie abends beim Trank saßen, brachte er in Handgemeng und sah ihnen dann mit Lust zu. Wenn ihnen der Kopf ein wenig warm geworden war, und es ließ einer etwa unter den Tisch etwas fallen und bückte sich darnach, so gab er ihm rückwärts eine gute Ohrfeige, seinen Nachbar aber zwickte er ins Bein. Da gerieten die beiden aneinander, erst mit Worten, dann mit Werken, und nun mischten sich die andern hinein, so daß jeder seine Schläge austeilte und erhielt und am andern Morgen die blauen Augen und geschwollenen Gesichter als Wahrzeichen überall zu sehen waren. Daran ergötzte sich Hinzelmann von Herzen und erzählte hernach, wie er es angefangen, um sie hintereinander zu bringen. Doch wußte er es immer so zu stellen, daß niemand am Leben oder an der Gesundheit Schaden litt.

\- \- \-

Auf dem fürstlichen Schlosse zu Ahlden wohnte zu der Zeit Otto Aschen von Mandelslohe, Drost und Braunschweigischer Rat; diesem spielte Hinzelmann auch zuweilen einen Possen. Als einmal Gäste bei ihm waren, stiftete er einen Zank, so daß sie zornig auffuhren und nach ihren Degen greifen wollten. Keiner aber konnte den seinigen finden, und sie mußten es bei ein paar Querhieben mit der dicken Faust bewenden lassen. Dieses Streichs hat sich Hinzelmann gar sehr gefreut und mit vielem Lachen erzählt, daß er Urheber des Zanks gewesen, vorher aber alles tödliche Gewehr versteckt und beiseite gebracht. Er habe dann zugeschaut, wie ihm sein Anschlag so wohl gelungen wäre, daß sie sich weidlich herumgeschmissen.

\- \- \-

Zu einer Zeit war ein Edelmann zu Hudemühlen eingetroffen, welcher sich erbot, den Hausgeist auszutreiben. Als er ihn nun in einem Gemach merkte, dessen Türen und Fenster überall fest geschlossen waren, ließ er erst diese Kammer, sowie das ganze Haus mit bewaffneten Leuten besetzen und ging darauf selbst, von einigen begleitet, mit gezogenem Degen hinein.

Sie sahen nichts, fingen aber an, links und rechts nach allen Seiten zu hauen und zu stechen in der Meinung, den Hinzelmann, wo er nur einen Leib habe, damit gewißlich zu erreichen und zu töten; indessen fühlten sie nicht, daß ihre Klingen etwas anders als die leere Luft durchschnitten.

Wie sie glaubten, ihre Arbeit vollbracht zu haben, und müd von dem vielen Fechten hinausgehen wollten, sahen sie, als sie die Türe des Gemachs öffneten, eine Gestalt gleich einem schwarzen Marder hinausspringen und hörten die Worte: „Ei! Ei! Wie fein habt ihr mich doch ertappt!"

Hernach hat sich Hinzelmann über diese Beleidigung bitterlich beschwert und gesagt: er würde leicht Gelegenheit haben, sich zu rächen, wenn er nicht den beiden Fräulein im Hause Verdruß ersparen wollte. Als dieser Edelmann nicht lang darauf in eine leere Kammer des Hauses ging, erblickte er auf einer wüsten Bettstatt eine zusammengeringelte große Schlange liegen, die sogleich verschwand, aber er hörte die Worte des Geistes: „Bald hättest Du mich erwischt!"

- - -

Ein anderer Edelmann hatte viel von Hinzelmann erzählen gehört und war begierig, selbst etwas von ihm zu erfahren. Als er nun nach Hudemühlen kam, ward sein Wunsch erfüllt, und der Geist ließ sich in dem Zimmer aus einem Winkel bei einem großen Schrank hören, wo etliche leere Weinkrüge mit langen Hälsen hingesetzt waren.

Weil nun die Stimme zart und fein war und ein wenig heiser, gleich als spräche sie aus einem hohlen Gefäße, so meinte der Edelmann, er sitze vielleicht in einem dieser Krüge, lief hinzu, faßte sie und wollte sie zustopfen, um auf diese Weise den Geist zu erhaschen. Als er damit umging, fing Hinzelmann an überlaut zu lachen und sprach: „Hätte ich nicht vorlängst von anderen Leuten gehört, daß Du ein Narr wärst, so könnte ich's nun selbst mit ansehen, weil Du meinst, ich säße in den leeren Krügen, und deckst sie mit der Hand zu, als hättest Du mich gefangen. Ich achte Dich nicht der Mühe wert, sonst wollte ich Dich schon witzigen, daß Du eine Zeitlang meiner gedenken solltest. Aber ein wenig gebadet wirst Du doch bald werden."

Damit schwieg er und ließ sich nicht wieder hören, solange der Edelmann da war; ob dieser hernach wirklich ins Wasser gefallen, wird nicht gemeldet, doch ist's zu vermuten.

- - -

Es kam auch ein Teufelsbanner, ihn auszujagen. Als dieser mit seinen Zauberworten die Beschwörung anhub, war Hinzelmann zuerst still und ließ nichts von sich hören, aber wie jener nun die kräftigsten Sprüche gegen ihn ablesen wollte, riß er ihm das Buch aus den Händen, zerstückelte es, daß die Blätter in dem Zimmer herumflogen, packte den Banner dann selbst und drückte und kratzte ihn, daß er voll Angst fortlief.

Auch hierüber beklagte er sich und sprach: „Ich bin ein Christ wie ein anderer Mensch und hoffe selig zu werden."

Als er gefragt wurde, ob er die Kobolde und Poltergeister kenne, antwortete er: „Was gehen mich diese an? Das sind Teufelsgespenster, zu welchen ich nicht gehöre. Von mir hat sich niemand Böses, vielmehr alles Gute zu versehen. Laßt mich unangefochten, so werdet ihr überall Glück spüren: das Vieh wird gedeihen, die Güter in Aufnahme kommen und alles wohl vonstatten gehen."

- - -

Laster und Untugenden waren ihm zuwider; einen von den Hausgenossen strafte er wegen seiner Kargheit oft mit harten Worten und sagte zu den übrigen, daß er ihn um seines Geizes willen gar nicht leiden könnte.

Einem andern verwies er seine Hoffart, die er von Herzen hasse. Als einmal zu ihm gesagt wurde, wenn er ein guter Christ sein wolle, so müßte er Gott anrufen und die Gebete der Christen sprechen, fing er an, das Vaterunser zu sagen, und sprach es bis zur sechsten Bitte; die Worte „Erlöse uns von dem Bösen" murmelte er nur leise. Er sagte auch den christlichen Glauben her, aber zerrissen und stammelnd. Denn als er zu den Worten gelangte: „Ich glaube eine Vergebung der Sünden, Auferstehung des Fleisches und ein ewiges Leben", brachte er sie mit heiserer und undeutlicher Stimme hervor, also daß man ihn nicht redet hören und verstehen konnte.

- - -

Der Prediger zu Eickelohe, weiland Herr Marquard Feldmann, berichtet, daß sein Vater um die Zeit der Pfingsten auf Hudemühlen zu Gast gebeten worden; da habe Hinzelmann den schönen Gesang: „Nun bitten wir den Heiligen Geist" wie eine Jungfrau oder ein junger Knabe mit sehr hoher und nicht unangenehmer Stimme bis ganz zu Ende gesungen. Ja, nicht allein diesen, sondern viele andere geistliche Gesänge habe er auf Verlangen angestimmt, besonders, wenn ihn diejenigen darum begrüßt, die er für seine Freunde gehalten und mit welchen er vertraulich gewesen.

Darum ward der Geist gewaltig bös, wenn man ihn nicht ehrlich und nicht als einen Christen behandelte.

- - -

Einmal reiste ein Edelmann aus dem Geschlecht von Mandelslohe nach Hudemühlen. Er stand wegen seiner Gelehrsamkeit in großem Ansehen, war Domherr bei dem Stift Verden und Gesandter bei dem Kurfürst von Brandenburg und dem Könige von Dänemark.

Als er nun von dem Hausgeist hörte, und daß er als ein Christ wollte angesehen sein, sprach er, er könnte nicht glauben, daß es gut mit ihm stehe, er müsse ihn vielmehr für den bösen Feind und den Teufel halten, denn Menschen solcher Art und Gestalt habe Gott nicht erschaffen, die Engel aber lobten Gott ihren Herrn und schirmten und schützten die Menschen; damit stimme das Poltern und Toben und die abenteuerlichen Händel des Geistes nicht überein.

Hinzelmann, der während seiner Anwesenheit sich noch nicht hatte hören lassen, machte ein Geräusch und sprach: „Was sagst Du, Barthold (also hieß der Edelmann)? Bin ich der böse Feind? Ich rate Dir, sage nicht zuviel, oder ich werde Dir ein anderes zeigen und Dir weisen, daß Du ein andermal ein besseres Urteil von mir fällen sollst.“

Der Herr entsetzte sich, als er, ohne jemand zu sehen, eine Stimme sprechen hörte, brach die Rede ab und wollte nichts mehr von ihm hören, sondern ihn in seinen Würden lassen.

- - -

Zu einer andern Zeit kam ein Edelmann, welcher bei Tisch, als er den Stuhl und den Teller für Hinzelmann sah, ihm nicht zutrinken wollte. Darüber beschwerte sich der Geist und sprach: „Ich bin ein so ehrlicher und guter Gesell als dieser: warum trinkt er mich vorüber?“

Darauf antwortete der Edelmann: „Weiche von hinnen und trinke mit Deinen höllischen Gesellen, hier hast Du nichts zu schaffen!“

Als Hinzelmann das hörte, ward er so heftig erbittert, daß er ihn bei dem Schnall-riemen packte, damit er nach damaliger Sitte seinen Mantel unter dem Halse zuge-schnallt hatte, nieder zur Erde zog und also würgte und drückte, daß allen Anwe-senden angst wurde, er möchte ihn umbringen, und jener, nachdem der Geist von ihm abgelassen, sich erst nach einigen Stunden wieder erholen konnte.

- - -

Wiederum reiste einmal ein guter Freund des Hausherrn bei Hudemühlen vorbei, trug aber Bedenken wegen des Hausgeistes, von dessen Schalkheit ihm vieles war erzählt worden, einzukehren und schickte seinen Diener, um zu melden, daß er nicht einsprechen könne.

Der Hausherr ließ ihn inständig bitten, bei ihm die Mittagsmahlzeit zu nehmen, aber der Fremde entschuldigte sich höflich damit, daß er sich nicht aufhalten dürfte; doch setzte er hinzu, es errege ihm zu großen Schrecken, mit einem Teufelsgespenst an einem Tisch zu sitzen, zu essen und zu trinken.

Bei dieser Unterredung draußen hatte sich Hinzelmann auch eingefunden, denn man hörte, nachdem sich der Fremde also geweigert, die Worte: „Warte, mein guter Geselle, die Rede soll dir schon bezahlt werden!"

Als nun der Reisende fortfuhr und auf die Brücke kam, welche über die Meiße geht, stiegen die Pferde mit den vordern Füßen in die Höhe, verwickelten sich ins Geschirr, daß wenig fehlte, so wäre er mit Roß und Wagen ins Wasser gestürzt.

Wie alles wieder zurechtgebracht war und der Wagen einen Schuß weit gefahren, wurde er zwischen Eickelohe und Hudemühlen auf ebener Erde in den Sand umgekehrt, doch ohne daß die Darinsitzenden weiteren Schaden nahmen.

- - -

Wie Hinzelmann gern in Gesellschaft und unter Leuten war, so hielt er sich doch am liebsten bei den Frauen auf und war mit ihnen gar freundlich und umgänglich. Auf Hudemühlen waren zwei Fräulein, Anna und Katharine, welchen er besonders zugetan war; ihnen klagte er sein Leid, wenn er war erzürnt worden, und führte sonst allerhand Gespräche mit ihnen.

Wenn sie über Land reisten, wollte er sie nicht verlassen und begleitete sie in Gestalt einer weißen Feder allenthalben. Legten sie sich nachts schlafen, so ruhte er unten zu ihren Füßen auf dem Deckbett, und man sah am Morgen eine kleine Grube, als ob ein Hündlein da gelegen hätte. Beide Fräulein verheirateten sich nicht, denn Hinzelmann schreckte alle Freier ab.

Manchmal kam es so weit, daß eben die Verlobung sollte gehalten werden, aber der Geist wußte es doch immer wieder rückgängig zu machen. Den einen, wenn er bei dem Fräulein seine Worte vortragen wollte, machte er ganz irre und verwirrt, daß er nicht wußte, was er sagen wollte. Bei dem andern erregte er solche Angst, daß er zitterte und bebte.

Gemeinlich aber machte er an die gegenüberstehende weiße Wand eine Schrift mit großen goldenen Buchstaben ihnen vor die Augen: „Nimm Jungfer Anne und laß mir Jungfer Katharine." Kam aber einer und wollte sich bei Jungfer Anne beliebt machen und um sie werben, so veränderte sich auf einmal die goldene Schrift und lautete umgekehrt: „Nimm Jungfer Katharine und laß mir Jungfer Anne."

Wenn sich jemand nicht daran kehrte und bei seinem Vorsatz blieb und etwa im Hause übernachtete, quälte er ihn so und narrte ihn im Dunkeln mit Poltern, Werfen und Toben, daß er sich aller Heiratsgedanken entschlug und froh war, wenn er mit heiler Haut davonkam.

Etliche hat er, wenn sie auf dem Rückweg waren, mit den Pferden über und über geworfen, daß sie Hals und Beine zu brechen meinten und nicht wußten, wie ihnen geschehen. Also blieben die zwei Fräulein unverheiratet, erreichten ein hohes Alter und starben beide innerhalb acht Tagen.

166

- - -

Einmal hatte eine dieser Fräulein von Hudemühlen einen Knecht nach Rethem geschickt, dies und jenes einzukaufen. Während dessen Abwesenheit fing der Geist in dem Gemache der Fräulein plötzlich an wie ein Storch zu klappern und sprach dann: „Jungfer Anne, heut magst Du deine Sachen im Mühlengraben wieder suchen!"

Sie wußte nicht, was das heißen sollte, bald aber trat der Knecht ein und erzählte, daß er auf dem Heimritt unterwegs einen Storch nicht weit von sich sitzen gesehen, auf den er aus Langerweile geschossen. Es habe auch nicht anders geschienen, als ob er ihn getroffen, der Storch aber wäre dennoch sitzengeblieben und, nachdem er angefangen laut zu klappern, endlich fortgezogen. Nun zeigte sich, daß Hinzelmann das gewußt, bald aber traf auch seine Weissagung ein.

Der Knecht, einigermaßen berauscht, wollte sein von Schweiß und Staub bedecktes Pferd rein baden und ritt es in das vor dem Schloß liegende Mühlenwasser, verfehlte aber in der Trunkenheit des rechten Orts, geriet in einen tiefen Abgrund, und da er sich nicht auf dem Pferd erhalten konnte, fiel er hinab und ertrank.

Die geholten Sachen hatte er noch nicht abgelegt, daher sie samt dem Leichnam aus dem Wasser mußten herausgesucht werden.

- - -

Auch andern hat Hinzelmann die Zukunft vorausgesagt und sie gewarnt. Es kam ein Oberster nach Hudemühlen, der bei dem König Christian III. von Dänemark in besonderen Ansehen stand und in den Kriegen mit der Stadt Lübeck tapfere Dienste geleistet hatte. Dieser war ein guter Schütze und großer Liebhaber der Jagd, also daß er manche Stunde damit zubrachte, in dem umliegenden Gehölze den Hirschen und wilden Sauen nachzustellen.

Als er sich eben wieder zu einer Jagd bereitete, kam Hinzelmann und sprach: „Thomas (das war sein Name), ich warne Dich, daß Du im Schießen Dich vorsiehst, sonst hast Du in kurzem ein Unglück."

Der Oberst achtete nicht darauf und meinte, das hätte nichts zu bedeuten. Wenige Tage hernach, als er auf ein Reh losbrannte, zersprang die Büchse von dem Schuß und schlug ihm den Daumen aus der linken Hand. Wie es geschehen war, fand sich gleich Hinzelmann bei ihm und sprach: „Sieh, nun hast Du's, wovor ich Dich gewarnt; hättest Du Dich diese Zeit über des Schießens enthalten, der Unfall wäre Dir nicht begegnet."

- - -

Es war ein andermal ein Herr von Falkenberg, auch ein Kriegsmann, zum Besuch

167

auf Hudemühlen angelangt. Da er ein frisches und fröhliches Herz hatte, fing er an, den Hinzelmann zu necken und allerhand kurzweilige Reden zu gebrauchen.

Dies wollte dem Geist in die Länge nicht gefallen, sondern er begann sich unwillig zu gebärden und fuhr endlich mit den Worten heraus: „Falkenberg, Du machst Dich jetzt trefflich lustig über mich, aber komm nur hin vor Magdeburg, da wird man Dir die Kappe ausbürsten, daß Du deiner Spottreden vergessen wirst."

Der Edelmann erschrak, glaubte, daß mehr hinter diesen Worten stecke, brach die Unterredung mit Hinzelmann ab und zog bald darauf fort.

Nicht lange nachher begann die Belagerung von Magdeburg unter dem Kurfürst Moritz, wobei auch dieser Herr von Falkenberg unter einem vornehmen deutschen Fürsten zugegen war. Die Belagerten wehrten sich tapfer und gaben Tag und Nacht mit Doppelhaken und anderm Geschütz Feuer, und es traf sich, daß diesem Falkenberg von einer Falkonettkugel das Kinn ganz hinweggeschossen wurde und er drei Tage darauf, nach den größten Schmerzen, an dieser Wunde starb.

- - -

Ein Mann aus Hudemühlen war einmal samt andern Arbeitsleuten und Knechten im Feld und mähte Korn, ohne an etwas Unglückliches zu denken. Da kam Hinzelmann zu ihm auf den Acker und rief: „Lauf! Lauf in aller Eile nach Haus und hilf Deinem jüngsten Söhnlein, das ist eben jetzt mit dem Gesicht ins Feuer gefallen und hat sich sehr verbrannt."

Der Mann legte erschrocken seine Sense nieder und eilte heim, zu sehen, ob Hinzelmann die Wahrheit geredet. Kaum aber war er über die Türschwelle geschritten, als man ihm schon entgegenlief und das Unglück erzählte, wie er denn auch sein Kind über das ganze Gesicht elendiglich verbrannt sah.

Es hatte sich auf einen kleinen Stuhl bei dem Feuer gesetzt, wo ein Kessel überhing. Als es nun mit einem Löffel hineinlangen wollte und sich mit dem Stuhl vorwärts überbog, fiel es mit dem Gesicht mitten ins Feuer.

Indes, weil die Mutter in der Nähe war, lief sie herzu und riß es aus den Flammen wieder heraus, also daß es zwar etwas verbrannt war, doch aber dem Tode noch entrissen ward.

Merkwürdig ist, daß fast in demselben Augenblick, wo das Unglück geschehen, der Geist es auch schon dem Vater im Felde verkündigte und ihn zur Rettung aufmahnte.

- - -

Wen der Geist nicht leiden konnte, den plagte er oder strafte ihn für seine Untugenden. Den Schreiber zu Hudemühlen beschuldigte er gar zu großer Hoffart, ward ihm darum gehässig und tat ihm Tag und Nacht mancherlei Drangsal an.

Einsmals erzählte er ganz fröhlich, er habe dem hochmütigen Schreiber eine recht-schaffene Ohrfeige gegeben.

Als man den Schreiber darum fragte, und ob der Geist bei ihm gewesen, antwortete er: „Ja, mehr als zuviel ist er bei mir gewesen, er hat mich diese Nacht gequält, daß ich vor ihm nicht zu bleiben wußte."

Er hatte aber eine Liebschaft mit dem Kammermädchen, und als er sich nun einmal nachts bei ihr zu einem vertraulichen Gespräch eingefunden und sie in größter Lust beisammensaßen und meinten, daß niemand als die vier Wände sie sehen könnte, kam der arglistige Geist, trieb sie auseinander und stöberte den guten Schreiber unsanft zur Türe hinaus, ja er faßte überdem einen Besenstiel und setzte ihm nach, der über Hals und Kopf nach seiner Kammer eilte und seine Liebe ganz vergaß.

Hinzelmann soll ein Spottlied auf den unglücklichen Liebhaber gemacht, solches zur Kurzweil oft gesungen und den Durchreisenden unter Lachen vorgesagt haben.

- - -

Es war jemand zu Hudemühlen plötzlich gegen Abend von heftigem Magenweh angefallen und eine Magd in den Keller geschickt, einen Trunk Wein zu holen, darin der Kranke die Arznei nehmen sollte.

Als nun die Magd vor dem Fasse saß und eben den Wein zapfen wollte, fand sich Hinzelmann neben ihr und sprach: „Du wirst Dich erinnern, daß Du mich vor einigen Tagen gescholten und geschmäht hast, dafür sollst Du diese Nacht zur Strafe im Keller sitzen. Mit dem Kranken hat es ohnehin keine Not, in einer halben Stunde wird all sein Weh vorüber sein, und der Wein, den Du ihm brächtest, würde ihm eher schaden als nützen. Bleib nur hier sitzen, bis der Keller wieder aufgemacht wird."

Der Kranke wartete lang; als der Wein nicht kam, ward eine andere hinabgeschickt, aber sie fand den Keller außen mit einem Hängeschloß fest verwahrt und die Magd darin sitzen, die ihr erzählte, daß Hinzelmann sie also eingesperrt habe. Man wollte zwar den Keller öffnen und die Magd heraus haben, aber es war kein Schlüssel zu dem Schloß aufzufinden, so fleißig auch gesucht ward.

Folgenden Morgen war der Keller offen, und Schloß und Schlüssel lagen vor der Türe, so daß die Magd wieder herausgehen konnte. Bei dem Kranken hatten, wie der Geist gesagt, nach einer halben Stunde sich alle Schmerzen verloren.

- - -

Dem Hausherrn zu Hudemühlen hat sich der Geist niemals gezeigt; wenn er ihn bat, er möchte sich, wo er wie ein Mensch gestaltet sei, vor ihm sehen lassen, antwor-tete er, die Zeit wäre noch nicht gekommen, er sollte warten, bis es ihm anständig sei.

Als der Herr in einer Nacht schlaflos im Bette lag, merkte er ein Geräusch an der einen Seite der Kammer und vermutete, es müsse der Geist gegenwärtig sein. Er sprach demnach: „Hinzelmann, bist Du da, so antworte mir."

„Ja, ich bin es", erwiderte er, „was willst Du?"

Da eben vom Mondschein die Kammer ziemlich erhellt war, deuchte den Herrn, als ob an dem Orte, wo der Schall herkam, der Schatten einer Kindesgestalt zu sehen wäre. Als er nun merkte, daß sich der Geist ganz freundlich und vertraulich anstellte, ließ er sich mit ihm in ein Gespräch ein und sprach endlich: „Laß Dich doch einmal von mir sehen und anfühlen."

Hinzelmann aber wollte nicht. „So reich mir wenigstens Deine Hand, damit ich erkennen kann, ob Du Fleisch und Bein hast wie ein Mensch."

„Nein", sprach Hinzelmann, „ich traue Dir nicht, Du bist ein Schalk, Du möchtest mich ergreifen und hernach nicht wieder gehen lassen."

Nach langem Anhalten aber, und als er ihm bei Treu und Glauben versprochen, ihn nicht zu halten, sondern alsbald wieder gehen zu lassen, sagte er: „Siehe, da ist meine Hand!"

Wie nun der Herr danach griff, deuchte ihn, als wenn er die Finger einer kleinen Kinderhand fühlte; der Geist aber zog sie gar geschwind wieder zurück. Der Herr begehrte ferner, er sollte ihn nun sein Angesicht fühlen lassen, worin er endlich willigte, und wie jener darnach tastete, kam es ihm vor, als ob er gleichsam an Zähne oder an ein fleischloses Totengerippe rührte; das Gesicht aber zog sich ebenfalls im Augenblick zurück, also daß er seine eigentliche Gestalt nicht wahrnehmen konnte; nur bemerkte er, daß es, wie die Hand, kalt und ohne menschliche Lebenswärme war.

- - -

Die Köchin, welche mit ihm ganz vertraulich war, meinte, sie dürfte ihn wohl um etwas bitten, wo es ein anderer unterlassen müßte, und als ihr nun die Lust kam, den Hinzelmann, den sie täglich reden hörte, mit Essen und Trinken versorgte, leiblich zu sehen, bat sie ihn inständig, ihr das zu gewähren.

Er aber wollte nicht und sagte, dazu wäre jetzt noch nicht die Gelegenheit; nach Ablauf gewisser Zeit wollte er sich von jedermann sehen lassen. Aber durch diese Weigerung ward ihre Lust nur noch heftiger erregt, und sie lag ihm je mehr und mehr an, ihr die Bitte nicht zu versagen. Er sagte, sie würde den Vorwitz bereuen, wenn er ihrer Bitte nachgeben wollte, als dies aber nichts fruchtete und sie gar nicht abstehen wollte, sprach er endlich: „Morgen vor Aufgang der Sonne komm in den Keller und trag in jeder Hand einen Eimer voll Wasser, so soll dir deine Bitte gewährt werden."

Die Magd fragte: „Wozu soll das Wasser?"

„Das wirst Du erfahren", antwortete der Geist, „ohne das würde Dir mein Anblick schädlich sein."

Am andern Morgen war die Köchin in aller Frühe bereit, nahm in jede Hand einen

Eimer mit Wasser und ging in den Keller hinab. Sie sah sich darin um, ohne etwas zu erblicken, als sie aber die Augen auf die Erde warf, ward sie vor sich eine Mulde gewahr, worin ein nacktes Kind, der Größe nach etwa von dreien Jahren, lag: in seinem Herzen steckten zwei Messer kreuzweis übereinander, und sein ganzer Leib war mit Blut beflossen.

Von diesem Anblick erschrak die Magd dermaßen, daß ihr alle Sinne vergingen und sie ohnmächtig zur Erde fiel. Alsbald nahm der Geist das Wasser, das sie mitgebracht, und goß es ihr über den Kopf aus, wodurch sie wieder zu sich selber kam. Sie sah sich nach der Mulde um, aber es war alles verschwunden, und sie hörte nur Hinzelmanns Stimme, der zu ihr sprach: „Siehst du nun, wie nützlich das Wasser Dir gewesen, war solches nicht bei der Hand, so wärst Du hier im Keller gestorben. Ich hoffe, nun wird Deine heiße Begierde, mich zu sehen, abgekühlt sein."

Er hat hernach die Köchin oft mit diesem Streiche geneckt und ihn Fremden mit vielem Lachen erzählt.

- - -

Der Prediger Feldmann von Eickelohe schreibt in einem Brief vorn 15. Dezember 1597, Hinzelmann habe eine kleine Hand, gleich der eines Knaben oder einer Jungfrau, öfters sehen lassen, sonst aber hätte man nichts von ihm erblicken können.

- - -

Unschuldigen, spielenden Kindern hat er sich immer gezeigt. Der Pfarrer Feldmann wußte sich zu besinnen, daß, als er vierzehn bis fünfzehn Jahre alt gewesen und sich nicht sonderlich um ihn bekümmert, er den Geist in Gestalt eines kleinen Knaben die Treppe gar geschwind habe hinaufsteigen gesehen. Wenn sich Kinder um das Haus Hudemühlen versammelten und miteinander spielten, fand er sich unter ihnen ein und spielte mit in der Gestalt eines kleinen schönen Kindes, also daß alle andern Kinder ihn deutlich sahen und hernach ihren Eltern daheim erzählten, wie, wenn sie im Spiel begriffen wären, ein fremdes Kindlein zu ihnen käme und mit ihnen Kurzweil triebe.

Dies bekräftigte eine Magd, die einmal in ein Gemach getreten, wo vier oder sechs Kinder miteinander gespielt; unter diesen hat sie ein unbekanntes Knäblein gesehen, von schönem Angesicht, mit gelben, über die Schulter hängenden krausen Haaren, in einen roten Sammetrock gekleidet, welches, wie sie es recht betrachten wollte, aus dem Haufen sich verlor und verschwand. Auch von einem Narren, der sich dort aufhielt und Klaus hieß, hat sich Hinzelmann sehen lassen und allerhand Kurzweil mit ihm getrieben.

Wenn man den Narren nirgends finden konnte und hernach befragte, wo er so lange

171

gewesen, antwortete er: „Ich war bei dem kleinen Männlein und habe mit ihm gespielt."

Fragte man weiter, wie groß das Männlein gewesen, zeigte er mit der Hand eine Größe wie etwa eines Kindes von vier Jahren.

- - -

Als die Zeit kam, wo der Hausgeist wieder fortziehen wollte, ging er zu dem Herren und sprach: „Siehe, da will ich Dir etwas verehren, das nimm wohl in acht und gedenk meiner dabei."

Damit überreichte er ihm erstlich ein kleines Kreuz (es ist ungewiß nach des Verfassers Worten, ob aus Seide oder Saiten), gar artig geflochten. Es war eines Fingers lang, inwendig hohl und gab, wenn man es schüttelte, einen Klang von sich. Zweitens einen Strohhut, den er gleichfalls selbst verfertigt hatte und worin gar künstlich Gestalten und Bilder durch das bunte Stroh zu sehen waren. Drittens einen ledernen Handschuh, mit Perlen besetzt, die wunderbare Figuren bildeten.

Dann fügte der Geist die Weissagung hinzu: „Solange diese Stücke unzerteilt bei deinem Hause in guter Verwahrung bleiben, wird das ganze Geschlecht blühen und ihr Glück immer höher steigen. Werden diese Geschenke aber zergliedert, verloren oder verschleudert, so wird euer Geschlecht abnehmen und sinken."

Und als er wahrnahm, daß der Herr keinen sonderlichen Wert auf die Geschenke zu legen schien, sprach er weiter: „Ich fürchte, daß Du diese Dinge nicht viel achtest und sie abhanden kommen lässest, darum will ich Dir raten, daß Du sie Deinen beiden Schwestern Anne und Katharine aufzuheben übergibst, die besser dafür sorgen werden."

Darauf gab der Hausherr diese Geschenke seinen Schwestern, welche sie annahmen und in guter Verwahrung hielten und nur aus sonderlicher Freundschaft jemand zeigten. Nach ihrem Tode fielen sie auf ihren Bruder zurück, der sie zu sich nahm und bei dem sie, solang er lebte, blieben. Dem Pfarrer Feldmann hat er sie bei einer vertraulichen Unterredung auf seine Bitte gezeigt.

Als dieser Herr auch starb, kamen sie auf dessen einzige Tochter Adelheid, an L. v. H. verheiratet, mit andern Erbschaftssachen und blieben eine Zeitlang in ihrem Besitz. Wo diese Geschenke des Hausgeistes hernach hingekommen, hat sich der Sohn des Pfarrers Feldmann vielfach erkundigt und erfahren, daß der Strohhut dem Kaiser Ferdinand II. sei verehrt worden, der ihn für etwas gar Wunderbares geachtet. Der lederne Handschuh war noch zu dieser Zeit in Verwahrung eines Edelmannes. Er war kurz und reichte genau nur über die Hand; oben über der Hand ist mit Perlen eine Schnecke gestickt. Wohin das kleine Kreuz gekommen, blieb unbekannt.

- - -

Der Geist schied freiwillig, nachdem er vier Jahre zu Hudemühlen sich aufgehalten,
vom Jahr 1584 bis 1588. Ehe er von dannen gezogen, hat er noch gesagt, er werde
einmal wiederkommen, wenn das Geschlecht in Abnahme gerate, und dann werde es
aufs neue wieder blühen und aufsteigen.

- - -

Dies ist die ausführlichste Beschreibung eines Koboldes oder Hausgeistes. Er ist
wie alle Kobolde den Menschen wohlgesonnen, aber schnell verärgert, wenn man ihn
nicht ernst nimmt oder verspottet. Auch die Freude an mehr oder weniger derben Spä-
ßen ist typisch für Kobolde.

Das Klopfen oder Poltern ist ein gut bekanntes Phänomen, von dem sich der Begriff
„Poltergeist" herleitet.

Als Wesen des Jenseits ist er auch hellsichtig und kann die Zukunft vorhersehen.

Der Name „Hinzelmann" bedeutet „Mann mit dem Namen 'Heinz', d.h. 'Heinrich'".
Der Hinzelmann ist so bekannt gewesen, daß der Maler und Dichter August Köpisch
1836 eine Gedicht über die Heinzelmännchen verfaßt hat. Dabei hat er den Charakter
der Heinzelmännchen beibehalten und sie lediglich aus dem Siebengebirge nach Köln
hin übertragen.

Die Heinzelmännchen zu Köln

Wie war zu Köln es doch vordem
Mit Heinzelmännchen so bequem!
Denn, war man faul, man legte sich
Hin auf die Bank und pflegte sich:
Da kamen bei Nacht,
Ehe man's gedacht,
Die Männlein und schwärmten
Und klappten und lärmten,
Und rupften
Und zupften,
Und hüpften und trabten
Und putzten und schabten ...
Und eh ein Faulpelz noch erwacht,
War all sein Tagewerk bereits gemacht!

Die Zimmerleute streckten sich
Hin auf die Spän' und reckten sich.
Indessen kam die Geisterschar

173

Und sah was da zu zimmern war.
Nahm Meißel und Beil
Und die Säg' in Eil;
Und sägten und stachen
Und hieben und brachen,
Berappten
Und kappten,
Visierten wie Falken
Und setzten die Balken ...
Eh sich's der Zimmermann versah,
Klapp, stand das ganze Haus schon fertig da!

Beim Bäckermeister war nicht Not,
Die Heinzelmännchen backten Brot.
Die faulen Burschen legten sich,
Die Heinzelmännchen regten sich -
Und ächzten daher
Mit den Säcken schwer!
Und kneteten tüchtig
Und wogen es richtig,
Und hoben
Und schoben,
Und fegten und backten
Und klopften und hackten.
Die Burschen schnarchten noch im Chor:
Da rückte schon das Brot, das neue, vor!

Beim Fleischer ging es just so zu:
Gesell und Bursche lag in Ruh.
Indessen kamen die Männlein her
Und hackten das Schwein die Kreuz und Quer.
Das ging so geschwind
Wie die Mühl' im Wind!
Die klappten mit Beilen,
Die schnitzten an Speilen,
Die spülten,
Die wühlten,
Und mengten und mischten
Und stopften und wischten.
Tat der Gesell die Augen auf,

Wapp! hing die Wurst da schon im Ausverkauf!

Beim Schenken war es so: es trank
Der Küfer bis er niedersank,
Am hohlen Fasse schlief er ein,
Die Männlein sorgten um den Wein,
Und schwefelten fein
Alle Fässer ein,
Und rollten und hoben
Mit Winden und Kloben,
Und schwenkten
Und senkten,
Und gossen und panschten
Und mengten und manschten.
Und eh der Küfer noch erwacht,
War schon der Wein geschönt und fein gemacht!

Einst hatt' ein Schneider große Pein:
Der Staatsrock sollte fertig sein;
Warf hin das Zeug und legte sich
Hin auf das Ohr und pflegte sich.
Das schlüpften sie frisch
In den Schneidertisch;
Da schnitten und rückten
Und nähten und stickten,
Und faßten
Und paßten,
Und strichen und guckten
Und zupften und ruckten,
Und eh mein Schneiderlein erwacht:
War Bürgermeisters Rock bereits gemacht!

Neugierig war des Schneiders Weib,
Und macht sich diesen Zeitvertreib:
Streut Erbsen hin die andre Nacht,
Die Heinzelmännchen kommen sacht:
Eins fähret nun aus,
Schlägt hin im Haus,
Die gleiten von Stufen
Und plumpen in Kufen,

Die fallen
Mit Schallen,
Die lärmen und schreien
Und vermaledeien!
Sie springt hinunter auf den Schall
Mit Licht: husch husch husch husch! - verschwinden all!

O weh! nun sind sie alle fort
Und keines ist mehr hier am Ort!
Man kann nicht mehr wie sonsten ruhn,
Man muß nun alles selber tun!
Ein jeder muß fein
Selbst fleißig sein,
Und kratzen und schaben
Und rennen und traben
Und schniegeln
Und biegeln,
Und klopfen und hacken
Und kochen und backen.
Ach, daß es noch wie damals wär!
Doch kommt die schöne Zeit nicht wieder her!

XI 2. e)   Die Sagen der Gebrüder Grimm: Der Kobold

An einigen Orten hat fast jeder Bauer, Weib, Söhne und Töchter einen Kobold, der allerlei Hausarbeit verrichtet, in der Küche Wasser trägt, Holz haut, Bier holt, kocht, im Stall die Pferde striegelt, den Stall mistet und dergleichen. Wo er ist, nimmt das Vieh zu, und alles gedeiht und gelingt. Noch heute sagt man sprichwörtlich von einer Magd, der die Arbeit recht rasch von der Hand geht: „Sie hat den Kobold."

Wer ihn aber erzürnt, mag sich vorsehen.

Sie machen, eh sie in die Häuser einziehen wollen, erst eine Probe. Bei Nachtzeit nämlich schleppen sie Sägespäne ins Haus, in die Milchgefäße aber bringen sie Kot von unterschiedenem Vieh. Wenn nun der Hausvater genau achtet, daß die Späne nicht zerstreut, der Kot in den Gefäßen gelassen und daraus die Milch genossen wird, so bleibt der Kobold im Haus, so lange nur noch einer von den Hausbewohnern am Leben ist.

Hat die Köchin einen Kobold zu ihrem heimlichen Gehilfen angenommen, so muß sie täglich um eine gewisse Zeit und an einem besondern Ort im Haus ihm sein zubereitetes Schüsselchen voll gutes Essen hinsetzen und ihren Weg wieder gehen. Tut sie das, so kann sie faulenzen, am Abend früh zu Bette gehen und wird dennoch ihre Arbeit frühmorgens beschickt finden.

Vergißt sie das einmal, so muß sie in Zukunft nicht nur ihre Arbeit selbst wieder tun, sondern sie hat nun auch eine unglückliche Hand, indem sie sich im heißen Wasser verbrennt, Töpfe und Geschirr zerbricht, das Essen umschüttet, also daß sie von ihrer Herrschaft notwendig ausgescholten wird. Darüber hat man den Kobold öfters lachen und kichern gehört.

Verändert sich auch das Gesinde, so bleibt er doch, ja die abziehende Magd muß ihn ihrer Nachfolgerin anempfehlen, damit diese sein auch warte. Will diese nicht, so hat sie beständiges Unglück, bis sie wieder abgeht.

Man glaubt, sie seien rechte Menschen, in Gestalt kleiner Kinder, mit einem bunten Röcklein. Darzu etliche setzen, daß sie teils Messer im Rücken hätten, teils noch anders und gar greulich gestaltet wären, je nachdem sie so und so, mit diesem oder jenem Instrument, vorzeiten umgebracht wären, denn sie halten sie für die Seelen der vorweilen im Hause Ermordeten.

Zuweilen ist die Magd lüstern, ihr Knechtchen, Kurd Chimgen oder Heinzchen, wie sie den Kobold nennen, zu sehen, und wenn sie nicht nachläßt, nennt der Geist den Ort, wo sie ihn sehen solle, heißt sie aber zugleich einen Eimer kalt Wasser mitbringen. Da begibt sich's dann, daß sie ihn etwa auf dem Boden auf einem Kißchen nackt liegen sieht und ein großes Schlachtmesser ihm im Rücken steckt. Manche ist so sehr erschrocken, daß sie ohnmächtig niedergefallen, worauf der Kobold alsbald aufsprang und sie mit dem kalten Wasser über und über begoß, damit sie wieder zu sich selbst kam. Darnach ist ihr die Lust vergangen, den Kobold zu sehen.

Der Ausdruck „den Kobold haben" bezeichnet ein Phänomen, das auch aus den Familienaufstellungen bekannt ist. Bei dieser psychologischen Methode identifiziert man sich vorübergehend meistens mit einem verstorbenen Familienmitglied und spricht und handelt dann wie dieser Verstorbene.

Diese Möglichkeit tritt manchmal auch spontan auf, wenn ein Verstorbener beschließt, einem seiner Nachkommen zu helfen. So hat z.B. mir einmal mein verstorbener Vater geholfen, eine Wand zu verputzen – die Arbeit ging sehr schnell und sauber, obwohl ich niemals vorher wie mein Vater am Bau gearbeitet habe. Als ich ihm dann innerlich gesagt habe, daß ich die Arbeit lieber alleine machen will, ging es wieder langsam und ziemlich holperig.

XI 2. f)   Die Sagen der Gebrüder Grimm:
Klopfer

Im Schloß zu Flügelau hauste ein guter Geist, der den Mädchen alles zu Gefallen tat; sie durften nur sagen: „Klopfer hol's!" so war's da. Er trug Briefe weg, wiegte die Kinder und brach das Obst.

Aber wie man einmal von ihm haben wollte, er sollte sich sehen lassen, und nicht nachließ, bis er's tat, fuhr er feurig durch den Rauchfang hinaus, und das ganze Schloß brannte ab, das noch nicht wiederaufgebaut ist.

Es ist kurze Zeit vor dem Schwedenkriege geschehen.

Einen Kobold zu etwas zwingen wollen, ist nicht sehr ratsam, da sie sich auf magische Weise dafür rächen …

Der Name „Klopfer" dieses Koboldes zeigt, daß auch er ein Polter- und Klopfgeist gewesen sein, wird, der sich vornehmlich durch diese Art von Geräuschen bemerkbar macht.

XI 2. g)   Die Sagen der Gebrüder Grimm:
Stiefel

In dem Schlosse Calenberg hauste ein kleiner Geist namens Stiefel. Er war einmal an einem Bein beschädigt worden und trug seitdem einen großen Stiefel, der ihm das ganze Bein bedeckte, weil er fürchtete, es möchte ihm ausgerissen werden.

XI 2. h)   Die Sagen der Gebrüder Grimm:
Ekerken

Bei dem Dorf Elten, eine halbe Meile von Emmerich im Herzogtum Kleve, war ein Geist, den die gemeinen Leute Ekerken (Eichhörnchen) zu nennen pflegten.

Er sprang auf der Landstraße umher und neckte und plagte die Reisenden auf alle Weise. Etliche schlug er, andere warf er von den Pferden ab, anderen kehrte er Karrn und Wagen unterst zuoberst. Man sah aber mit Augen von ihm nichts als eine menschlich gestaltete Hand.

XI 2. i) Die Sagen der Gebrüder Grimm:
Der Nachtgeist zu Kendenich

Auf dem alten Rittersitz Kendenich, etwa zwei Stunden von Köln am Rhein, ist ein mooriger, von Schilf und Erlensträuchen dicht bewachsener Sumpf. Dort sitzt eine Nonne verborgen, und keiner mag am Abend an ihr vorübergehen, dem sie nicht auf den Rücken zu springen sucht. Wen sie erreicht, der muß sie tragen, und sie treibt und jagt ihn durch die ganze Nacht, bis er ohnmächtig zur Erde stürzt.

XI 3.   Gebrüder Grimm: Deutsche Mythologie

Jakob und Wilhelm Grimm haben eine umfassende Beschreibung der Kobolde und ähnlicher Hausgeister angefertigt, die den gesamten germanischen Raum und die umliegenden Gebiete berücksichtigt.

Wir haben genien der berge, wälder und flüsse betrachtet; es ist übrig die zahlreiche, vielnamige schar der freundlichen, vertraulichen hausgeister zu mustern.

Von allen stehen sie dem menschen am nächsten, weil sie sich zu ihm selbst gesellen und ihre wohnung unter seinem eignen dach oder m seinem gehöfte aufschlagen.

Hervorzuheben an den hausgeistern ist wiederum, daß es lauter männliche sind, nie weibliche; es scheint etwas geschlechtsloses in ihrem begrif gelegen, wo sich weibliche wesen den koboldischen nähern, sind es herabgesunkne alte göttinnen.

Was den Römern lar hieß, lar familiaris (man sehe den prolog zu Plautus Aulularia) und penas, wird in unserer alten sprache hûsing oder stetigot (genius loci) genannt, vgl. hûsinga (penates), verdeutscht lares durch ingoumen (hiusero alde burgo), die wörtliche bedeutung von ingoumo wäre hüter des inneren hauses. Im Kapitel 50 braucht er ingesîde für penates, d.i. ingesinde, hausgesinde, eine form die noch mittelhochdeutsch gilt: daz liebe, heilige ingesîde.

Auch das spanische duende, duendecillo (kobold) scheint aus domus herleitbar, dueño ist hauseigenthümer (dominus) und duendo häuslich, eingezogen.

Altnordisch bedeutet tôft, schwedisch tomt, area, domus vacua und der hausgeist führt den namen schwedischen tomtekarl, tomtegubbe (der alte im gehöfte), tomtrå, tomtebiss, som styr i källrars rike, norwegischen tomtevätte, toftvätte.

Ein anderer altnordischer name ist skûrgoð. Man kann ihnen einen besondern bezug auf den heerd des hauses zuschreiben, unter dem sie öfter hervorkommen und wo gleichsam die thür zu ihrer unterirdischen wohnung zu sein scheint; sie sind eigentlich heerdgötter.

Hin und wieder in Deutschland begegnet auch der name gesell, gutgesell, nachbar, lieber nachbar, in den Niederlanden goede kind, in England good fellow, in Dänmark god dreng, kiäre granne, vergleiche bona socia und guote holde.

Das englische puck ließe sich zwar dem irischen phuka, welsh pwcca, vielleicht aber mit mehr fug dem dänischen pog (junge) vergleichen, welches nichts als das schwedische pojke, altnordische pûki (puer) ist und aus dem finnischen poica (filius) herstammt; auch in Niederdeutschland braucht man pook von einem im wuchs zurück geblieben, schwächlichen menschen. Heimreichs nordfriesische chronik hat huspuke.

Seit dem 13. jahrhundert (aus früheren gebrechen uns vielleicht nur belege) bis auf heute gilt die benennung kobold. eine urkunde von 1250 in Böhmers codex francofonia hat einen Heinricus dictus Coboldus. schon vor 1250 kommt coboldus in der

180

zeitschrift des Hessen-Vereins 3, 64 vor. Conrad von Würzburg: ›mir ist ein lôser hoveschalk als ein kobolt von buhse‹.

Mîsnære: ›wê den kobolden, die alsus erstummen! mir ist ein holzîn bischof vil lieber dan ein stummer herre‹, *die begriffe kobold, zwerg, däumling, puppe und götze gehen vielfach in einander über.*

Es scheint, man schnitzte damals aus buchsbaumholz kleine hausgeister und stellte sie zum scherz in dem zimmer auf, wie noch jetzt hölzernen nußknackern oder anderm bloßem spielzeug die gestalt eines zwergs oder götzen gegeben wird; doch könnte der gebrauch mit einer altheidnischen verehrung kleiner laren, denen im innersten der wohnung ein platz angewiesen wurde, zusammenhängen; der ernst wandelte sich in scherz, und die christliche ansicht duldete die beibehaltung des alten brauchs. man wird auch aus lumpen und fetzen puppen gebunden und hingestellt haben.

Den stummen hölzernen kobold bestätigt der vom Mîsnære gleich darauf genannte hölzerne bischof.

In dem öfter angeführten gedichte Rüedigers heißt es in der königsberger hand- schrift 'in koboldes sprâche'.

Altdeutsch: ›einen kobolt von wahse machen‹.

Aus einem vocabularum des 14 jahrunderts: opold für kopold.

Hugo von Trimberg gedenkt verschiedentlich der kobolde:

> ›und lêrn einander goukelspil, unter des mantel er kobolte mache, der manic man tougen mit im lache‹;
> ›der mâle ein andern kobolt dar, der ungezzen bî im sitze‹;
> ›einer siht den andern an als kobolt hern taterman‹;
> ›ir (der Heiden) abgot, als ich gelesen hân, daz wâren kobolt und tater- man‹;
> ›got möhte wol lachen, solte ez sîn, wan sîne tatermennelîn sô wunderlich ûf erden leben‹.

Gaukler bringen kobolde unter ihrem mantel hervor, kobolde werden an die wand gemalt, die heidengötter waren nichts als kobolde und tatermänner, sich einander ansehen wie kobold und tatermann; überall erscheint hier der kobold als winziger, trügerischer hausgeist.

Bei schriftstellern des 17. jahrhunderts finde ich die bemerkenswerthe redensart ›lachen als ein kobold‹, ›lachst du doch, als wenn du dich ausschütten wolltest, wie ein kobolt‹. *entweder soll das heißen, mit aufgesperrtem maule lachen, wie ein geschnitzter kobold, den man vermutlich so darstellte, oder überhaupt sehr heftig lachen, daß einem davon der leib schüttert.* ›lachen wie ein hampelmann‹.

›ho, ho, ho! the lowd laugh of Robin goodfellow‹.

Schweinichen: wird von einem hell und laut lachenden poltergeist erzählt; es kann eine fröhliche oder höhnische lache sein.

Auch in den Niederlanden begegnet schon frühe der name *koubout;* neuniederländisch *kabout,* in Belgien *kabot, kabotermanneken;* die nordischen dialecte haben ihn nicht.

Es ist ein fremdes wort und wol aus dem griechischen κόβαλος (schalk), lateinisch *cobalus* entsprungen, T hinzugefügt, weil unsere sprache für ungeheuere, geisterhafte wesen die formen „-olt" liebt. die französische hat aus *cobalus,* das auch mittellateinische *gobelinus* lautet, *gobelin* gebildet und daher ist das englische *goblin,* verstärkt in *hobgoblin.*

Hankas altböhmische glossen geben *gitulius* (getulius, gaetulius) durch *kobolt,* unmittelbar darauf *aplinus* (lateinisch *alpinus* d.i. *alphinus,* der narr im schachspiel) durch *tatrman:* hier sehen wir *kobolt* und *tatrman* zusammen gerade wie im Renner *kobolt* und *tatrman* einander anschauend; darum heißt es auch im codices palatini germanici ›einen *taterman mâlen*‹ und im wahtelmære ›rihtet zuo mit den snüeren die *tatermanne*‹ dieses *taterman* aus dem engl. *tatter* (lumpen) zu erklären hat einigen anschein, allein doch gegen sich, daß die hochdeutsche form *zaterman* begehren würde (angelsächsisch *tättera, panniculus*).

Jener glossator mag sich unter *gaetulius* einen africanischen wilden, unter *alpinus* einen Tartar oder lieber einen narren denken; das wort *taterman* begegnet auch in andern altböhmischen denkmälern und bedeutet puppe, götze; den übrigen slavischen dialecten fremd, scheint es aus der deutschen sprache entlehnt. seinen eigentlichen sinn würde uns erst vollere einsicht in die geschichte des puppenspiels aufschließen: vielleicht darf an das ungarische *tatos* (gaukler) gedacht werden.

Aber mehrere handschriften und der alte druck des Renners gewähren nicht einmal *taterman,* vielmehr *katerman,* was nicht gerade zu verwerfen ist und wenigstens eine richtige nebenauffassung darbietet. *katerman* von *kater* (cattus) abgeleitet, wäre mit *heinzelman, hinzelman, hinzemännchen,* dem namen eines hausgeistes, mit Hinze, dem kater im Reineke, und jenem waldgeist Katzenveit zu vergleichen. der gestiefelte kater im märchen spielt ganz die rolle eines gutartigen, hilfreichen kobolds; auch ein anderer heißt stiefel, weil er einen großen stiefel trägt, durch den stiefel werden, wie ich glaube, gefeite schuhe der älteren sage angedeutet, mit denen es möglich war schneller auf der erde und vielleicht durch die lüfte zu wandeln; man denke an die meilenstiefeln der märchen und an des Hermes geflügelte schuhe.

Den namen Heinze hat im froschmeuseler ein berggeist. Heinze ist verkleinerung von Heinrich, wie man in Niederdeutschland einen andern poltergeist mit dem diminutiv von Joachim Chimke nennt (gimken): die erzählung von Chimmeken (um das jahr 1327) findet sich in Kantzows Pomerania 1, 333.

Noch verbreiteter scheint die gleichartige, ebenfalls niederdeutsche benennung Wolterken. Samuel Meiger in der panurgia lamiarum handelt ›van den laribus *domesticis edder husknechtkens, de men ok Wolterken unde Chimken an etliken örden nömet‹. dieser Wolterken erwähnt auch Arnkiel, in den Niederlanden heißen sie Wouters, Wouterken; Tuinman hat das sprichwort: ›t is een wilde wouter‹, denkt aber dabei unrichtig an wout (silva); Wouter, Wolter, ist nichts als der dem hausgeist beigelegte menschliche eigenname Walther.*

Es stimmt ganz zu der vertraulichkeit des verkehrs zwischen menschen und diesen geistern, daß ihnen, außer den üblichen appellativen, auch noch gewisse nomina propria, die diminutivform von Heinrich, Joachim und Walther, gegeben werden.

Nicht anders nehme ich Robin und Nissen in der gewöhnlichen benennung des englischen und dänischen kobolds Robin good fellow und Nissen god dreng. Robin ist die französischenglische form des mannsnamens Robert, d. i. des althochdeutschen Hruodperaht, mittelhochdeutsch Ruotperht, niederhochdeutsch Ruprecht, Rupert, Ruppert und Robin fellow der nemliche hausgeist, den wir in Deutschland knecht Ruprecht nennen und zu weihnachten den kindern erscheinen lassen, der aber in den lustspielen des 16/17. jahrhunderts zu einem bloßen Rüpel oder Rüppel, d.h. allgemeinen lustigen narren wird.

In England scheint Robin good fellow sich mit dem wildschützen Robin Hood zu mengen, da Hood an Hödeken gemahnt; ich glaube, diese ableitung aus einem koboldischen, unter dem volk allgemein bekannten wesen ist vorzüglicher als die versuchte historische aus einem sächsischen messepriester Rubertus oder dem englischen Robertus knight, einem der mörder des Thomas von Canterbury.

Nisse, Nissen (in Dänemark und Norwegen gangbar) muß man aus Niels, Nielsen, d.h. Nicolaus, Niclas erklären, nicht aus dem hochdeutschen appellativ des wassergeistes nix, dän. nök, nok, dem jenes Nisse unverwandt ist; auch lautet die schwedische form Nilson. Eine bestätigung finde ich in der sitte, dem Niclaus, Claus oder Clobes dieselbe rolle anzuweisen, welche Ruprecht in andern gegenden spielt, auf letztern möchte ich schon Ofterdingens worte beziehen: ›Rupreht mîn knecht muoz iuwer hâr gelîch den tôren schern‹. ein hausgeist Rüdy (Rudolf) in Mones.

Andere benennungen sind vom geräusch hergenommen, das diese geister in häusern verursachen, man hört sie leise springen, an den wänden klopfen, auf treppen und boden poltern oder rumpeln:

> *spanisch: trasgo (kobold) und trasguear (poltern),*
> *französisch: soterai, sotret (springer);*
> *ekerken (eichhörnchen);*
> *poltergeist, rumpelgeist, im kindermärchen rumpelstilz, bei Fischart rumpelstilt;*
> *ein bestimmter kobold heißt klopfer, vielleicht ist auch in dieser beziehung hämmerlein, hemerlein auf teuflische hausgeister angewendet worden.*
> *niederländisch: bullmann, bullermann, bullerkater, von bullen, bullern*

(poltern).

flandrisch: boldergeest und daher ›bi holder te bolder‹, neuhochdeutsch „holter die polter".

pophart, bei Fischart jenem rumpelstilt identisch, ist von popeln, popern (schnell und schwach anklopfen, pochen) abzuleiten;

ein hauskobold in Schwaben hieß der poppele;

an andern orten popel, pöpel, popelmann, popanz, gewöhnlich mit dem nebensinn eines vermumten kinderschreckenden gespenstes, selten von lustigen freundlichen kobolden gebraucht;

pöpel ist sonst was sich puppt, vermumt, einhüllt, im Hennebergischen heißt eine dunkle wolke pöpel, es ist der begrif von larve und tarnkappe;

man hört auch mit beziehung auf Holda Hollepöpel und Hollepeter.

Ähnliche formübergänge erscheinen in den namen mumhart (schon Caesarius heisterbach: ›mummart momordit me‹), mummel, mummelmann, mummanz, die vollkommen denselben begrif ausdrücken, mummen, mummeln bedeutet einen dumpfen laut von sich geben; oder darf man an mumel, muomel, den namen des wassergeistes denken? dann schiene vermummen (verkleiden), mummerei (larva) eher nachahmung des gespenstes, als das gespenst von der verkleidung benannt.

Schon im 12/13. jahrhundert sagte butze dasselbe aus, was mummart und poppart: der ortsname Puziprunnun, Puciprunnen (12. jahrhundert), wenn nicht darunter puzi puteus gemeint ist, könnte einen brunnen bedeuten, in dem ein solcher hausgeist sein wesen hatte:

›ein ungehiurer butze‹; ›si sehent mich nicht mêr an in butzen wîs‹; ›in butzenwise gehn‹; ›den butzen vorht er kleine, als man dô seit von kinden‹; ›butzengriul‹; ›geloub ich daz, sô bîz mich butze‹. Hätzlerin, was zu jenem mummart, momordit me stimmt; ›ein kinderbutze‹; ›forht ich solchen bützel‹, wo von einem wihtel die rede ist; schrecken mit dem ›butzen‹, den butzen (die larve) abzerren; ›butzen antlüt‹, butzen kleider; ›winterbutz‹; mir unverständlich ist der ›butzenhänsel‹.

Noch heute fast in ganz Deutschland: der butz kommt, der butzemann, butzelmann; im Elsaß auch butzmummel, was butz oder mummel allein buz, butzenmann; ›butz‹; ›butzemann‹; in Baiern fasnachtbutz, buzmann, buzibercht, mit jenem Berchta oder Bercht zusammengestellt; der ›butzwinkel‹ (schlupfwinkel), butzlfinster, stockfinster, so daß die erscheinung des geistes gefürchtet wird; ›der putz würde uns über berg und thäler tragen‹; der butz, der wanderer auf abwege führt; in Schwaben butzenmaukler (von maucheln, heimlichthun), butzenbrecht, butzenraule, butzenrolle, rollputz, butzenbell, (weil der geist mit rollen und schellen rasselt und klingelt); im Hanauischen hört ich die interjection katzabutzarola! und katzebutz führt wieder auf verbindung der katze mit dem kobold; in der Schweiz bootzi, bozi.

Mehrere vorstellungen greifen dabei ineinander, bald erscheint ein ungeheurer,

184

kinder fortschleppender butz, bald ein winziger bützel, daher man auch bützel, butzigel verächtlich von kleinen, ungestalten geschöpfen sagen hört. auf gleiche weise gilt niederdeutsch but von kurzen, dicken kindern, butten, verbutten heißt im wuchs zurückbleiben, verknorzen, der popanz aber führt den namen butte, butke, budde, buddeke; ›dat di de butke nig bit‹ sagt man spöttisch zu kindern, die sich im dunkeln fürchten, und der wassergeist in den kindermärchen butt oder buttje gehört gewis hierher, die benennung ist nur auf einen stumpfköpfigen fisch, den rhombus oder passer marinus übertragen worden.

Wahrscheinlich auch buttemann, buttmann; häufiger die verkürzte form buman. neuniederländisch bytebauw (buttebauw), das ich dem niederdeutschen buba vergleiche.

Das dänische bussemand, bussegroll, bussetrold scheint nach dem deutschen.

Es ist schwer die abstammung dieses butze, butte anzugeben; ich möchte ein verlornes gothisches biuta (tundo, pulso), báut, butum, althochdeutsch piuzu, pôz, puzum annehmen, wovon das althochdeutsche anapôz (incus), das mittelhochdeutsche bôzen (pulsare) gebiuze (pochen, lärmen). butze bezeichnet einen pochenden, klopfenden geist, stimmt also ganz zu dem begrif von mumhart und pophart, vielleicht steht auch ein bôzhart oder buzhart nachzuweisen.

Wie aber butzenhänsel gilt auch hanselmann für spiritus familiaris und das ähnliche hampelmann für kobold, puppe und mannequin (= männeke, männchen). bairisch hämpel, haimpel teufel und einfaltspinsel, österreichisch henparl.

Das französische follet, italienisch foletto ist verkleinerung von fol, fou, das wie follis (blasebalg) von einem veralteten follere (sich hin und her bewegen) abgeleitet werden mag und wieder auf die berührung des hausgeistes mit dem narren führt.

Lutin, auch luton, vielleicht vom lateinischen luctus, ein wehklagender, trauerkündender geist?

Litthauisch bildukkas, bildunas, bildziuks (poltergeist) von bildenti (poltern, rasseln); grozdunas von gródzia (es poltert); slovenisch strashnik, serbisch straschilo, böhmisch strašidlo, polnisch straszydlo von strašiti (terrere); böhmisch bubák (poltergeist), stärker ist das polnisch dzieciojad kinderfresser dem lateinischen manducus ähnlich.

Irische hausgeister heißen Cluricaune und Leprechaun, Logheriman.

Doch genug der namen, sicher wären manche andere anzuführen: es ist zeit das wesen und die verrichtungen dieser hausgeister selbst zu betrachten.

In gestalt, aussehen und tracht kommen sie den elben und zwergen gleich, die sage legt ihnen gern rothes haar oder rothen bart bei, der spitze rothe hut mangelt selten. Hütchen (Hodeke, Hoidike), der hildesheimische kobold, Hopfenhütel, Eisenhütel führen davon ihren namen. ein pilz mit breitem deckel heißt dänisch nissehat (koboldshut).

Den norwegischen Nissen stellt man sich klein wie ein kind vor, aber stark, graugekleidet mit rother pechhaube und ein blaues licht bei nacht tragend. Sie können sich also nach gefallen den menschen sichtbar oder unsichtbar machen.

Ihrer gefeiten schuhe oder stiefel wurde gedacht; damit ist es ihnen leicht, die beschwerlichsten wege in größter schnelle zurückzulegen: Hütchens rennpfad zog sich gerade über gebirge und wälder hin. ähnliches drückt der schratweg aus.

Mit dieser fußausstattung und schnelligkeit verbindet sich hin und wieder thierische gestalt und benennung: Heinze, Heinzelmann, polterkater, katermann, stiefelkater, eichhörnchen; ihrem schleichen und treiben im haus gleicht die nächtliche unruhe polternder katzen.

Sie wohnen gern in stall, scheune oder keller des menschen, dem sie sich zuge-sellen, zuweilen auch in einem dem hause nah stehenden baum (schwedisch boträ). von solchem baum darf man keinen ast abbrechen, sonst entweicht der zürnende kobold und mit ihm alles glück aus dem haus; er kann auch nicht leiden daß donnerstags abend im hof gehauen oder gesponnen werde.

In den hausgeschäften erzeigen sie sich freundlich und zuthätig, vorzüglich in küche und stall.

Jener zwergkönig Goldemar soll vertraulich bei Neveling von Hardenberg auf dem Hardenstein an der Ruhr gelebt und oft mit ihm in einem bett geschlafen haben. er spielte lieblich auf der harfe und verthat viel geld bei den würfeln; den Neveling pflegte er schwager zu nennen und ihn oft zu warnen, er redete mit allen leuten und machte die geistlichen schamroth durch entdeckung ihrer heimlichen sünden. seine hände waren mager, wie eines frosches, kalt und weich anzugreifen, er ließ sich fühlen, aber keiner konnte ihn sehn. nach einem aufenthalt von drei jahren zog er, ohne jemand zu beleidigen, weg.

Andere nennen ihn aber könig Vollmar und die von ihm bewohnte kammer soll noch heute Vollmars kammer heißen, er muste einen platz am tische und einen für sein pferd im stall haben, speisen, haber und heu wurden verzehrt, aber vom menschen und pferde sah man nichts als den schatten. Als ihm ein neugieriger asche und erbsen gestreut hatte, um ihn fallen zu machen und seine fußstapfen zu erschauen, kam er ihm beim feueranzünden an den hals und hieb ihn zu stücken, die er an einen spieß steckte und briet, haupt und beine aber begann er zu kochen. sobald die gerichte fertig waren, wurden sie auf Vollmars kammer getragen und man hörte sie unter freudengeschrei verzehren.

Nach dieser zeit wurde könig Vollmar nicht länger gespürt. über seiner kammerthür fand man geschrieben, künftig solle das haus so unglücklich werden, als es bisher glücklich gewesen sei, die versplitterten güter würden erst dann wieder zusammen-kommen, wann drei Hardenberge von Hardenstein aufeinmal lebten. bratspieß und rost wurden lange aufbewahrt, 1651 im lothringischen krieg kamen sie abhanden, doch der topf findet sich noch in der küche eingemauert.

Die weissagung des abziehenden hausgeists ist besonders alterthümlich und die *grausamkeit des erzürnten vollends heidnisch.*

Samuel Meiger sagt von den wolterkens: ›se vinden sik gemeinichlich in den hüseren, dar ein god vörrad van allen dingen is. dar schölen se sik bedensthaftigen anstellen, waschen in der köken up, böten vür, schüren de vate, schrapen de perde im stalle, voderen dat quik, dat it vet u. glat herin geit, theen water und dragent dem vehe vör. men kan se des nachtes hören de ledderen edder treppen up u. dal stigen, lachen, wen se den megeden efte knechte de decken afteen, se richten to, houwen in, jegen dat geste kamen schölen, smiten de ware in dem huse umme, de den morgen gemeinliken darna verkoft wert‹.

Der kobold ist also ein diensamer, fleißiger geist, der seine freude daran hat, den knechten und mägden in der hausarbeit beizuspringen und insgeheim einen theil derselben zu verrichten. er striegelt die pferde, kämmt ihre mähnen aus, gibt dem vieh futter vor, zieht aus dem brunnen wasser und tränkt, mistet den stall. den mägden macht er feuer ein, spült die schüsseln aus, spaltet und trägt holz, kehrt und fegt. sein dasein bringt glück und gedeihen ins haus, sein abgang entzieht sie. er gleicht den hilfreichen erdmännlein, die in der feldarbeit beistehen.

Aber zugleich führt er aufsicht, daß alles im haushalt ordentlich hergehe; faules und fahrlässiges gesinde hat von ihm (wie von Holla und Berhta) zu leiden, er zieht den trägen die decke vom bett ab, bläst ihnen das licht aus, dreht der besten kuh den hals zu, stößt schlampigen melkmägden den kübel um, daß die milch verschüttet und spottet ihrer durch höhnisches gelächter; seine gutmütigkeit wandelt sich in neckerei und schadenfreude, er wird zum quälgeist und plagegeist.

Der Agemund im Reinardus scheint mir nichts als ein vom dichter entstellter und übertriebner hausdämon, der die magd im schlaf, melken und buttern stört.

Dienstboten, die sich gut mit ihm stehen, setzen von den speisen ein besonderes näpfchen bei seite, was wol noch auf kleine opfer deutet, die ihm im alterthum gebracht wurden.

Wahrscheinlich führte davon ein schweizerischer kobold den namen Napfhans. oft geschieht es aber nur an festtagen oder einmal wöchentlich. der geist ist genügsam und nimmt mit einer schaale grütze, einem stück kuchen, einem glase bier vorlieb, die ihm alsdann hingestellt werden; an solchen abenden hat er nicht gern, daß innerhalb oder außerhalb der thür eine lärmmachende arbeit vorgenommen werde.

Man nennt das in Norwegen ›at holde qvelvart‹ (qvellsvart), abendruhe halten. wer ihn sich geneigt wünscht, gibt ihm gute worte: ›kiäre granne, giör det‹! (lieber nachbar thu das), und er antwortet in gleichem ton. er soll zuweilen seine vorliebe zu dem hausherrn so weit treiben, daß er aus der scheune oder dem stall anderer bauern heu und stroh entwendet und es jenem zuträgt.

Der Nissen liebt den mondschein, und zu winterszeit sieht man ihn munter über den hof springen, oder im schlitten fahren. auch versteht er sich auf tanz und musik, und man erzählt von ihm, was von dem schwed. strömkarl, daß er für ein graues schaf die leute im geigenspiel unterrichtet.

Es genügt dem hausgeist an geringem lohn: einen hut, eine rothe kappe, einen bunten rock mit klingenden schellen hält er sich aus. hut und kappe hat er mit den zwergen gemein, darum auch das vermögen sich unsichtbar zu machen.

Schon Petronius bestätigt es aus dem römischen volksglauben: ›sed quomodo dicunt, ego nihil scivi, sed audivi, quomodo inciboni pileam rapuisset, et thesaurum invenit‹.

Die hausgeister hüten schätze und Nibelungen wird Siegfried herr des hortes, sobald er dem Alberich die tarnkappe angewann.

Auch in Calderons dama duende wird dem kleinen kobold ein großer hut beigelegt: ›era un frayle tamañito y tenia un cucurucho tamaño‹.

Der schwedische tomte i gården sieht aus wie ein jähriges kind, hat aber ein altes verständiges gesicht, unter rother mütze. er zeigt sich mittags im sommer und herbst, langsam und keuchend schleppt er einen strohhalm oder eine ähre als der bauer lachte und fragte: was hilft es mich, ob du mir das oder nichts trägst? entwich er verdrossen aus dem hof und gieng zum nachbarn. darauf wich aller segen von dem, der ihn verachtet hatte, und wandte sich zum andern.

Der bauer, welcher den fleißigen tomte ehrte und auf den kleinsten halm achtete, wurde reich, und reinlichkeit und ordnung herschte in seinem haushalt.

Manche Christen glauben noch an solche hausgeister und stellen ihnen jährlich ein opfer an, oder wie sie es nennen, geben ihnen lohn. es geschieht auf julmorgen und besteht in grauem tuch, tabak und einer schaufel erde.

Ein pück diente dreißig jahre lang den mönchen eines meklenburgischen klosters, in küche, stall und sonst. er zeigte sich durchaus gutmütig und bedung sich: tunicam de diversis coloribus et tintinnabulis plenam.

In Schottland hauste ein kobold Shellycoat (Schellenrock) und wir sahen, daß auch die zwerge des mittelalters schellen liebten. die schellen am kleide des narren bezeugen nochmals seine verwandtschaft mit dem lustigen, klugen kobold (fol, follet).

Er führt gern lustige streiche aus, und wenn es ihm gelungen ist, möchte er sich krumm lachen vor ergötzen: daher jenes koboldische lachen und kichern. aber auch, wenn er schmollt und einem übel will, den er in noth und verlegenheit gebracht hat, erschallt ein spöttisches gelächter aus vollem hals.

Als getreuer knecht hält er es mit dem hausherrn, dem er einmal zugethan ist, aus in freud und leid. seine anhänglichkeit erscheint aber oft lästig, und man kann ihn nicht wieder los werden.

Ein bauer zündete die scheune an, um den darin hausenden kobold zu verbrennen; als sie in vollen flammen steht, sitzt der geist hinten auf dem karrn, in welchem das gut geflüchtet wurde.

In Mones anzeiger 1835, 312 steht von einem kleinen schwarzen männlein, das mit einer lade gekauft wurde, als man sie öfnete, hüpfte es heraus und wischte hintern ofen, alle bemühungen es zu vertreiben waren vergebens, es lebte aber mit den hausleuten vertraut und zeigte sich ihnen zuweilen, niemals den fremden. seine schwarze gestalt erinnert an die nordischen zwerge wie an den teufel.

Andere recht gute koboldssagen finden sich in Adalbert Kuhns samlung.

Börner Orlagau: wer den kobold hat, darf sich nicht kämmen, noch waschen.

Sommer: wie beim teufel. der daemon will auf des ritters sattel sitzen, in einer falte seines mantels. Caesarius von heisterbach.

Es gibt auch kobolde, die gleich den nixen oder waldgeistern in keines menschen dienst stehen, sondern unabhängig leben; wird ein solcher gefangen, so bietet er geschenke an oder weissagt, um wieder in freiheit gesetzt zu werden.

Von dieser art ist der butt im kindermärchen und der folet bei Marie de France, welcher drei wünsche (oremens) gewährt. ebenso thut der gefangne marmennill oder die meerfrau.

Feindselige poltergeister, plagegeister, quälgeister, die ein haus besessen haben, unterscheiden sich von den freundlichen, gutmütigen dadurch, daß sie gewöhnlich eine ganze bande bilden, die den hauseigenthümer durch nächtliches poltern und pochen in seiner ruhe stört und auf vorübergehende vom dach herab steine wirft.

Eine französiche comödie des 16. jahrhunderts ›les esprits‹ stellt kobolde vor, die in einem hause poltern, bei nacht singen und spielen, bei tag ziegeln auf vorübergehende werfen; feuer macht ihnen freude, wenn der hausherr ausspeit, toben und lermen sie heftig.

Auch bei Gervas tilber. werfen die folleti mit steinen, und solchen steinwürfen werden wir schon in alten teufelssagen begegnen; überhaupt erscheinen in dieser beziehung die poltergeister mehr teuflisch und gespenstisch, als elbisch: es ist eine der christlichen ansicht angemessene verfinsterung und entstellung ihrer ursprünglichen natur.

So erklärt es sich endlich, daß der alte trauliche und getreue hausfreund des heidenthums allmälich zum schreckbild und gespötte der kinder herabgesunken ist; ein loos, das er mit göttinnen und göttern der vorzeit theilt. wie mit Holle und Berhte droht man mit der Lamia, der Omacmica, dem manducus und kobold: ›le gobelin vous mangera, le gobelin vous attrapera!‹

Nicht mehr als kleines bützel, sondern als fürchterlicher butzemann und katzenveit, in maske (strohbart) oder berußten antlizes scheucht er (gleich der roggenmuhme);

Es ist bemerkenswerth, daß zu weihnachten knecht Rupert, knecht Nicolas, wenigstens in einigen gegenden, nicht für sich auftreten, sondern neben dem eigentlich bescherenden Christkind, oder neben frau Berhta: während diese ihre gaben austheilen, erscheinen sie mit ruthe und sack und der drohung, ungehorsame kinder zu schlagen, ins wasser zu tragen, ihnen die augen auszublasen.

Ihre possen, ihre rauheit ist folie des milden höheren wesens, von dem die gaben ausgehen; sie sind dem fest so nothwendig wie dem alten lustspiel der hanswurst. ich kann mir wol denken, daß schon im heidenthum der gottheit, deren erscheinung glück und heil verkündigte, ein lustiger alb oder zwerg, als diener zur seite stand, und ihre segnungen dem gemeinen haufen versinnlichte; sehr dafür spricht die nordfränkische benennung *Hullepöpel, Hollepeter*, die bairische *Semper*, von dem man sagt, er schneide unartigen kindern den bauch auf und lege kieselsteine ein, was genau nach *Holla* und *Berhta* klingt; man erwäge den treuen *Eckart*, der *Holla* geleitet.

In christlicher zeit mochte man zuerst dem Christkind oder der mutter gottes, bei ihrer gabenspende, einen heiligen zugesellen, der aber unvermerkt wieder in den alten kobold, und in einen vergröberten, ausartete. die weihnachtsspiele lassen bald den heiland mit *Petrus*, seinem gewöhnlichen begleiter, oder auch noch mit *Niclas*, bald aber *Maria* mit *Gabriel* oder dem alten *Joseph* auftreten, der in einen bauer verkleidet knecht *Ruprechts* rolle übernimmt. *Nicolaus* wiederum hat sich in einen knecht *Clobes* und *Rupert* verwandelt; in der regel erscheint zwar auch *Niclas* als heiliger bischof, als freundliches wesen von dem kinderschreckenden knecht geschieden, aber die vorstellung wird gemengt und *Clobes* vertritt für sich den knecht;

Der östreichische *Grampus, Krämpus, Krambas* ist vielleicht aus *Hieronymus* zu deuten, ich weiß nicht sicher wie der schweizerische *Schmutzli* etwa bloß nach dem schmutzigen, rußigen aussehn?

Statt *Grampus* in Steier auch *Bärthel* (an *Berhta* mahnend, oder *Bartholomäus*?), *Schmutzbartel* und *Klaubauf*, rasselnd, polternd, nüsse werfend.

Wie den waldfrauen, wird auch den unterirdischen geopfert. so stellen auch die Osseten an festtagen einen theil der speisen in ein einsames zimmer, damit der hausgeist davon esse und sind sehr unglücklich, wenn ers nicht thut, freuen sich aber allemal, wenn etwas von den speisen fehlt.

Der Römer nahm bei der abreise vom *familiaris* abschied: etiam nunc saluto te, familiaris, priusquam eo.

Hierbei sind ferner von gewicht die schwedischen *jullekar*, dänischen *juleleger*, unbezweifelt heidnischen ursprungs, in welchen zur weihnachtszeit *Christus* und einzelne heilige dargestellt werden, knecht *Ruprecht* aber durch einen *julbock*, *julebuk*, d.i. einen in bocksgestalt verlarvten knecht vertreten wird.

Die verflechtung des hanswursts, narren, *Klobes* und *Rüpels*, des *julbocks*, ja zuletzt des teufels in das rohe volksdrama unseres mittelalters zeigt, wie wesentlich diesem früher die wichtel und tatermänner, wie unausrottbar die elbischen figuren und larven des heidenthums waren. den ernst ihrer tragödie erheiterten die Griechen durch satyrspiele, in denen z.b. *Proteus*, unserm meergeist vergleichbar, eine hauptrolle spielte.

So bricht einigemal noch auf andere weise ein früheres verband durch zwischen göttern, weisen frauen und genien. der pfeilsendende alb ist diener oder gehülfe des hohen donnergottes, der kunstreiche zwerg hat die donnerkeile geschmiedet; sie tragen göttliche helme der unsichtbarkeit, des hausgeistes füße sind noch mit *wunderbarem geschühe versehen;*

Wassergeister können die gestalt von fischen und seerossen, hausgeister die von katzen annehmen. Dem weinenden nix wie dem lachenden kobold ist das geheimnis zauberhafter töne kund und sie enthüllen es auch dem opfernden menschen.

Von altem genien und dämonencultus zeugen opfer, die den geistern der berge, des waldes, der seen, des hauses gebracht wurden.

Kobolde geleiteten vermutlich die erscheinung einzelner gottheiten unter den menschen, Wuotans und der Holda, welche beiden götter sich auch mit den wassergeistern und schwanjungfrauen berühren.

Voraussicht des künftigen, weissagende gabe war den meisten genien eigen; ihre unversiegliche heiterkeit steht zwischen der götter erhabenheit und dem ernst der sterblichen. zu den menschen fühlen sie sich hingezogen und von ihnen zurückgestoßen.

Der untergang des heidenthums muste vieles in dem hergebrachten verhältnis ändern: die geister erschienen fürchterlicher, gespensterhaft, als diener und boten des teufels. einige nehmen wilderes, riesenmäßiges aussehen an, zumal die waldgeister. Grendels natur streift an riesen und götter.

Die wilden frauen und nixen aber treten in den kreis weissagender schwanjungfrauen über, deren art menschlich ist, die das trinkhorn darreichenden elbinnen in den kreis der valkyrien, und auch darin bewährt sich an den weiblichen wesen eine allgemeine schönheit, die sie über das mehr im einzelnen wirksame besondere der männlichen geister erhebt. in den wichteln, zwergen, kobolden, zumal dem kinderscheuchenden knecht Ruprecht zeigt sich eine althergebrachte komische kraft.

Durch das ganze wesen der elbe, nixe und kobolde geht ein leiser grundzug von unbefriedigung und trostlosigkeit: sie wissen ihre herrlichen gaben nicht recht geltend zu machen, und bedürfen immer der anlehnung an die menschen.

Nicht nur streben sie, ihr geschlecht durch heirat mit menschen zu erfrischen, sie haben auch zu ihren angelegenheiten des rathes und beistandes der menschen vonnöthen. obgleich geheimer heilkräfte der steine und kräuter in höherm grade als die menschen kundig, rufen sie dennoch zu ihren kranken, und kreißenden frauen menschliche hilfe, leihen von den menschen back und braugeräthe, feiern selbst ihre hochzeiten und feste in sälen der menschen. daher auch ihr zweifel, ob sie der erlösung theilhaftig werden können, und der unverhaltne schmerz, wenn verneinende antwort erfolgt.

XI 4. Kobalt und Nickel

Diese beiden Metalle sind von den Bergleuten nach dem Kobold bzw. dem Kobold-Namen „Nickel" („Nikolaus") benannt worden, da sie glaubten, daß die Kobolde mithilfe dieser Metalle die gesuchten Metalle Gold, Silber, Eisen, Kupfer usw. (angesichts der damaligen Metallurgiekenntnisse) unbrauchbar machten.

XI 5. Zusammenfassung

Wenn man alle diese Informationen zusammennimmt, ergibt sich das folgende detailreiche Bild über die Kobolde:

- „Kobold" bedeutet „Hausgeist" oder „Hausherr". Sie sind Ahnengeister, die das ehemals von ihnen bewohnte Haus schützen und die sich weitgehend an dieses Haus und an ihre Ahnen gebunden haben. Abgesehen von ihrer Haus-Gebundenheit gleichen sie somit Zwergen.
- Sie sind ursprünglich vermutlich aus Holz geschnitzte oder aus Stoff gefertigte Ahnen-Figuren gewesen, die als „Leib" für die Totengeister im Diesseits und somit als Kontaktstelle zwischen den Lebenden und den Toten dienten – ähnlich wie in noch früherer Zeit die Schädel der Toten.
- Sie haben die Größe eines kleinen Kindes, d.h. sie gleichen auch von ihrer Größe her den Zwergen, die ebenfalls Totengeister sind.
- Sie machen sich oft lediglich durch Klopf- und Poch-Geräusche bemerkbar – dann werden sie „Poltergeister" genannt.
- Sie sind in der Regel unsichtbar, aber unterhalten sich gerne mit den Lebenden. Lediglich eine ihrer Hände ist manchmal zu sehen und betastbar.
- Sie wohnen im Haus, im Keller, in der Scheune und manchmal auch in einem Baum in der Nähe des Hauses. Wenn ihr Wohnplatz beschädigt wird, rächen sie sich oft.
- Sie werden oft mit rotem Haar und einer roten, spitzen Mütze dargestellt („Gartenzwerg").
- Sie tragen manchmal ein blauscheinendes Licht mit sich.
- Sie tragen große Stiefel, mit denen sie sehr schnell sehr große Entfernungen zurücklegen können. Dies erinnert an die Flugschuhe des Loki und an den Schuh des Gottes Widar.
- Sie tragen manchmal Schellen an ihrem Kittel – wie ein Narrengewand …
- Sie erledigen gerne Arbeiten im Haus wie putzen, kochen, backen, die Tiere füttern usw.
- Sie verlangen nur ein wenig Speise und Trank als Lohn. Dies geht wohl auf die Speiseopfer für die Ahnen zurück.
- In manchen Gegenden erhalten sie auch von den Christen am Julmorgen ein Stück grauen Stoff, etwas Tabak und eine Schaufel Erde als „Lohn" für ihre Arbeit während des Jahres.
- Sie sind sehr stark – deutlich starker als ein Mensch.
- Sie haben als Jenseits-Wesen magische Fähigkeiten wie z.B. das Bewegen von Gegenständen, die Wahrnehmungen von Ereignisse an weit entfernten Orten, das

Vorhersehen der Zukunft u.ä.

- Manchmal können sie andere Gestalten annehmen wie z.B. die einer Feder.
- Es wird mehrfach berichtet, daß sie Geige spielen.
- Sie mögen Mondlicht.
- Sie schätzen die abendliche Stille und werden wütend, wenn man abends noch laute Arbeiten verrichtet.
- Sie lieben ihre Freiheit und lassen sich diese nicht nehmen.
- Wenn man sie ärgert, rächen sie sich.
- Sie treiben gerne allerlei Unfug und Schabernack und lachen gerne.
- Über Exorzisten, die sie vertreiben sollen, belustigen sie sich in der Regel nur.

XII   Wichte

XII 1.   Wichte in der germanischen Überlieferung

In der germanischen Sprache gab es den Begriff „Wicht", der sich im heutigen Deutsch vor allem noch als „Wichtel" und „Bösewicht" findet.

Im Altnordischen erscheint dieses Wort als „Vättr". Sie wurden meistens als weiblich aufgefaßt. Es gab „landvättr" („Landgeister, Pukis"), „hollar vättr" („wohlgesonnene Geister"), „ragvättr" („feige, böse Geister"), „meinvättr" („böse Geister") u.a.

Die vielen Ableitungen in den verschiedenen germanischen Dialekten und späteren germanischen Sprachen schwankt das Geschlecht der „Wichte" sehr stark – mal sind sie männlich, mal weiblich, mal sächlich, mal mehreres zugleich. Sie haben zudem eine Tendenz, sich einerseits zu dem Abstraktum „Wesen, Geschöpf, Ding" zu entwickeln und andererseits zu einer Bezeichnung für den Teufel zu werden. Die ursprüngliche Bedeutung „Geist" ging dabei zumindestens teilweise verloren. Das englische „wicht" ist dem deutschen „Wicht" recht ähnlich geblieben.

Als böser Geist tritt der „Wicht" vor allem im Bereich der ehemaligen altnordischen Sprache auf. Auf den Faröern gibt es die Redewendung „Fahr doch zum Mainvittis", was eine Umformung des älteren „Mögen Dich doch die Trolle holen!" ist. Der Wicht hat hier die Trolle als die Jenseits-Ungeheuer ersetzt. In Schweden ist der „Meinvette" ein böser Geist.

Im Altnordischen gab es eine ganze Wortfamilie zu „vättr":

vätr   = „Lebewesen, Wicht, Ding"
vättr   = „Wesen, Wicht, Geist, Ding, Sache"
vätt   = „Gewicht"
vätt   = „Truhendeckel"
vätt   = „Kampf"
vätta   = „wiegen"
vätta   = „Zeugnis, Bestätigung"
vätti   = „tragend" (Übersetzung unsicher)
wehti   = „Gewicht"

Diese Begriffe leiten sich alle von dem germanischen „wehti(z), wihti(z)" ab, das „Wesen, Wicht, Sache, Ding" bedeutet.

Der Ursprung ist das indogermanische Substantiv „wekti" für „Sache, Ding", das sich seinerseits wahrscheinlich wiederum von „weih" für „Stärke, Lebenskraft" ableitet. Von diesem „weih" leiten sich auch einige Bezeichnungen für „Mann" ab wie z.B. das lateinische „vir" oder das „wer" in „Werwolf" („Mann-Wolf").

Aus dem indogermanischen „weih" als Begriff der Stärke und der Lebenskraft, der vermutlich auch schon eng mit einem „starken Mann" assoziiert worden ist, ist im Germanischen und im Altnordischen der „Wicht" und das „Gewicht" geworden („stark" wurde zu „schwer"), wobei dieses Wort auch schon sehr früh im Sinne von „(wichtige) Sache" benutzt worden ist.

XII 2.   Zusammenfassung

Der „vättr" („Wicht") ist bei den Germanen eine ganz allgemeine Bezeichnung für einen Geist, der eher zu einem Landstrich o.ä. gehört als zu einem Menschen. Totengeister bezeichnete man eher als Alf, Zwerg oder Riese.

XIII   Trolle

XIII 1.   Wortschatz

XIII 1. a)   Trolle und Riesen

Das Wort „Troll" wird in den Liedern und Sagas der Germanen in einer etwas verschwommenen Weise benutzt. Im engsten Sinne scheinen sie die riesenhaften Ahnengeister zu sein, aber meist einfach grobschlächtige Riesen oder Riesinnen. Manchmal sind sie jedoch auch hilfreich.

Die Unterscheidung zwischen „Troll" und „Riese" ist meistens recht ungenau – ursprünglich scheinen die Riesen („jötun") die Ahnen der Götter und die Trolle die Ahnen der Menschen gewesen zu sein.

Die Trolle treten vor allen in den noch stark mythologisch geprägten Sagen im Zusammenhang mit dem Jenseits auf.

Die Trolle leben wie die Riesen in der Wildnis (= Jenseits) und wohnen in den Felsen bzw. in Höhlen (= Grabkammer eines Hügelgrabes).

Im Folgenden ist nur eine kleine Auswahl aller Stellen, in denen Trolle beschrieben werden, angeführt, da die Beschreibungen der Trolle recht einheitlich sind.

XIII 1. b)   Das Wort „Troll"

Das deutsche Wort „Troll" lautete auch schon im altnordischen „troll". Es bedeutete in etwa „Unhold, Ungeheuer".

Dies Wort geht auf das germanische „trulla(m)" für „Unhold, zauberkundiges Ungetüm, Gespenst" zurück.

Die indogermanische Wurzel dieser Begriffe ist das Verb „der, dra" für „laufen, treten", das sich anscheinend auch im Sinne von „als Gespenst zurückkehrender Toter" („Wiedergänger") weiterentwickelt hat.

XIII 1. c)   mit „Troll" gebildete Worte

Die altnordischen Wörter, die das Substantiv „Troll" enthalten, zeigen recht deutlich den Charakter der Trolle.

Trolle sind groß wie Riesen:

troll-meni   = Mann, der so groß wie ein Troll ist

Man unterschied zwischen weiblichen und männlichen Trollen:

troll-karl   = Troll-Mann
troll-kerling   = Troll-Frau
troll-kona   = Troll-Frau

Auch Menschen, Bauwerke o.ä. konnten den Charakter eines Trolls haben:

troll   = Mensch mit dem Charakter eines Trolls
trolls-liga   = Troll-artig
trolls-ligr   = Troll-artig, riesig

Die Trolle sind eng mit den Gespenstern verwandt, die bei den Nordgermanen in der Regel nicht als Schemen, sondern als solide Wesen erscheinen, gegen die man mit Waffen kämpfen kann:

trolla-ganga   = umgehende Trolle, Spuk, von Gespenstern bewohnt

Menschen können durch Trolle besessen sein, wodurch sich dieser Mensch dann häufig selber schadet.

troll-aukin   = „Troll-vergrößert", Besessenheit durch einen Troll
troll-rida   = „Troll-geritten" = von einem Troll oder einer Hexe verzaubert = Besessenheit

Wie alle Jenseits-Wesen sind auch die Trolle zauberkundig. Die Magie ist in den meisten Religionen geradezu die „Kausalität des Jenseits".

troll-dom = Zauberei
troll-dom-ligr = zur Zauberkunst gehörig
troll-skapr = Troll-artig, Zauberei

Über Trolle ließen sich gute Geschichten erzählen, die stets etwas gruselig waren:

trolla- thattr = Troll-Geschichte
trolls-läti = „Troll-Schreie", schauriges Geheule

Die Trolle versammelten sich wie die Menschen in regelmäßigen Treffen:

trolla-thing = Troll-Versammlung

XIII 1. d) Kenningar

Die Umschreibung eines Wolfes als „Roß der Troll-Frau" ist sehr beliebt gewesen. Die Troll-Frau, also Hel, wird auch als Riesin, Nachtreiterin (Zauberin) u.ä. bezeichnet oder mithilfe des Namen seiner speziellen Riesin umschrieben. Ihr Wolf-Roß ist ihr Bruder Fenrir.

Wolf	*Roß der Troll-Frau*		anonym	Gydingsvisur
			Björn Krummhand	Magnussdrapa
			Bödvarr der Bär	Sigurdardrapa
			Thorkell Skallson	Valthofsflokkr
			Bjarni Bischof Kolbeinsson	Jomsvikingadrapa
Wolf	*graues Trollfrauen-Roß*		Hallar-Steinn	Rekstefja
Wolf	*dunkles Trollfrauen-Roß*		Thorkell Skallson	Valthofsflokkr
Wolf	*freßgieriges Trollfrauen-Roß*		Einarr Skulason	Haraldsdrapa 2
Wolf	*Trollfrauen-Glaumr*	Glaumr = Pferd	Einarr Skulason	Elfarvisur
Wolf	*Hunger vermeidender Trollfrauen-Soti*	Soti = Pferd; Hunger vermeidend = gierig	anonym	Olafs drapa Tryggvasonar

199

XIII 2.   Sprichworte

Der Charakter der Trolle läßt sich gut anhand der Sprichworte schildern, die sich auf die Trolle beziehen.

Generell werden die Trolle in den Sprichworten und Redewendungen zur bildhaften Herstellung eines Superlativs und zur Beschreibung eines drastischen Umstandes verwendet.

XIII 2. a)   Trolle sind feindliche Jenseitswesen

„in die Macht der Trolle geraten"
> (verderben, scheitern, sterben)
>> anonym: Lachstal-Saga

„Man hört die Worte (sagen)*, daß eure Freundschaft ganz zu den Troll-Frauen gegangen ist."*
> ('gylfra' ist mit 'gyfja ' für 'Göttin, Priesterin' und 'gylfi' für 'König, Fürst'
> verwandt; das hier mit 'Troll-Frau' übersetzte Wort bedeutet daher in etwa
> 'Jenseitswesen' und wird ursprünglich eine Göttin und später dann eine
> Riesin gewesen sein; 'zu der Jenseitsgöttin gehen' hat somit dieselbe
> Bedeutung wie 'zur Hel fahren', d.h. 'enden, sterben, aufhören')
>> Zoëga – altnordisches Wörterbuch

XIII 2. b)   Trolle beherrschen Magie

„Das wäre Troll-Werk!"
> (Troll-Werk = Zauberei)
>> anonym: Saga über Pfeile-Odd

XIII 2. c)   Trolle haben übernatürliche Kraft und sind unverwundbar

„Sie sagte, sie sei sich nicht sicher, ob es ein Mann oder ein Troll gewesen sei, der sie hinüber (durch die Furt) *getragen habe."*
> (wegen Grettirs Stärke)
>> anonym: Saga über Grettir den Starken

„Das ist ja Troll-Arbeit!"
> (wenn etwas sehr anstrengend ist)
>> anonym: Saga über Pfeile-Odd

„Du bist wie ein Troll und nicht wie ein Mensch, denn Eisen beißt Dich nicht!"
>> anonym: Saga über Havard von den Eis-Firdinger

„jemand ist ein Troll und kein Mensch"
> (wenn jemand unverwundbar scheint oder mit übernatürlicher Kraft kämpft)
>> anonym: Saga über Grettir den Starken

XIII 2. d)   Trolle sind ein großes Hindernis

„jemanden als einen Troll auf der Türschwelle ansehen"
>> anonym: Saga über die Fost-Brüder

„wie eine von Trollen belagerte Haustür"
> (stark bewachter/belagerter Ort)
>> anonym: Saga über König Sverris

„wenn uns zwischen Vorhof und Halle keine Trolle hindern"
>> anonym: Saga über König Sverris

„Trolle sollen zwischen das Haus und die Bauern kommen!"
> (in einem Kampf gegen die Bauern)
>> anonym: Saga über König Sverris

XIII 2. e)   Trolle sind dumm

„Man sollte selbst einen dumpf-sinnigen Troll warnen, wenn er nackt am Feuer sitzt."
>> anonym: Saga über den Kampf auf der Heide

XIII 2. f)   Trolle sind bösartig

„Diese Art von Dinge sind ausgesprochen noch schlimmer als unausgesprochen –
die Trolle müssen eure Zungen aus euren Mündern gezogen haben!"
(über einen Menschen, der besser geschwiegen hätte)
anonym: Geschichte über Thorstein Stangen-Schlag

„Trolle haben Dir die Zunge aus dem Haupt gezogen."
anonym: Rauchtal-Saga
anonym: Kampf-Skutu

„Trolle haben euch beiden die Zunge aus dem Haupt gezogen."
anonym: Geschichte über Thorstein Stange

XIII 2. g)   Troll-Verwünschungen

„Die Trolle sollen Dich holen!"
anonym: Saga über Pfeile-Odd (2x)
anonym: Grettir-Saga

„Es ist vorhergesagt worden, daß ich an hohem Alter sterben werde – und ich wäre
noch viel zufriedener, wenn die Trolle Dich zuerst holen würden!"
anonym: Bandamann-Saga

„Er verfluchte die Ulfhedinn und wünschte ihnen, daß die Trolle sie holen."
anonym: Völsungen-Saga

„Sollen es doch die Trolle holen!"
anonym: Ljosvetninga-Saga

„Eher sollen mich die Trolle holen!"
anonym: Frischwassertal-Saga

„Fahr dahin in übler Geister Gewalt!"
anonym: Harbard-Lied
anonym: Grimnir-Lied

XIII 2. h)   Eide

„Der Riese soll mich hinfortnehmen, wenn ich gelogen habe!"
(Riese = Troll)

anonym: Atli-Lied

XIII 2. i)   Beleidigungen

„jemanden 'Sohn eines Meer-Trolls' nennen"
(Meer = Wasserunterwelt; Meeres-Troll = Totengeist in der
Wasserunterwelt der Ran = Tyr-Riese)

anonym: Saga über Grettir den Starken

XIII 3.   Troll-Geschichten

XIII 3. a)   Landnahme-Buch

Der „Felsenbewohner" in der folgenden Geschichte ist ein Troll. Man nannte die Hügelgräber oft „Felsen", da die Grabkammer in ihrem Inneren aus Felsenplatten errichtet wurde. Daher ist ein „Felsenbewohner" ein Totengeist in der Grabkammer seines Hügelgrabes. Diese Totengeister nannte man auch „Trolle", was wörtlich „Läufer" im Sinne von „Wiedergänger", also „aus dem Jenseits zurückgekehrter Totengeist" bedeutet.

Der Ziegenbock mit der große Zeugungskraft wird der Troll selber gewesen sein, also ein Mann, der durch seine Identifizierung mit einem Ziegenbock bei seiner Bestattung die Jenseits-Gestalt eines Ziegenbocks erhalten hatte – und nun als solcher wieder zurück ins Diesseits gekommen ist, um den Menschen (seinen Nachkommen?) zu helfen (siehe dazu auch „Ziegen" in Band 42 und „Wiederzeugung" in Band 51).

Björn träumt eines Nachts, daß ein Felsenbewohner zu ihm gekommen war und ihm Zusammenarbeit anbot und daß er sie angenommen hatte. Daraufhin kam ein Ziegenbock zu seiner Herde und seine Herden bekamen nun so schnell Junge, daß er schon bald in Reichtum schwamm. Seither wurde er Ziegenbock-Björn genannt.

Die Männer, die die Gabe des Hellsehens hatten, sahen, wie die Schutzgeister des Landes Björn zum Thing folgten und daß sie Thorstein und Thord beim Jagen und beim Angeln folgten.

XIII 3. b)   Kjalnesinga-Saga

Auch in dieser Saga findet sich eine Höhlen-Trollfrau:

„Es ist gut, daß wir uns hier getroffen haben. Die Höhle dieses Trolls Esja wird Dich diesmal nicht beschützen!"

XIII 3. c)   Grettir-Saga

Diese Erzählung über den Kampf des Beowulf mit der Jenseits-Riesin, die als Verkörperung des Todes die größte aller Gegnerinnen ist, findet sich auch in der

Grettir-Saga, im Flateyarbok, in den Volksliedern der Faröer und der Schweden sowie in abgewandelter Form auch in der Edda in „Gylfis Vision", in der beschrieben wird, wie Thor mit der alten Elli ringt und gegen sie verliert – ohne zu wissen, daß Elli die Verkörperung des Alters und somit wohl auch der Tod, d.h. Hel selber ist.

Die folgende Geschichte ist ein Auszug aus der Grettir-Saga. Sie enthält so viele Details, die auch in Beowulfs Kampf mit Grendel und dessen Mutter vorkommen, daß diese Szene sich direkt aus dem Beowulf entwickelt haben muß.

Die „Troll-Frau in der Höhle" ist ursprünglich die Jenseitsgöttin Freya als die Wiederzeugungs-Geliebte der Toten in der Grabkammer ihres Hügelgrabes gewesen.

Es wird erzählt, daß Guest, als es gegen Mitternacht ging, draußen einen großen Lärm hörte, und daß kurze danach eine große Trollfrau mit einem Bottich in der einen Hand und einem unglaublich großen Hackmesser in der anderen Hand in die Halle kam. Sie blickte umher, als sie hereinkam, und sah, wo Guest lag und rannte auf ihn zu. Er aber sprang auf, um sich zu wehren und es begann ein fürchterlicher Ringkampf und sie kämpften lange miteinander in der Halle.

Sie war die Stärkere, aber er wehrte sich geschickt und alles, was dort stand, wurde zerbrochen, ja sogar die Fußbodendielen der Kammer. Sie zerrte ihn zur Türe hinaus und in den äußeren Flur und er wehrte sich mit aller Kraft gegen sie. Sie wollte ihn von dem Haus fortzerren, aber es gelang ihr nicht, bis sie den ganzen Rahmen der Außentür zerbrochen hatten. Da nahm sie ihn über die Schulter und lief mit ihm fort hinab zum Fluß, geradewegs zu den tiefen Buchten.

Guest war inzwischen sehr erschöpft, aber er mußte entweder seine Kräfte sammeln oder er würde von ihr in die Bucht geworfen. Die ganze Nacht über kämpften sie in dieser Weise – er konnte sich nicht entsinnen, jemals in einem solchen Schrecken wie dem vor ihrer Kraft gekämpft zu haben. Sie hielt ihn so fest, daß er seine Arme in keiner Weise bewegen konnte außer die Mitte der Hexe festzuhalten.

Als sie aber zu der Bucht des Flusses kamen, wand er sich so in dem Griff der Alten, daß er seine rechte Hand freibekam. Da ergriff er das Kurzschwert, mit dem er gegürtet war und schlug die Trollfrau damit auf die Schulter und schlug ihr den Arm ab. Da war er frei, aber sie stürzte in die Bucht und wurde von der Strömung fortgetragen.

Da war Guest so steif und erschöpft, daß er lange dort auf den Felsen lag. Als zu dämmern begann, ging er heim und legte sich in sein Bett. Er war über und über blau und geschwollen.

Als jedoch die Hausherrin aus der Kirche heimkam, fand sie, daß ihr Haus ein bißchen rauh behandelt worden sei. Daher ging sie zu Guest und frug ihn, was geschehen sei, daß alles zerbrochen und niedergetreten sei. Er erzählte ihr alles, was vorgefallen war: Dies schien ihr wichtig zu sein und sie frug ihn, welch ein Mann er denn in Wahrheit wäre. Da erzählte er ihr die Wahrheit und bat, daß der Priester geholt würde, denn er würde ihn gerne sehen. Und so tat man.

Aber als Stein der Priester zu dem Ort „Sandhaufen" kam, wußte er sofort, daß Grettir Asmundson unter dem Namen „Guest" dorthin gekommen war.

Da frug der Priester, was er glaube, was mit den Männern geschehen sei, die verschwunden waren, und Grettir sagte, daß er glaube, daß sie in die Bucht geschleppt worden seinen. Der Priester sagte, daß er das nicht glauben würde, wenn er keinerlei Zeichen dafür sehen würde. Da sagte Grettir, daß dies später später deutlicher werden würde. Da ging der Priester heim.

Grettir lag viele Nächte im Bett und die Herrin des Hauses pflegte ihn gut. So ging die Jul-Zeit vorüber.

Nun wird in Grettirs Geschichte gesagt, daß sich die Trollfrau in die Bucht stürzte, als sie verwundet wurde, aber die Männer aus dem Bard-Tal sagen, daß die Tag anbrach, als sie noch miteinander rangen und daß sie starb, als er ihren Arm abschlug, und daß sie noch heute dort in der Gestalt einer Frau auf der Klippe steht.

Die Tal-Bewohner verbargen Grettir bei sich. Im Winter nach Jul fuhr Grettir jedoch zum Inseltal-Fluß und als er den Priester traf, sprach er: „Nun, Priester, ich sehe, daß Du meiner Geschichte nur wenig Glauben geschenkt hast. Nun möchte ich, daß Du mit mir zu dem Fluß gehst und schaust, wie wahrscheinlich es ist, daß meine Geschichte wahr ist."

So geschah es. Als sie zu dem Wasserfall kamen, sahen sie eine Höhle unter der Klippe. Die Klippe war ein steiler Felsen, so hoch, daß ein Mann nirgendwo hinaufgelangen konnte, und er reichte 90m tief in das Wasser hinab. Sie hatten ein Seil mitgenommen, aber der Priester sprach: „Es ist eine viel zu große Gefahr, hier hinabzusteigen."

„Nein," sprach Grettir, „– wahrlich, es muß getan werden; und die kühnsten Männer sind die passendsten dafür. Nun werde ich wissen, was hinter dem Wasserfall ist, aber Du sollst das Seil bewachen."

Der Priester sagte, er möge denn seinem eigenen Beschluß folgen. Er trieb einen Pflock in die Grasnabe oben an der Klippe und häufte Steine darüber und setzte sich daneben.

Es wird erzählt, daß Grettir einen Stein an einer Schlaufe des Seils befestigte und es in das Wasser hinuntersinken ließ.

„In welcher Weise willst Du hineingehen?" frug der Priester.

„Ich will nicht angebunden in den Wasserfall gehen," sprach Grettir, „mein Herz spricht dagegen."

Damit machte er sich für seine Reise bereit. Er war nur leicht bekleidet und er war mit dem Kurzschwert gegürtet und trug sonst keine weitere Waffe.

Da sprang er von der Klippe in den Wasserfall. Der Priester sah die Sohlen seiner Füße und danach wußte er nicht mehr, was aus ihm geworden war. Grettir jedoch tauchte unter den Wasserfall und das war harte Arbeit, denn der Strudel in dem

Becken darunter war stark und er mußte zum Boden hinabtauchen, bevor er wieder hinter dem Wasserfall herauskommen konnte. Aber dort war ein Felsen, der hervorstand und auf diesen kletterte er.

Hinter dem Wasserfall war eine Höhle und der Fluß stürzte vor ihr von den hohen Felsen nieder. Er ging in die Höhle hinein und sah dort ein großes Feuer in der Mitte von Holzscheiten flammen. Dort sah er einen Riesen sitzen – unglaublich groß und schrecklich anzusehen. Als Grettir jedoch näherkam, sprang der Riese auf und ergriff eine Gleve und schlug nach dem Ankömmling, denn mit solch einer Gleve kann ein Mann sowohl schneiden als auch stechen. Sie hatte einen hölzernen Stiel und diese Art von Waffe nannten die Leute damals „Stielmesser".

Eine Gleve ist eine einfache Form der Hellebarde: Sie besteht aus einem langen Stiel ähnlichem einem Speer, an dem vorne jedoch keine einfache Speerspitze, sondern ein langes Messer befestigt ist. Diese einfache, aber effektive Art von Waffe ist im frühen Mittelalter weit verbreitet gewesen.

Grettir schlug mit seinem Kurzschwert zurück und traf den Stiel, sodaß er zersplitterte. Da wollte der Riese zurückweichen und nach einem Schwert greifen, daß dort in der Höhle hing. Grettir hieb ihm jedoch in die Brust und schlug ihm fast das ganze Brustbein und den Bauch ab, sodaß seine Eingeweide herausfielen und in den Fluß stürzten und von der Strömung fortgetrieben wurden.

Als der Priester bei dem Seil saß, sah er verschiedene blutbedeckte Fleischstücke die Strudel des Flusses hinabwirbeln und dachte, daß Grettir nun sicherlich tot sei.

Da rannte er von der Verankerung des Seiles fort nach Hause.

Dort kam er am Abend an und sagte wie einer, der es genau wußte, daß Grettir tot sei und daß es sehr schade um solch einen Mann sei.

Nun muß von Grettir erzählt werden, daß wenig Zeit zwischen seinen Schlägen und dem Tod des Riesen verging. Da ging er in die Höhle hinein und entzündete ein Licht und durchsuchte die Höhle. Die Geschichte berichtet nicht, was er darin fand, aber die Männern glaubten, daß es etwas Großes gewesen sein müsse. Dort blieb er über Nacht und fand die Knochen zweier Männer und packte sie in einen Sack.

Dann brach er auf und verließ die Höhle. Er schwamm zu dem Seil und rüttelte an ihm und dachte, daß der Priester noch dort sei. Als er jedoch merkte, daß der Priester heimgegangen war, erkannte er, daß er mit der Kraft der eigenen Hände hinaufklettern mußte. So kam er hinauf auf die Klippe.

Dann fuhr er heim zu dem Inseltal-Fluß und brachte den Sack mit den Knochen zu dem Portal der Kirche und dazu einen Runenstab, auf den dieses Lied kunstvoll geschnitten war:

Dort in die düstere Bucht bin ich getaucht,
über die der wirbelnde Strom des bleichen Wassers
von der Kehle der Felsen hinabgeworfen wird,
um dem Schwert-Spieler zu begegnen, den die Menschen fürchten.
Bei der Halle des Riesen preßte der starke Fluß
seine kalten Hände auf die Brust des Sängers,
der Verschlinger des sich wandelnden Strudels
warf dort ein großes Gewicht auf ihn.

Und dieses andere Gedicht stand auch auf dem Stab:

Der schreckliche Bewohner der Höhle
schlug große und viele Schläge gegen mich;
Er mußte sehr hart darum ringen,
aber im schweren Kampf erblaßte er kein bißchen;
Denn von seinem mächtigen Stiel-Baum
schlug ich das Stiel-Messer geschwind;
Und verdunkelte die hellblitzende Kriegsflamme
in der schwarzen Brust, die mir dort begegnete.

In diesen Versen wird gesagt, daß Grettir diese Knochen aus der Höhle mitgebracht
hatte. Als der Priester jedoch am Morgen zu der Kirche kam, fand er den Stab und
das, was bei ihm lag. Grettir aber war nach Sandhaufen heimgegangen.

XIII 3. d)   Die Saga über Grim Struppig-Wange

In dieser Saga ist aus dem Kampf des Thor gegen die Riesinnen Grip und Gjalp der
Kampf des Grim gegen zwei Troll-Frauen geworden. Anschließend tötet er auch noch
deren Vater und Mutter – so wie Thor den Vater Geirröd (Tyr) dieser beiden Riesinnen tötet.

In der Nacht erwachte Grim, als er draußen Lachen hörte. Er sprang auf und
ergriff seine Axt und ging hinaus. Er hatte wie immer auch seine Pfeile, Gusirs
Geschenk, die ihm seine Vater Ketil Forelle gegeben hatte, bei sich.
Doch als er hinaustrat, sah er zwei Trollfrauen bei dem Boot – beide zogen an
einem seiner beiden Ende und sie schienen es in Stücke reißen zu wollen.

Da sprach Grim diese Verse:

„Welche Namen haben sie,
diese Basalt-Bewohner,
die mein Schiff
in Stücke reißen wollen?
Schrecklichere Damen
glaube ich, habe ich
bis heute noch nicht gesehen,
solch ein Paar von entsetzlichen Aussehen!"

Die, die näher bei ihm stand, sprach diese Verse:

„Feima nennen sie mich,
ich wurde fern im Norden geboren,
in den Hohen Bergen,
ich bin Frostis Tochter.
Älter als ich
ist meine Schwester hier,
sie nennen sie Kleima,
sie ist zum Meer gekommen."

Grim sprach:

„Schlimmste der Frauen,
ihr werdet nicht weiß komme,
Riesen-Mädchen,
wenn ich in Rage gerate!
Bevor die Sonne aufgeht,
sende ich euch geradewegs
zu den Wölfen, ihr seid
gewiß ein leckeres Häppchen für sie!"

Kleima sagte:

„Bevor wir loszogen,
sprachen unser Vater Zaubersprüche;
er war es, der die
Wellen-Herden hierhin trieb.
Du sterblicher Mann
wirst niemals
sicher heimkommen,
wenn das nicht Dein Schicksal ist."

Grim sprach:

„Ich verspreche euch beiden
ein schnelles Durchbohren
Stahl-Pfeilspitzen zum Anfang
und Speerspitzen danach.
Dann werden sie herausfinden,
Frostis Mädchen,
ob Spitze oder Krallen
die Stärkeren sind."

„Feima" bedeutet „Schüchterne, Verlegene" und „Kleima" bedeutet „Klecks, Kleine".

Da nahm Grim eines Gusirs Geschenken und schoß damit auf die Trollfrau, die weiter von ihm fort stand, sodaß sie starb.

Feima sprach: „Das ging übel aus, Schwester Kleima."

Dann watete sie hinauf zu Grim. Da schlug er mit der Axt nach ihr und traf ihr Schulterblatt. Sie schrie auf und rannte die Bucht entlang. Grim entglitt der Griff seiner Axt, die fest in der Wunde steckte. Grim rannte ihr hinterher – er konnte sie nicht einholen, aber sie konnte ihn auch nicht abhängen – und so ging es weiter, bis sie zu einigen hohen Klippen kamen.

Da sah in der steilen Seite der Klippe eine große Höhle. Dort war ein enger Pfad, der zu ihr hinaufführte. Sie rannte ihn hinauf, als wenn sie auf ebener Erde wäre. Und als sie die Klippe hinaufsprang, rutschte die Axt aus der Wunde. Grim hob sie sofort auf.

Er mußte seine Axt in in einen Felsspalt einhaken und mit seinem Fuß in der nächsten Spalte Halt suchen und sich so an dem Griff der Axt emporziehen. Auf diese Weise gelangte er in die Höhle hinauf.

Dort sah er ein helles Feuer brennen, an dem zwei alte Trolle saßen, ein Mann und eine Frau. Die Sohlen ihrer Füße lagen aneinander. Sie waren beide in kurze Kittel aus schrumpeligen Fellen gekleidet. Er konnte es nicht vermeiden, bei den beiden das zu sehen, was sie zwischen ihren Beinen hatten. Er nannte sich Hrimnir und sie nannte sich Hyria.

„Hrimnir" bedeutet „Rauhreif" und „Hyria" bedeutet „Feuer".

Als Feima in die Höhle kam, grüßten sie sie und frugen wo ihre Schwester Kleima sei.

Sie antwortete: „Hört dies: Sie liegt tot am Strand und ich bin tödlich verletzt. Und hier seid ihr beiden und liegt am Feuer!"

Der Riese sprach: „Das war keine große Tat, euch beiden Mädchen zu töten, die eine sechs Jahre alt und die andere sieben. Wer hat das denn getan?"

Feima antwortete: „Das war dieser hinterhältige Mann, Grim Struppig-Wange – er hat das getan. Er und sein Vater sind mehr als fast alle anderen dafür anzuklagen, daß sie Trolle und Bergriesen getötet haben! Aber obwohl er dies getan hat, wird er trotzdem nicht seine Frau Lopthoena wiederfinden. Und es ist lustig, wenn man bedenkt, wie nahe sie sich gerade sind."

Da sprach Hrimnir: „Das ist die Tat meiner Schwester Grimhild. Sie ist in solchen Dingen sehr geschickt."

Da wurde Feima durch den Blutverlust ohnmächtig und fiel tot nieder. In diesem Augenblick trat Grim in die Höhle und hackte so fest auf Hrimnir ein, daß er seinen Kopf abschlug. Da sprang die Frau auf und rannte ihm entgegen und sie rangen hart und lange miteinander, denn sie war eine große Trollfrau und Grim ein kraftvoller Mann. Aber am Ende hebelte er sie aus und sie fiel über seine Hüfte nieder. Da schlug er ihr den Kopf ab, ließ sie alle dort tot liegen und kehrte zu seiner Hütte zurück.

Die beiden Riesinnen Feima und Kleima erinnern an die beiden Riesinnen Fenja und Menja. „Fenja" ist Frigg in „Fensalir" und „Menja" ist Freya mit ihrem goldenen Halsreif „Brisingamen".

Grim tötet den Riesen Hrimnir und seine beiden Töchter in der Saga genauso wie Thor den Geirröd und seine beiden Töchter in der Mythe.

Grim findet in der Höhle seine Geliebte Lopthoena wieder.

... ...

„Wie bist Du hierher gelangt? Und was das betrifft: Wie bist zu so etwas geworden?" sagte Grim.

Sie (Lopthoena) antwortete: „Nicht lange nachdem Du meinen Vater im Oslofjord verlassen hattest, kam meine Stiefmutter Griemhild zu mir und sagte: 'Nun werde ich es Dir heimzahlen, Lopthoena, denn Du hast nicht als Zurückweisung und Sturheit für mich gehabt seit ich in dieses Land gekommen bin.

Dieses sage ich hiermit unverbrüchlich: Mögest Du Dich in die häßlichste Troll-Frau verwandeln und nach Norden nach Gandvik verschwinden und dort in einer Nebenhöhle gleich nebenan zu meinem Bruder Hrimnir wohnen und mögt ihr beide lange und hart miteinander streiten und möge der von euch, der am wenigsten seinen Geist aufrechthalten kann, es am schlechtesten haben.

Und Du wirst von allen verabscheut werden, von Trollen genauso wie von Menschen. Und außerdem,' sagte sie, 'wirst Du für den Rest deines Lebens in dieser

Mühsal beliehen und sie niemals verlassen können außer wenn ein Menschen-Mann einwilligt, diese drei Dinge zu tun, wenn Du ihn danach fragst – und ich weiß, daß es niemand gibt, der das tun wird: Dies ist das erste – daß er Dich sein Leben retten läßt. Dies ist das zweite – daß er Dich küßt. Und dies ist das dritte – daß er in demselben Bett wie Du schläft ... mit Dir, die schlimmer als jede andere aussehen wird!'

Nun," sprach Lopthoena, *„hast Du all das für mich getan, was Du getan hast. Und alles, was ich nun möchte, ist, daß Du mich heim zu meinem Vater im Süden nimmst und dort mit mir auf dem Hochzeitfest trinkst, so wie es beabsichtigt gewesen ist."*

Diese Verwandlung einer schönen Frau in eine Troll-Frau ist ein beliebtes Motiv in den germanischen Sagas und entspricht dem Schlaf des Dornröschen und der Verbannung des Schneewittchen ins Jenseits zu den Zwergen.

Der Ursprung dieses Motivs liegt darin begründet, daß die Jenseitsgöttin zugleich die ersehnte Wiederzeugungs-Geliebte des Toten und die gefürchtete Totenreich-Herrin war. Die innere Spannung in diesen Vorstellungen über die Jenseitsgöttin führte dazu, daß das Bild in zwei Hälften auseinanderbrach, deren Zusammenhang dann als der Fluch einer bösen Stiefmutter o.ä. beschrieben wird: Schneewittchens Stiefmutter, die dreizehnte Fee in dem Märchen „Dornröschen" u.ä.

XIII 3. e) Havamal

Odin bezeichnet den Tyr-Riesen Suttung als „Troll":

Zweifel heg' ich, ob ich heim wär gekehrt
Aus dem Reich des grimmen Trolls,
Wenn mir Gunnlöd nicht geholfen hätte, die gute Maid,
Die den Arm um mich schlang.

XIII 3. f)   Die Geschichte über Helgi Thorisson

Dann wurde nach Thorir, Helgis Vater, geschickt, und er dankte dem König sehr dafür, daß sein Sohn aus den Händen der Trolle entkommen war. Er ging dann wieder nach Hause und Helgi bleibt bei dem König und lebte noch, bis sich das Geschehen zum zweiten Mal gejährt hatte.

Die Bezeichnung des Königs Gudmund (Tyr) und seiner Männer (die Toten im

Jenseits) als „Trolle" zeigt, daß sich diese Männer im Jenseits befanden.

XIII 3. g)   Hattatal

Snorri Sturluson umschreibt in seiner Übersicht über die verschiedenen Gedichtformen den Gott Thor als „Feind der Troll-Frauen". Diese Troll-Frauen sind die Frauen des Tyr-Riesen (Geirröd, Hrungnir, Riesenbaumeister usw.), d.h. die Göttin Freya als die Wiederzeugungs-Geliebte im Jenseits, die in den Sagas und Liedern auch als Menglöd, Gunnlöd, Rindr usw. erscheint.

XIII 3. h)   Die Saga über Hovard von den Eisfjord-Leuten

Trolle können wie Tyr oft nicht durch Waffen verletzt werden, was vermuten läßt, daß Tyr der wichtigste Troll, d.h. Jenseitsgeist gewesen ist.

Sie stürzten nun der Abrede gemäß wild auf einander los. Den ersten Angriff machte der kleine und unansehnliche Atli; er lief hin und hieb mit beiden Händen auf Thorgrim ein, allein das Schwert war wie lahmgehext und schnitt nicht, und so schlugen sie sich eine Zeitlang miteinander herum, doch das Schwert konnte dem Thorgrim durchaus nichts anhaben.

„Du gleichst mehr einem Troll, als einem Menschen, Thorgrim," sagte Atli, „weil Dich das Eisen nicht einmal blutig ritzt!"

„Wie unterstehst Du Dich, mir das zu sagen," entgegnete Thorgrim, „ich haue ja bereits mit aller Macht auf Dich ein und kann Dir doch Deinen haarlosen und ehernen Schädel nicht einschlagen!"

XIII 3. i)   Heidarviga-Saga

Hier findet sich dasselbe Motiv:

Da sagte Thorbiörn: „Du Troll! Dich kann kein Eisen beißen!"

XIII 3. j)   Die ältere Version der Huldar-Saga

Die Göttin Huld (Freya) wurde als die „Königin der Trolle", d.h. als die „Herrin der Totengeister" angesehen:

Da schickte Hleidr den Kollr zunächst zu ihrem Bruder Skjalgr nach Thors-Tals und heißt ihn, diesem einen Ring und 100 Rosse zu überbringen, wobei sie ihm ihren Hund Skotti mitgibt.

Skjalgr war hocherfreut über den Ring. Er sagte über ihn, daß ihn Nimrod von vier Zwergen habe schmieden lassen, daß ihn ferner Huld Trollkönigin die Große dem Odinn geschenkt habe, als er bei ihr lag und daß ihn dann Freyja aus Ärger hierüber durch Loki habe stehlen lassen; von ihr habe ihn dann ihre Pflegeschwester Skrama, also seine Mutter, erhalten. Den Ring sollten nun mit Odins Zustimmung 100 Jahre lang Weiber aufbewahren, nach Ablauf dieser Zeit aber solle derjenige der König aller Unholde in Jötunheim werden, der ihn am Troll-Thing vorzeigen könne.

XIII 3. k)   Saga über König Harald Hart-Rat

Nicht nur Freya, sondern auch Hel wurde als „Troll-Frau" bezeichnet:

Auch König Harald träumte in einer Nacht, daß er in Nidaros wäre und dort seinen Bruder König Olaf traf, der ihm diese Verse sang:

„In vielen Kämpfen
erstrahlte mein Name;
Männer weinten und berichteten,
wie Olf fiel.
Dein Tod ist nah;
Deine Leiche wird, fürchte ich,
die Krähen füttern
und der Trollfrau Pferd."

Das „Pferd der Trollfrau" ist ein Wolf – Hel reitet oft auf ihrem Bruder Fenrir.

XIII 3. l)   Der Runenstein von Vetteland

Auf diesem um ca. 450 n.Chr. errichteten Runenstein befindet sich die folgende Inschrift:

„Flagda droht – mein Sohn Stein "

Flagda ist in anderen Texten eine Riesin bzw. Trollfrau. Sie soll offenbar denjenigen bedrohen, der den Runenstein beschädigt. Anhand der späteren Sprichworte läßt sich erkennen, daß die Trollfrau den Betreffenden zu sich, d.h. in das Jenseits holen soll – was eine Umschreibung für „töten" ist. Diese Trollfrau ist anscheinend die Jenseitsgöttin als die Wiederzeugungs-Geliebte des Toten in seinem Hügelgrab.

Der Runenstein ist offenbar für den Sohn des Mannes errichtet worden, der diesen Stein aufgestellt hat.

Somit läßt sich diese Inschrift nun etwas eleganter übersetzen:

„Möge die Trollfrau Flagda denjenigen holen, der diesen Runenstein, den ich für meinen Sohn errichtet habe, beschädigt! "

XIII 3. m)   Die Saga über Hervor und König Heidrek den Weisen

Einst lebte ein Mann, der Arngrim genannt wurde. Er war ein Riese und ein Felsenbewohner. Er nahm Ama, Ymirs Tochter aus Ymir-Land, zur Frau.

„Arngrim" bedeutet „Adler-Maskenhelm". Da der Adler der Seelenvogel des Göttervaters ist, könnte Arnhelm der ehemalige Göttervater Tyr sein.

Ymir ist der Urriese, der mehrfach mit dem ehemaligen Göttervater Tyr assoziiert oder gar gleichgesetzt wurde.

Ama ist eine sonst nur noch aus den Thulur bekannte Riesin. Ihr Name bedeutet „die Ärger macht" oder „Mutter".

Ein „Felsenbewohner" ist ein Totengeist in einem Hügelgrab.

Ihr Sohn war Hergrim, der 'Halbtroll' genannt wurde. Er lebte manchmal bei den Bergriesen und manchmal bei den Menschen. Er hatte die Stärke eines Riesen. Er kannte alle geheimen Künste und war ein Berserker.

215

XIII 3. n)   Die Saga über Ketil Forelle

Der Beiname „Halb-Troll" tritt mehrfach auf und bezeichnete vermutlich einen besonders starken Mann.

Einst lebte ein Mann mit dem Namen Hallbjörn, der den Beinamen Halb-Troll trug und der Sohn von Ulf dem Mutigen war.

XIII 3. o)   Die Saga über Thorsteinn Haus-Macht

In dieser Saga finden sich einige Vergleiche von Menschen mit Trollen.

Godmund wurde zur Halle des Königs gleitet. Der König saß auf seinem Hochstuhl und neben ihm sein Jarl, der Agdi genannt wurde und über den Bereich, der Grundir genannt wurde, herrschte. Grundir lag zwischen Riesen-Land und Thursen-Land. Seine Hauptstadt lag in Gnipalund. Er war ein Zauberer und seine Männer waren mehr wie Trolle als wie Menschen.

„Gnipahellir" ist eine Höhle („Hel"), die aus Felsen errichtet worden ist, die schrittweise vorspringen („gnipa"), d.h. ein Kragsteingewölbe". „Gnipahellir" ist also eine Gerabkammer in einem Hügelgrab. Den Begriff *„Gnipalund"* kann man daher mit „Hügelgrab-Wald" im Sinne von „Jenseits" übersetzen – der passende Wohnort für das Trollvolk.

... ...

Der König gebot Jarl Agdi, seine Männer zu rächen.
Dieser antwortete, daß es eine lange zeit her sei, daß er gerungen habe, aber daß er sich dem Gebot des Königs nicht widersetzen werde.
Da entkleideten sie sich. Thorsteinn fand, daß er noch nie einen solchen Troll-artigen Körper wie bei Agdi gesehen hatte. Er war Tod-blau. Godmund trat gegen ihn an. Seine Haut war weiß.

Die Hautfarben der beiden Kämpfer kennzeichnen Agdi als ein Geschöpf des Jenseits und Godmund als ein Wesen aus dem Diesseits.

... ...

„Hier gibt es nicht viel Angenehmes für mich," sagte sie, *„seit meine Mutter tot ist. Sie war die Tochter von Jarl Ottar von Holmgard und von ihrem Temperament her meinem Vater sehr unähnlich, denn mein Vater ist fast wie ein Troll und ich sehe nun, daß sein Leben verwirkt ist. Wenn Du mich hierhin zurückbringen wirst, werde ich nun mit Dir gehen."*

Die Sprecherin ist die Schwester des Tyr-Gudmund, d.h. die Göttin Freya (siehe dazu auch „Inzest" in Band 51).

XIII 3. p)   Die Saga über die Bewohner von Eyre

„Troll-Frau" war eine beliebte Beleidigung:

Da sprach Katla: „Kommt da etwa Geirrid, diese Trollfrau hierher? Die wird keinerlei Glanz in die Sache bringen."

XIII 3. q)   Die Saga über Gold-Thorir

Odd war der einzige, der von dort zurückkehrte.
Halfdan und Sigmund hatten alle Wikinger außer Agnar getötet, der in einem Schiff geflohen war. Er kam nach Halogaland und war ein großer Unruhestifter. Er sammelte viele Schätze und errichtete sich einen großen Grabhügel und ließ sich dort zusammen mit seiner gesamten Schiffsbesatzung und allen seinen Schätzen lebend begraben – so wie dies zuvor auch sein Vater getan hatte. Dort verwandelte er sich in einen Troll.

XIII 3. r)   Die Saga über Halfdan Eysteinn-Sohn

In dieser Saga wird eine ganz ähnliche Geschichte erzählt, die erklärt, wie Trolle in eine Wasserfall-Höhle gelangt sind.

Zu jener Zeit lebte ein König, der Agnar genannt wurde und der über Gestrekaland und all die Länder östlich von Kjol herrschte. Er war mit Hildigun, der Schwester des toten Königs Harek von Bjarmaland, verheiratet. Sie hatten zwei Söhne. Der eine wurde Raknar und der andere Val genannt. Die waren Wikinger und waren nach Dumbshaf gesegelt und hatten die Riesen geplündert.

Raknar hatte ein Schiff, das Raknarsslod genannt wurde. Es hatte hundert Rudersitze. Dies war abgesehen von der Langen Schlange das größte Schiff, das jemals in Norwegen gebaut worden war. Dieses Schiff war mit allen Arten von finsteren Gestalten bemannt. Auf jeder Ruderbank saßen fünfzehn Huren-Söhne.

Raknar nahm die Ödländer in Helluland in Besitz und säuberte sie von allen Riesen.

Sein Bruder Val blieb in Dumbshaf und es gibt eine große Geschichte über ihn zu berichten. Die beiden Brüder fanden, daß sie von ihrem Onkel Harek das Recht auf Bjarmaland geerbt hatten. Val hatte zwei Söhne. Der eine wurde Kott und der andere Kisi genannt. Sie waren große und starke Männer. Val hatte Svidi getötet und die Herrschaft über Kirjalabotn übernommen. Er hatte so viel Gold erbeutet, daß man es nicht zählen konnte – er hatte es dem Riesen Svadi abgenommen, der in den Bergen lebte, die Blesanerg genannt wurden. Das ist nördlich von Dumbshaf. Svadi war der Sohn des Gottes Thor. Val besaß ein Schwert, das Hornhjalti genannt wurde. Es war mit Gold eingelegt und die Schläge mit ihm verfehlten niemals ihr Ziel.

Halfdan und Sigmund kamen nach Osten nach Bjarmaland und frugen, wo Val sei. Sie trafen ihn nördlich von Gandvik und begannen eine Schlacht.

Dumbshafn = „Stumm-Hafen" (das Meer ist die meiste Zeit zugefroren)
Hornhjalti = „Horn-Griff"
Gandvik = „Magie-Bucht" = Weißes Meer (ein häufige Saga-Variante des Jenseits)

Zwei von Sigmunds Männern werden erwähnt. Der eine wurde Hauk genannt und der andere Gauk. Sie waren die Vorschiff-Männer seines Schiffes. Agnar, der Sohn des Raknar, lenkte sein Schiff längsseits des Schiffes des Halfdan und ihr Kampf war sehr heftig.

Hauk und Gauk segelten umher und griffen die äußeren Schiffe an und töteten die Männer auf den meisten von ihnen.

Val sprang auf Sigmunds Schiff und Kott und Kisi mit ihm und sie richteten eine große Verwüstung an. Val hieb nach Sigmund und schlug seinen Schild entzwei. Das Schwert traf die Außenseite seines Fußes und schnitt zwei Zehen ab. Sigmund schlug zurück. Val trug einen goldenen Helm. Als Sigmunds Schwert auf ihn traf, zerbarst sein Griff. Val war bereit zuzuschlagen und stand aufrecht. Sigmund stürzte auf ihn und warf über die Seite des Schiffes und er fiel hinab bis auf den Grund des Meeres. doch als er wieder heraufgetaucht kam, zogen ihn seine Männer wieder auf das Schiff hinauf.

Kottr und Kisi waren wieder von dem Schiff vertrieben worden. Doch als sie auf ihr eigenes Schiff zurückkehrten, liefen Odd der Schöne sowie Hauk und Gauk auf sie zu und sie wurden von ihnen sehr heftig angegriffen. Da Val aufgegeben hatte, flohen sie in einem Schiff, aber Odd ruderte ihnen hinterher und trieb sie dort an Land, wo ein großer Fluß von den Klippen herab ins Meer stürzte. Val war bei ihnen. Er hatte zwei Kisten mit Gold mitgenommen. Sie waren so schwer, daß zwei Männer sie kaum tragen konnten. Odd rannte ihnen hinterher, aber als sie zu dem Wasserfall kamen, sprang Val in hinein und entkam ihnen auf diese Weise.

Da kamen Kott, Kisi, Gauk und Hauk gerannt und als sie zu dem Wasserfall kamen, packte Kott den Hauk und Kisi den Gauk und dann sprangen sie mit ihnen in den Wasserfall und töteten beide.

Unter dem Wasserfall war eine große Höhle, in die Val und seine beiden Söhne tauchten und in der sie sich auf das Gold legten und geflügelte Drachen wurden. Sie trugen Helme auf ihren Häuptern und Schwerter unter ihren Flossen. Dort lagen sie, bis Gold-Thorir den Wasserfall in seine Macht brachte.

XIII 3. r)   Die Saga über Sturlaug den Mühen-Beladenen

Da machte sich Heming bereit und brach zusammen mit elf Männern auf und sie kamen am Jul-Abend zu der Halle des Königs und traten vor ihn und grüßten ihn ehrerbietig.

Der König nahm ihre Grüße wohlwollend entgegen und ließ den Ehrenplatz räumen und setzte Heming neben sich und sie tranken die Jul-Tage über in guter Eintracht.

Aber als die zwölfte Nacht kam, wollte der König mit Heming sprechen. Der König sagte: „Mir steht ein Zweikampf bevor und ich hoffe, daß Du mich von ihm befreist und meinen Platz gegen Kol den Zauberkundigen einnimmst."

Heming sagte: „Ich wüßte nicht, daß Du mir so viel geboten hast, daß ich mein Leben für Dich wagen würde. Es scheint mir sehr wahrscheinlich, daß wir es hier nicht mit einem mutigen Mann, sondern eher mit einem Troll zu tun haben.

Der König sagte: „Ich habe Dich gefragt, weil Du der größte Krieger in diesem Land bist. Wenn es Dir nicht gelingt, dann bezweifle ich, daß es irgendein anderer tun kann. Doch wenn Du von dieser Fahrt zurückkehrst, dann werde ich Dich reich mit Gold und Silber belohnen."

Heming sagte: „Es ist wahr, was man sagt, daß für einen alten Mann nichts ein Wagnis ist – und so ist es auch hier. Der alte Baum ist der, der am wahrscheinlichsten umstürzen wird. Ich übernehme diese Fahrt.

Der König sagte: „Mutigster der Mutigen zu Land und zur See – es war zu erwarten, daß Du das Richtige tun würdest!"

XIII 4. Zusammenfassung

Trolle sind riesenhafte Jenseits-Wesen, d.h. Totengeister. Als Jenseits-Wesen beherrschen sie die Magie, da die Magie sozusagen das „Naturgesetz des Jenseits" ist. Wahrscheinlich ist „Riese" („Jötun") einst die Bezeichnung für die Ahnen der Asen und „Troll" die Bezeichnung für die Ahnen der Menschen gewesen.

Jemanden zu den Trolle zu wünschen ist somit identisch damit, jemanden zur Hel (Hölle) zu wünschen. Eine Variante dieser Verwünschungen ist der Eid, bei dem man sich selber zu den Trollen wünscht, wenn man gelogen hat, etwas nicht vollbringt o.ä. Dieses Motiv findet sich auch auf Runensteinen als Fluch gegen denjenigen, der den betreffenden Runenstein beschädigt.

Die Trolle sind wie Berserker sehr stark und unverwundbar, allerdings auch sehr dumm. Ein Troll ist somit ein großes Hindernis.

Die Unverwundbarkeit der Trolle durch Schwerter ist ein Hinweis darauf, daß auch der ehemalige Sonnengott-Göttervater Tyr als Troll angesehen worden ist, da dieser als gegen Schwerter gefeit angesehen worden ist, da Tyr der Schwertgott gewesen ist.

Aufgrund ihrer Dummheit ist der Einfluß der Trolle auf die Menschen fatal: sie verleiten die Menschen dazu, Dinge zu sagen, die ihnen selber schaden und die sie daher besser nicht gesagt hätten.

Schließlich ist „Troll" eine arge Beleidigung. Der „Meeres-Troll" ist vermutlich identisch mit dem Meeres-Riesen Ägir/Gymir/Hler, der seinerseits der ehemalige Sonnengott-Göttervater Tyr im Jenseits ist.

Der Ursprung der Trollfrauen ist die Jenseitsgöttin Freya als die Wiederzeugungs-Geliebte des Göttervaters (Tyr/Odin) und allgemein der Toten in den Grabkammern des Hügelgräber. Die Jenseitsgöttin wird vor allem in ihrer Erscheinungsform als Hel („Höhle" = Grabkammer), d.h. als die gefürchtete Herrin des Totenreiches als „Trollfrau" bezeichnet.

Die Höhlen, in der die Trolle leben, sind die Grabkammern (Hel). Das Meer, in dem sie manchmal wohnen, ist entsprechend die Wasserunterwelt (Ran).

XIV Meermenschen

XIV 1. Wortschatz

Der Ursprung der Meermenschen, die in der Mythologie der Indogermanen weit verbreitet sind, ist die Wasserunterwelt, in der sich die Toten befinden. Aus diesen Geistern im Wasser-Jenseits wurden im Laufe der Zeit dann im Wasser lebende Fabelwesen.

Im Altnordischen wurden die Meer-Menschen mit verschiedenen Namen bezeichnet:

mar-gygr   = „Meer-Riesin"
mar-mennill   = „Meer-Mensch"
sjo-gygr   = „See-Riesin" („See" im Sinne von „Meer")
sjo-kona   = „See-Frau" („See" im Sinne von „Meer")

XIV 2.   Meermenschen-Geschichten

XIV 2. a)   Die Saga über die Bewohner von Eyre

Die Meer-Menschen waren im allgemeinen gefürchtet:

Spät am Abend sagte Geirrid zu Gunnlaug: „Ich will nicht, daß Du heute Nacht noch heimgehst, denn es ist eine Nacht, in der viele Meer-Leute unterwegs sind und viele Hexen haben ein schönes Gesicht – und Du scheinst mir im Augenblick nicht wie ein Glück-gesegneter Mann auszusehen."

XIV 2. b)   Die Saga über Half und seine Helden

Die Meer-Menschen sind weise und können die Zukunft vorhersehen. Sie sind offenbar Jenseits-Wesen, da diese Wesen diese Fähigkeiten haben. Aus diesem Grunde werden auch so oft die Toten beschworen, um von ihnen Rat und Hilfe zu erlangen (siehe „Utiseta" in Band 50)

In jenem Herbst gingen Vater und Sohn, Handir und Hrindir, fischen und fingen einen Meermann. Sie nahmen ihn mit zu Hjorleif. Der König befahl ihn in die Hände einer Frau an seinem Hof und trug ihr auf, gut für ihn zu sorgen. Niemand bekam ein Wort aus ihm heraus.

Die Kerzenjungen vergnügten sich und rangelten miteinander und löschten die Lichter. In dem Augenblick zerrte Hild mit einem Horn an Aesas Mantel. Der König schlug sie mit seiner Hand, aber Hild sagte, daß es der Hund gewesen sei. Da schlug der König den Hund.

Da lachte der Meermann. Der König frug ihn, warum er lache. Er sagte: „Weil Du dumm warst – diese beiden werden Dein Leben retten."

Der König bat ihn, mehr zu erzählen. Er antwortete nicht. Da befahl der König, ihn zurück zum Meer zu bringen und frug ihn, was er wissen müsse.

Als er zurück zum Meer kam, sang der Meermann:

*„Fern im Süden auf dem Meer
sehe ich Lichter,
einen dänischen König,
der seine Tochter rächen will.*

Draußen im Hafen
liegen ungezählte Schiffe,
Hjorleif wird eingeladen
zu einem Insel-Kampf.

Sei vorsichtig, König,
vor dem, was kommt -
Ich gehe nun zurück
ins Meer."

Ein „Insel-Kampf" ist ein Zweikampf („Holmgang").

Und als sie dorthin hinausruderten, wo sie ihn gefangen hatten, sang er:

„Ich kann den Söhnen Norwegens
eine Geschichte erzählen,
oh, eine wunderschöne,
wenn ihr sie hören wollt:

Odins Tochter
kommt nach Norden,
ganz mit Blut befleckt
von Dänemarks Küste.

Sie trägt einen Helm
auf ihrem Haupt,
einen runden Schlachten-Schutz,
sie zögert nicht.

Nicht mehr lange müssen
die Jungen nun noch warten,
denn der Krieg ist unterwegs;
sie wird nicht warten.

Schildränder werden bersten,
die Augen der Maid blitzen
über dieses Land,
auf die Verletzer der Männer,
Schwert-Herr.

Für alle Krieger hier
für jeden Mann
wird es viele Speere geben,
wenn der große Stahl-Sturm kommt.

Aber wenn dies wahr ist,
wenn es übel endet,
werdet ihr alle schmerzlich
für das Jahr bezahlt haben,
wenn der Frühling kommt."

Da ließ ihn König Hiorleif über Bord steigen. Aber zuvor ergriff ihn ein Mann bei der Hand und frug: „Was ist das Beste für einen Menschen?"
Der Meermann antwortete:

„Kühles Wasser für die Augen,
Fleisch für die Zähne,
Leinen für den Leib;
laßt mich zurück ins Meer!

Niemand wird mich
von nun an mehr zerren:
ins Boot hinein,
vom Meeresboden herauf!"

XIV 2. c) Völsungen-Saga

In dieser Saga findet sich eine hilfsbereite Seefrau.

Er suchte hin und wieder nach einem Schiffersmann.
Da hört' er Wasser rauschen; zu lauschen hub er an.
In einem schönen Brunnen tat das manch weises Weib:
Die gedachten da im Bade sich zu kühlen den Leib.

Hagen ward ihrer inne, da schlich er leis heran;
Sie eilten schnell von hinnen, als sie den Helden sahn.
Daß sie ihm entrannen, des freuten sie sich sehr.
Da nahm er ihre Kleider und schadet' ihnen nicht mehr.

Da sprach das eine Meerweib, Hadburg war sie genannt:
„Hagen, edler Ritter, wir machen euch bekannt,
Wenn ihr uns dagegen die Kleider wiedergebt,
Was ihr auf dieser Reise bei den Heunen erlebt. "

Sie schwammen wie die Vögel schwebend auf der Flut.
Da daucht ihn ihr Wissen von den Dingen gut:
So glaubt' er um so lieber, was sie ihm wollten sagen.
Sie beschieden ihn darüber, was er begann sie zu fragen.

Der Frauenname „Hadburg" bedeutet „Seeburg". Das Wort „haf" für „See, Meer" findet sich noch in dem heutigen „Haff" für „vom Meer durch Inseln oder Landzungen teilweise abgetrennter Bereich".

Diese Nixe ist vermutlich die Vorgängerin der Loreley, die auf dem Felsen am Rhein sitzt und durch ihr Singen die Schiffer ablenkt, sodaß ihre Schiffe in den starken Strömungen vor dieser Klippe kentern und versinken.

Diese Nixen sind aus dem Motiv der Vereinigung der Toten mit der Göttin in der Wasserunterwelt entstanden – und nun zu dem Tod im tiefen Wasser durch die erotischen Verlockungen der schönen Frauen umgedeutet worden.

In dieser Szene in Nibelungenlied sind die Wasserfrauen eine Mischung aus Nixen und Walküren. In der Wielandsage und an anderen Stellen sind die Kleider der Wasserfrauen noch die Schwanenhemden der Walküren.

Sie sprach: „Ihr mögt wohl reiten in König Etzels Land:
Ich setz euch meine Treue dafür zum Unterpfand:
Niemals fuhren Helden noch in ein fremdes Reich
Zu so hohen Ehren: in Wahrheit, ich sag es euch. "

Der Rede war da Hagen im Herzen froh und hehr!
Die Kleider gab man ihnen und säumte sich nicht mehr.
Als sie umgezogen ihr wunderbar Gewand,
Vernahm er erst die Wahrheit von der Fahrt in Etzels Land.

Da sprach das andre Meerweib mit Namen Siegelind:
„Ich will Dich warnen, Hagen, Aldrianens Kind.
Meine Muhme hat Dich der Kleider halb belogen:
Und kommst Du zu den Heunen, so bist Du übel betrogen.

Da Hagen die Namensversion des Nibelungenliedes von „Högni" ist, müßte „Aldrian" („der Alte") dem Giuki entsprechen.

„Wieder umzukehren, wohl wär es an der Zeit,
Dieweil ihr kühnen Helden also geladen seid,
Daß ihr müßt ersterben in der Heunen Land:
Wer da hinreitet, der hat den Tod an der Hand."

Da sprach aber Hagen: „Ihr trügt mich ohne Not:
Wie sollte das sich fügen, daß wir alle tot
Blieben bei dem Hofgelag durch jemandes Groll?"
Da sagten sie dem Degen die Märe deutlich und voll.

Da sprach die Eine wieder: „Es muß nun so geschehn,
Keiner wird von euch allen die Heimat wiedersehn
Als der Kaplan des Königs: das ist uns wohlbekannt,
Der kommt geborgen wieder heim in König Gunthers Land."

Ingrimmen Mutes sprach der kühne Hagen:
„Das ließen meine Herren schwerlich sich sagen,
Wir verlören bei den Heunen Leben all und Leib;
Nun zeig uns übers Wasser, allerweisestes Weib."

Sie sprach: „Willst Du nicht anders und soll die Fahrt geschehn,
So siehst Du überm Wasser eine Herberge stehn:
Darin ist ein Ferge und sonst nicht nah noch fern."
Weiter nachzufragen, des begab er nun sich gern.

Ein Ferge oder Ferger ist ein Fährmann.

XIV 2. d)   Högni (Faröer-Lied)

Am häufigsten ist wie auch in diesem Lied von Seefrauen die Rede. Sie sind vermutlich sowohl aus der Vorstellung von toten Frauen im Wasser-Jenseits als auch von der Wiedergeburts-Göttin im Jenseits heraus entstanden. Sie entsprechen daher der Göttin Ran.

Das ist Högni Jukis Sohn, der reitet längs dem Strande,
Da trifft er eine Seefrau auf dem weißen Sande.
„Heil und Glück! Du Seefrau, sag mir Wahrheit davon:
Ich reite nun ins Hunnenland, komm' ich gesund zurück?"

„Hör' das, Högni Jukis Sohn, ich sag' Dir Wahrheit davon:
Reitest Du ins Hunnenland, so kommst Du nicht zurück.
Hör' das, Högni Jukis Sohn, ich sag' Dir trübe Pein:
Wenn Du fährst ins Hunnenland, so kommst Du nicht heim."

Das war Högni Jukis Sohn, der schwang sein Schwert:
Er hieb diese Seefrau gesondert in zwei Stücke.
Er nimmt ihr blutiges Haupt, wirft's hinaus in den Sund;
Den Bauch schleudert er hinterher, sie sammeln sich beide im Grund.

„Lieg nun hier, Du böses Wesen, Du gar übles Weib,
Ich werde reiten ins Hunnenland und Sieg über Kempen gewinnen!"

XIV 2. e) Sagen der Gebrüder Grimm:
Der Wassermann an der Fleischerbank

Bisweilen gehen die Menschen nicht gerade freundlich mit den Wassermännern um.

Der Wassermann kam auch wöchentlich in die Stadt zur Fleischerbank, sich da einzukaufen, und wiewohl seine Kleidung etwas anders war als der übrigen Menschen, ließ ihn doch jeder gewähren und dachte sich weiter nichts Besonders dabei. Allein er bezahlte immer nur mit alten durchlöcherten Groschen.

Daran merkte ihn zuletzt ein Fleischer und sprach: „Wart, den will ich zeichnen, daß er nicht wiederkommt."

Jetzt, wie der Wassermann wiederkam und Fleisch kaufen wollte, ersah's der Metzger und ritzte ihn flugs mit dem Messer in den ausgestreckten Finger, worin er das Geld hinreichte, so daß sein Blut floß. Seit der Zeit ist der Wassermann ganz weggeblieben.

XIV 2. f) Sagen der Gebrüder Grimm:
Der Mummelsee

In den meisten Fällen gehen die Wasser-Menschen ihren eigenen Geschäften nach und wollen lediglich nicht gestört werden.

Im Schwarzwald, nicht weit von Baden, liegt ein See, auf einem hohen Berg, aber unergründlich. Wenn man ungerad, Erbsen, Steinlein oder was anders, in ein Tuch bindet und hineinhängt, so verändert es sich in gerad, und also, wenn man gerad hineinhängt, in ungerad. So man einen oder mehr Steine hinunterwirft, trübt sich der heiterste Himmel, und ein Ungewitter entsteht, mit Schloßen und Sturmwinden. Die Wassermännlein tragen auch alle hineingeworfenen Steine sorgfältig wieder heraus ans Ufer.

Da einst etliche Hirten ihr Vieh bei dem See gehütet, so ist ein brauner Stier daraus gestiegen, sich zu den übrigen Rindern gesellend, alsbald aber ein Männlein nachgekommen, denselben zurückzutreiben, auch da er nicht gehorchen wollen, hat es ihn verwünscht, bis er mitgegangen.

Ein Bauer ist zur Winterszeit über den hartgefrorenen See mit seinen Ochsen und einigen Baumstämmen ohne Schaden gefahren, sein nachlaufendes Hündlein aber ertrunken, nachdem das Eis unter ihm gebrochen.

Ein Schütz hat im Vorübergehen ein Waldmännlein darauf sitzen sehen, den Schoß voll Geld und damit spielend; als er darauf Feuer geben wollen, so hat es sich niedergetaucht und bald gerufen: wenn er es gebeten, so hätte es ihn leicht reich gemacht, so aber er und seine Nachkommen in Armut verbleiben müßten.

Eines Males ist ein Männlein auf späten Abend zu einem Bauern auf dessen Hof gekommen, mit der Bitte um Nachtherberg. Der Bauer, in Ermangelung von Betten, bot ihm die Stubenbank oder den Heuschober an, allein es bat sich aus, in den Hanfräpen zu schlafen.

„Meinethalben", hat der Bauer geantwortet, „wenn Dir damit gedienet ist, magst Du wohl gar im Weiher oder am Brunnentrog schlafen."

Auf diese Verwilligung hat es sich gleich zwischen die Binsen und das Wasser eingegraben, als ob es Heu wäre, sich darin zu wärmen. Frühmorgens ist es herausgekommen, ganz mit trockenen Kleidern, und als der Bauer sein Erstaunen über den wundersamen Gast bezeiget, hat es erwidert: Ja, es könne wohl sein, daß seinesgleichen nicht in etlich hundert Jahren hier übernachtet. Von solchen Reden ist es mit dem Bauer so weit ins Gespräch kommen, daß es solchem vertraut, es sei ein Wassermännlein, welches sein Gemahl verloren und in dem Mummelsee suchen wolle, mit der Bitte, ihm den Weg zu zeigen.

Unterwegs erzählte es noch viel wunderliche Sachen, wie es schon in viel Seen sein Weib gesucht und nicht gefunden, wie es auch in solchen Seen beschaffen sei. Als sie zum Mummelsee gekommen, hat es sich untergelassen, doch zuvor den Bauer zu verweilen gebeten, so lange bis zu seiner Wiederkunft, oder bis es ihm ein Wahrzeichen senden werde. Wie er nun ungefähr ein paar Stunden bei dem See aufgewartet, so ist der Stecken, den das Männlein gehabt, samt ein paar Handvoll Bluts mitten im See durch das Wasser heraufgekommen und etliche Schuh hoch in die Luft gesprungen, dabei der Bauer wohl abnehmen können, daß solches das verheißene Wahrzeichen *gewesen.*

Ein Herzog zu Württemberg ließ ein Floß bauen und damit auf den See fahren, dessen Tiefe zu ergründen. Als aber die Messer schon neun Zwirnnetz hinunter-gelassen und immer noch keinen Boden gefunden hatten, so fing das Floß gegen die Natur des Holzes zu sinken an, also daß sie von ihrem Vorhaben ablassen und auf ihre Rettung bedacht sein mußten. Vom Floß sind noch Stücke am Ufer zu sehen.

XIV 2. g)   Sagen der Gebrüder Grimm: Bruder Nickel

Der Wassermann scheint nicht gerne in seinem Bereich von den Menschen gestört zu werden.

Auf der Insel Rügen liegt in einem dichten Walde ein tiefer See, fischreich, aber trüb von Wasser, und kann man nicht wohl darauf fischen. Doch aber unterstanden's vor langen Jahren etliche Fischer und hatten ihren Kahn schon auf den See gebracht.

Den andern Tag holten sie zu Haus ihre Netze, als sie wiederkehrten, war das Schiffel oder der Kahn verschwunden; da schaute der eine Fischer um und sah das Fahrzeug oben auf einem hohen Buchbaum stehen, deswegen schrie er: „Wer Teufel hat mir den Kahn auf den Baum gebracht?"

Da antwortete aus der Nähe eine Stimme, aber man sah niemand, und sprach: „Das haben nicht alle Teufel, sondern ich mit meinem Bruder Nickel getan!"

XIV 2. h)   Sagen der Gebrüder Grimm: Der Wassermann und der Bauer

Der Wassermann hält die Seelen der Ertrunken bei sich gefangen. Dies Motiv könnte eine Umdeutung des Göttervaters Tyr in der Wasserunterwelt sein.

Ein Merkmal, durch das man Wassermännern an Land von normalen Menschen unterscheiden kann, sind ihre grünen Zähne.

Der Wassermann schaut wie ein anderer Mensch, nur daß, wenn er den Mund bleckt, man ihm seine grünen Zähne sieht. Auch trägt er grünen Hut. Er zeigt sich den Mädchen, wenn sie am Teich vorübergehen, mißt Band aus und wirft's ihnen zu.

Einmal lebte er in guter Nachbarschaft mit einem Bauer, der unweit des Sees wohn-te, besuchte ihn manchmal und bat endlich, daß der Bauer ihn ebenfalls unten in seinem Gehäus besuchen möchte. Der Bauer tat's und ging mit. Da war unten im Wasser alles wie in einem prächtigen Palast auf Erden, Zimmer, Säle und Kammern voll mancherlei Reichtum und Zierat.

Der Wassermann führte den Gast aller Enden umher und wies ihm jedes, endlich gelangten sie in ein kleines Stübchen, wo viel neue Töpfe umgekehrt, die Öffnung bodenwärts, standen. Der Bauer fragte, was das doch wäre. „Das sind die Seelen der Ertrunkenen, die hebe ich unter den Töpfen auf und halte sie damit fest, daß sie nicht entwischen können."

Der Bauer schwieg still und kam hernach wieder heraus ans Land. Das Ding mit den Seelen wurmte ihn aber lange Zeit, und er paßte dem Wassermann auf, daß er einmal ausgegangen sein würde.

Als das geschah, hatte der Bauer den rechten Weg hinunter sich wohl gemerkt, stieg in das Wasserhaus und fand auch jenes Stübchen glücklich wieder; da war er her, stülpte die Töpfe um, einen nach dem andern, alsbald stiegen die Seelen der ertrunkenen Menschen hinauf in die Höhe aus dem Wasser und wurden wieder erlöst.

XIV 2. i) Sagen der Gebrüder Grimm:
Der Schwimmer

Manchmal greifen die Wassermänner die Menschen an, die im Wasser baden.

In Meißen hat es sich zugetragen, daß etliche Bäckersknechte am Pfingstfest unter der Predigt hinausgegangen sind und oberhalb der Ziegelscheune, gleich dem Baumgarten gegenüber, in der Elbe gebadet. Einer unter ihnen, der sich auf seine Fertigkeit im Schwimmen verlassen, hat zu seinen Gesellen gesagt, wofern sie ihm einen Taler aussetzen, wollte er dreimal nacheinander unausgeruht dies Wasser hin und her beschwimmen. Den zwei andern kam das unglaublich vor, und sie willigten ein.

Nachdem der verwegene Mensch es zweimal vollbracht und nun zum drittenmal nach dem Sieben-Eichen-Schloß zu hinüberschwimmen wollte, da sprang ein großer Fisch, wie ein Lachs, vor ihm in die Höhe und schlug ihn mit sich ins Wasser hinab, also daß er ertrinken mußte.

Man hat ihn noch selbiges Tages gesucht und oberhalb der Brücke gefunden: am ganzen Leibe waren gezwickte Mäler, von Blut unterlaufen, zu sehen, und man konnte gar leicht die Narben erkennen, die ihm der Nix oder Wassergeist gemacht.

XIV 2. j) Sagen der Gebrüder Grimm:
Tanz mit dem Wassermann

Manchmal entführt der Wassermann schöne Frauen.

Zu Laibach hat in dem gleichbenannten Fluß ein Wassergeist gewohnt, den man den Nix oder Wassermann hieß. Er hat sich sowohl bei Nacht den Fischern und Schiffleuten als bei Tag andern gezeigt, daß jedermann zu erzählen wußte, wie er aus dem Wasser hervorgestiegen sei und in menschlicher Gestalt sich habe sehen lassen.

Im Jahre 1547 am ersten Sonntag im Julius kam nach alter Sitte zu Laibach auf dem alten Markt bei dem Brunnen, der durch eine dabeistehende schöne Linde lustig beschattet war, die ganze Nachbarschaft zusammen. Sie verzehrten in freundlicher und nachbarlicher Vertraulichkeit bei klingendem Spiel ihr Mahl und huben darauf mit dem Tanze an.

Nach einer Weil trat ein schöngestalter, wohlgekleideter Jüngling herzu, gleich als wollte er an dem Reigen teilnehmen. Er grüßte die ganze Versammlung höflich und bot jedem Anwesenden freundlich die Hand, welche aber ganz weich und eiskalt war und bei der Berührung jedem ein seltsames Grauen erregte.

Hernach zog er ein wohlaufgeschmücktes und schöngebildetes, aber frisches und freches Mägdlein von leichtfertigem Wandel, das Ursula Schäferin hieß, zum Tanze auf, die sich in seine Weise auch meisterlich zu fügen und in alle lustige Possen zu schicken wußte. Nachdem sie eine Zeitlang miteinander wild getanzt, schweiften sie von dem Platz, der den Reigen zu umschränken pflegte, immer weiter aus, von jenem Lindenbaum nach dem Sitticher Hofe zu, daran vorbei, bis zu der Laibach, wo er in Gegenwart vieler Schiffleute mit ihr hineinsprang, und beide vor ihren Augen verschwanden.

Der Lindenbaum stand bis ins Jahr 1638, wo er altershalben umgehauen werden mußte.

XIV 2. k) Sagen der Gebrüder Grimm:
Schlitzöhrchen

Viele der Wassergeister bedrohen die Menschen mit dem Tod, was zu einem großen Teil wohl eine „Erklärung" der Tode der Menschen im Wasser durch Ertrinken in Strudeln o.ä. sein wird.

Leute, die unter Mellrichstadt über das Flüßchen Streu gehen, werden durch einen Wassergeist, Schlitzöhrchen genannt, in den Fluß getaucht und oftmals ersäuft.

XIV 2. l)   Sagen der Gebrüder Grimm:
Der Wassermann

In dieser Sage wird ein Wassermann als ein Frauen-raubender Menschenfresser geschildert.

Gegen das Jahr 1630 erzählte in der Pfarrei zu Breulieb, eine halbe Meile von Saalfeld, in Gegenwart des Priesters eine alte Wehmutter folgendes, was ihrer Mutter, ebenfalls Kinderfrau daselbst, begegnet sei:

Diese letzte wurde einer Nacht gerufen, schnell sich anzuziehen und zu kreißenden Frauen mitzukommen. Es war finster, doch machte sie sich auf und fand unten einen Mann warten, zu dem sagte sie: er möchte nur verziehen, bis sie sich eine Leuchte genommen, dann wollte sie nachfolgen; er aber drang auf Eile, den Weg würde er schon ohne Licht zeigen, und sie sollten nicht irren. Ja, er verband ihr noch dazu die Augen, daß die Frau erschrak und schreien wollte, allein der Mann sprach ihr Trost ein:

Leid werde ihr gar nicht widerfahren, sondern sie könne furchtlos mitgehen. Also gingen sie miteinander; die Frau merkte darauf, daß er mit einer Rute ins Wasser schlug und sie immer tiefer hinuntergingen, bis sie in eine Stube kamen. In der Stube war niemand als die Schwangere. Der Gefährte tat ihr nunmehr das Band von den Augen, führte sie vors Bett und ging, nachdem er sie seiner Frauen anbefohlen, selber hinaus. Hierauf half sie das Kindlein zur Welt befördern, brachte die Kindbetterin zu Bett, badete das Kindlein und verrichtete alle notwendigen Sachen dabei. Aus heimlicher Dankbarkeit warnungsweise hob die Wöchnerin an, zur Wehmutter zu sprechen:

„Ich bin sowohl als Ihr ein Christenmensch und entführt worden von einem Wassermann, der mich ausgetauscht hat. Wenn ich nun ein Kind zur Welt bringe, frißt er mir's allemal den dritten Tag; kommet nur am dritten Tag zu Eurem Teich, da werdet Ihr Wasser in Blut verwandelt sehen. Wenn mein Mann jetzt hereinkommt und Euch Geld bietet, so nehmet ja nicht mehr Geld von ihm, als Ihr sonst zu kriegen pflegt, sonst dreht er Euch den Hals um, nehmt Euch ja in acht."

Indem kam der Mann, zornig und bös aussehend, hinein, sah um sich und befand, daß alles hübsch abgelaufen, lobete darum die Wehmutter. Hernach warf er einen großen Haufen Geld auf den Tisch, mit den Worten: „Davon nehmt Euch, soviel Ihr wollt."

Sie aber, gescheit, antwortete etlichemal: „Ich gehre von Euch nichts mehr denn von andern, welches dann ein geringes Geld gewesen; und gebt Ihr mir das, hab ich gnug dran; oder ist Euch auch das zuviel, verlange ich gar nichts, außer daß Ihr mich nach Haus bringet."

Er hub an. „Das hieß Dich Gott sprechen."

Zahlte ihr soviel Geld und geleitete sie richtig nach Haus. An den Teich zu gehen wagte sich aber den bestimmten Tag die Wehefrau nicht, aus Furcht.

XIV 2. m)   Sagen der Gebrüder Grimm:
Der Nixenbrunnen

Nixen sind weitaus bekannter als Wassermänner. Im allgemeinen werden sie schöne junge Frauen geschildert.

Nicht weit von Kirchhain in Hessen liegt ein sehr tiefer See, welcher der Nixenbronn heißt, und oftmals erscheinen die Nixen, an dessen Gestad sich zu ersonnen.
Die Mühle daran heißt gleichfalls die Nixenmühle.
Auch zu Marburg soll 1615 in der Lahn bei der Elisabether Mühle ein Wassernix gesehen worden sein.

XIV 2. n)   Sagen der Gebrüder Grimm:
Der Döngesee

Meistens besteht zwischen den Meer-Menschen und den normalen Menschen Frieden, der jedoch immer wieder durch die Menschen gestört wird.

Bei dem Dorfe Dönges in Hessen liegt der Dönges- oder Hautsee, der an einem gewissen Tage im Jahr ganz blutrot wird. Davon gibt es folgende Sage:
Einmal war im Dorfe Dönges Kirmes, und dazu kamen auch zwei fremde, unbekannte, aber schöne Jungfrauen, die mit den Bauersburschen tanzten und sich lustig machten, aber nachts zwölf Uhr verschwunden waren, während doch Kirmes Tag und Nacht fortdauert. Indes waren sie am andern Tag wieder da, und ein Bursche, dem es lieb gewesen, wenn sie immer geblieben wären, nahm einer von ihnen während des Tanzes die Handschuhe weg.
Sie tanzten nun wieder mit, bis Mitternacht herannahte, da wollten sie fort, und die eine ging und suchte nach ihren Handschuhen in allen Ecken. Da sie solche nirgends finden konnte, ward sie ängstlich, als es aber während des Suchens zwölf Uhr schlug, so liefen sie beide in größter Angst fort, gerade nach dem See, und stürzten sich hinein. Am andern Tag war der See blutrot und wird es an selbigem noch jedesmal im Jahr. An den zurückgebliebenen Handschuhen waren oben kleine Kronen zu sehen.
Es wird auch erzählt, daß in einer Nacht zwei Reiter vor das Haus einer Kinderfrau

kamen, sie weckten und sie mitgehen hießen. Als sie sich weigerte, brauchten sie Gewalt, banden sie aufs Pferd und jagten mit ihr fort zum Döngessee, wo sie ihrer Königin in Kindesnöten Beistand leisten sollte. Sie sah viel wundersame Dinge, große Schätze und Reichtümer, mußte aber schwören, keinem Menschen je etwas davon zu sagen.

Nachdem sie einen ganzen Tag unten geblieben war, ward sie, reichlich beschenkt, in der Nacht wieder heraufgebracht. Nach vielen Jahren erkrankte sie und konnte nicht sterben, bis sie dem Pfarrer alles entdeckt hatte.

XIV 2. o) Sagen der Gebrüder Grimm:
Die Magdeburger Nixen

Die Nixen ziehen oft Männer in die Tiefe hinab. Dies könnte eine Umdeutung der Jenseitsgöttin der Wasserunterwelt sein, die ursprünglich dort die Toten wiedergeboren hat. Die der Wiedergeburt vorausgehende Wiederzeugung war ein geeigneter Anknüpfungspunkt für die Umdeutung der Jenseitsgöttin zu einer die Seefahrer und Schwimmer u.ä. durch ihre erotische Verlockung in die tödliche Tiefe hinabziehende Nixe. Hier ist wieder einmal die Hilfe im jenseits zu einer Ursache des Todes geworden …

Diese Entwicklung kann man bereits bei den Germanen bei den Göttinnen Ran und Hel beobachten, die bereits weitgehend von der Wiederzeugungs-Geliebten der Toten im Jenseits zu der gefürchteten Herrin des Jenseits geworden war.

Auch über Ran wird berichtet, daß sie die Seefahrer in die Tiefe zu ziehen versucht.

Zu Magdeburg an einer Stelle der Elbe ließ sich oft die Nixe sehen, zog die überschwimmenden Leute hinab und ersäufte sie.

Kurz vor der Zerstörung der Stadt durch Tilly schwamm ein hurtiger Schwimmer um ein Stück Geld hinüber; als er aber herüber wollt und an den Ort geriet, wurde er festgehalten und hinuntergerissen. Niemand konnte ihn retten, und zuletzt schwamm sein Leichnam ans Ufer.

Zuweilen soll sich das Meerwunder am hellen Tag und bei scheinender Sonne zeigen, sich ans Ufer setzen oder auf die Äste anstehender Bäume und wie schöne Jungfrauen lange, goldgelbe Haare kämmen. Wenn aber Leute nahen, hüpft es ins Wasser.

Einmal, weil das Brunnenwasser hart zu kochen ist, das Elbwasser aber weit und mühselig in die Stadt getragen werden muß, wollte die Bürgerschaft eine Wasserleitung bauen lassen. Man fing an, große Pfähle in den Fluß zu schlagen, konnte aber bald nicht weit vorrücken.

Denn man sah einen nackenden Mann in der Flut stehen, der mit Macht alle eingesetzten Pfähle ausriß und zerstreute, so daß man den vorgenommenen Bau wieder einstellen mußte.

XIV 2. p)   Sagen der Gebrüder Grimm:
Die Elbjungfer und das Saalweibchen

Das Verlieben eines Mannes in eine Nixe endet meistens tödlich … was eine Umdeutung der ehemals hilfreichen Jenseitsgöttin in der Wasser-unterwelt zu der eigentliche Ursache des Todes sein wird.

Zu Magdeburg weiß man von der schönen Elbjungfer, die zuweilen aus dem Fluß heraufkam, um an dem Fleischermarkt einzukaufen. Sie trug sich bürgerlich, aber sehr reinlich und sauber, hatte einen Korb in der Hand und war von sittsamer Gebärde. Man konnte sie in nichts von andern Mädchen unterscheiden, außer, wer genau achtgab und es wußte, der eine Zipfel ihrer schloßenweißen Schürze war immer naß, zum Zeichen ihrer Abkunft aus dem Fluß.

Ein junger Fleischergesell verliebte sich in sie und ging ihr nach, bis er wußte, woher sie kam und wohin sie zurückkehrte, endlich stieg er mit ins Wasser hinab.

Einem Fischer, der den Geliebten beistand und oben am Ufer wartete, hatte sie gesagt, wenn ein hölzerner Teller mit einem Apfel aus dem Strom hervorkommen sei's gut, sonst aber nicht. Bald aber schoß ein roter Strahl herauf, zum Beweis, daß den Verwandten der Elbjungfer der Bräutigam mißfallen und sie ihn getötet.

Es gibt aber hiervon auch abweichende andere Erzählungen, nach welchen die Braut hinabgestiegen und der Jüngling am Ufer sitzengeblieben war, um ihren Bescheid abzuwarten. Sie wollte unten bei ihren Eltern um die Erlaubnis zur Heirat bitten, aber die Sache erst ihren Brüdern sagen; statt aller Antwort erschien oben ein Blutflecken; sie hatten sie selbst ermordet.

- - -

Aus der Saale kamen auch zuweilen die Nixfrauen in die Stadt Saalfeld und kauften Fleisch auf der Bank. Man unterschied sie allein an den großen und gräßlichen Augen und an dem triefenden Schweif ihrer Röcke unten. Sie sollen vertauschte Menschenkinder sein, statt deren die Nixen ihre Wechselbälge oben gelassen haben. Zu Halle vor dem Tore liegt gleichfalls ein rund Wasser, der Nixteich genannt, aus dem die Weiber kommen in die Stadt, ihre Notdurft zu kaufen, und ebenmäßig an ihren nassen Kleidersäumen zu erkennen sind. Sonst haben sie Kleider, Sprache, Geld wie wir andern auch.

- - -

Unweit Leipzig ist ein Nixweiblein oft auf der Straße gesehen worden. Es ist unter andern Bauersweiblein auf den Wochenmarkt mit einem Tragkorbe gegangen, Lebensmittel einzukaufen.

Ebenso ging es auch wieder zurück, redete aber mit niemandem ein einziges Wort; grüßte und dankte auch keinem auf der Straße, aber, wo es etwas einkaufte, wußte es so genau wie andere Weiber zu dingen und zu handeln.

Einmal gingen ihr zwei auf dem Fuß nach und sahen, wie sie an einem kleinen Wasser ihren Tragkorb niedersetzte, der im Augenblick mit dem Weiblein verschwunden war. In der Kleidung war zwischen ihr und andern kein Unterschied, außer daß ihre Unterkleider zwei Hände breit naß waren.

XIV 2. q)   Sagen der Gebrüder Grimm:
Die Wassernixe und der Mühlknappe

Bisweilen nehmen die Wasser-Menschen auch Rache an den Menschen, die sie bedrohen.

Zwei Mühlknappen gehen an einem Fluß; als der eine ungefähr übers Wasser sieht, erblickt er eine Nixe daraufsitzend und ihre Haare kämmend. Er faßt seine Büchse und legt an, sie zu schießen, aber die Nixe springt in den Fluß, winkt mit den Fingern und verschwindet darauf. Das alles war so geschwind und unvermerkt vorgegangen, daß der andere Knappe, der vorangewandert, nichts davon gesehen und erfahren, bis es ihm sein Gefährte bald erzählte. Drauf hat es sich begeben, daß dieser Gefährte am dritten Tage ertrank, wie er sich hat baden wollen.

XIV 2. r)   Sagen der Gebrüder Grimm:
Wasserrecht

Es wird allgemein befürchtet, daß man beim Baden von Nixen und Wassermännern in die Tiefe gezogen werden könnte.

Bei Leipzig, wo die Elster in die Pleiße fällt, pflegt im Sommer das junge Volk zu baden, aber das Wasser hat da einen betrüglichen Lauf, zuweilen Untiefen, zuweilen Sandbänke, besonders an einem Ort, welcher das Studentenbad genannt wird. Davon, wie von andern Flüssen, ist gemeine Sage, daß es alle Jahr einen Menschen haben müsse, wie auch fast jeden Sommer ein Mensch darin ertrinkt, und wird davon geglaubt, daß die Wassernixe einen hinunterziehe.

Man erzählt, daß die Nixen vorher auf dem Wasser zu tanzen pflegen, wann einer ertrinken wird.

Kindern, die baden wollen und am Ufer stehen, rufen die Eltern in Hessen warnend zu: „Der Nöcken (Nix) möchte Dich hineinziehen!"

- - -

Folgenden Kinderreim hat man:

„Nix in der Grube,
Ddu bist ein böser Bube,
wasch Dir deine Beinchen
mit roten Ziegelsteinchen!"

XIV 2. s)   Sagen der Gebrüder Grimm:
Das ertrunkene Kind

Die Vorstellung, daß die Wasser-Menschen jedes Jahr ein Opfer fordern, ist weit verbreitet.

Man pflegt vielerlei von den Wassern zu erzählen, und daß der See oder der Fluß alle Jahre ein unschuldiges Kind haben müsse; aber er leide keinen toten Leichnam und werfe ihn früh oder spät ans Ufer aus, ja sogar das letzte Knöchelchen, wenn es zu Grunde gesunken sei, müsse wieder hervor.

Einmal war einer Mutter ihr Kind im See ertrunken, sie rief Gott und seine Heiligen an, ihr nur wenigstens die Gebeine zum Begräbnis zu gönnen. Der nächste Sturm brachte den Schädel, der folgende den Rumpf ans Ufer, und nachdem alles beisammen war, faßte die Mutter sämtliche Beinlein in ein Tuch und trug sie zur Kirche. Aber, o Wunder! als sie in den Tempel trat, wurde das Bündel immer schwerer, und endlich, als sie es auf die Stufen des Altars legte, fing das Kind zu schreien an und machte sich zu jedermanns Erstaunen aus dem Tuche los. Nur fehlte ein Knöchelchen des kleinen Fingers an der rechten Hand, welches aber die Mutter nachher noch sorgfältig aufsuchte und fand. Dies Knöchelchen wurde in der Kirche unter anderen Reliquien zum Gedächtnis aufgehoben.

Die Schiffer und Fischerleute bei Küstrin in der Neumark reden ebenfalls von

237

einem den Oderstrom beherrschenden unbekannten Wesen, das jährlich sein bestimmtes Opfer haben müsse. Wem nun dies Schicksal zugedacht sei, für den werde der Wassertod unvermeidlich. Die Halloren zu Halle fürchten besonders den Johannestag.

Ein Graf Schimmelmann ging an diesem Tage doch in die Saale und ertrank.

XIV 2. t)   Sagen der Gebrüder Grimm:
Vor den Nixen hilft Dosten und Dorant

„Dost" ist wilder Salbei und Dorant ist Bertramsgarbe (Achillea ptarmica). Diese beiden Pflanzen sollen gegen Wasser-Menschen und gegen Gespenster schützen.

Eine hallische Wehmutter erzählte, daß folgendes ihrer Lehrmeisterin begegnet:

Diese wurde nachts zum Tor, welches offenstand, von einem Manne hinaus an die Saale geführt. Unterwegs bedräute sie der Mann, kein Wort zu sagen und ja nicht zu mucksen, sonst drehte er ihr bald den Hals um, übrigens sollte sie nur getrost sein.

Sie gedachte an Gott, der würde sie behüten, und ergab sich drein, denn sie ginge in ihrem Beruf. An der Saale nun tat sich das Wasser auf und weiter hinunter auch das Erdreich, sie stiegen allmählich hinab, da war ein schöner Palast, worin ein niedliches Weiblein lag. Der half die Wehmutter in Kindesnöten, unterdessen ging der Mann wieder hinaus.

Nach glücklicher Verrichtung ihres Amts redete mitleidend das Weibchen: „Ach, liebe Frau, nun jammert mich, daß Ihr hierbleiben müßt bis an den Jüngsten Tag, nehmt Euch wohl in acht; mein Mann wird Euch jetzt eine ganze Mulde voll Dukaten vorsetzen, nehmt nicht mehr, als Euch auch andre Leute zu geben pflegen für Eure Mühwaltung. Weiter, wenn Ihr zur Stube hinauskommt und unterwegs seid, greifet flugs an die Erde, da werdet Ihr Dosten und Dorant erfassen, solches haltet fest und lasset's aus der Hand nicht fahren. Dann werdet Ihr wieder auf freien Fuß kommen und zu Eurer Stelle geraten."

Kaum hatte sie ausgeredet, als der Nix, gelbkraus von Haar und bläulich von Augen, in die Stube trat; er hatte eine große Mulde voll Gold und setzte sie in dem schönen hellen Zimmer der Wehfrau vor, sprechend. „Sieh da, nimm, soviel Du willst."

Drauf nahm sie einen Goldgülden. Der Nix verzog sein Gesicht und machte grausame Augen und sprach: „Das hast Du nicht von Dir selber, sondern mit eines Weibes Kalbe gepflügt, die soll schon dafür leiden! Und nun komm und geh mit mir."

Drauf war sie aufgestanden, und er führte sie hinaus; da bückte sie sich flugs und griff in ihre Hand Dosten und Dorant.

Der Führer sagte dazu: „Das heißt Dich Gott sprechen, und das hast Du auch von meinem Weibe gelernt. Nun geh nur hin, wo Du herkommen bist."

Hierauf war sie aus dem Fluß ans Ufer gewesen, ging zur Stadt ein, deren Tore noch offenstanden, und erreichte glücklich ihr Haus.

- - -

Eine andere Hebamme, bürtig aus Eschätz bei Querfurt, erzählte Nachstehendes:

In ihrer Heimat war der Ehmann ausgegangen und hatte seine Frau als Kindbetterin zu Haus lassen müssen. Um Mitternacht kam der Nix vors Haus, nahm die Sprache ihres Mannes an und rief zum Gartenfenster hinein: sie solle schnell herauskommen, er habe ihr etwas Sonderlichs zu weisen.

Dies schien der Frau wunderlich, und sie antwortete: „Komm Du doch herein, aufzustehen mitten in der Nacht schickt sich für mich nicht. Du weißt ja, wo der Schlüssel liegt, draußen im Loch über der Haustür."

„Das weiß ich wohl, Du mußt aber herausgehen", und plagte sie so lang mit den Worten, daß sie sich zuletzt aufmachte und in den Garten trat.

Das Gespenst ging aber vor ihr her und immer tiefer hinab; sie folgte nach bis zu einem Wasser, unweit des Hauses fließend, mittlerweile sprach der Nix:

„Heb auf Dein Gewand,
    daß Du nicht fallst in Dosten und Dorant",

welche Kräuter eben viel im Garten wuchsen. Indem aber erblickte sie das Wasser und fiel mit Fleiß ins Kräutich hinein, augenblicklich verschwand der Nix und konnte ihr nichts mehr an- noch abgehaben.

Nach Mitternacht kehrte der Ehmann heim, fand Tür und Stube offen, die Kindermutter nicht im Bett, hub an erbärmlich zu rufen, bis er leise ihre Stimme im Garten vernahm und er sie aus dem Kraut wieder ins Zimmer brachte. Die Wehemütter halten deshalb gar viel auf diese Kräuter und legen sie allenthalben in Betten, Wiegen, Keller, tragen es an sich und lassen andere es bei sich stecken. Die Leipziger Krautweiber führen es häufig feil zu Markte.

Einmal soll auch ein Weib um Mittag in den Keller gegangen sein, Bier abzulassen. Da fing ein Gespenst drinnen an und sprach:

„Hättest Du bei Dir nicht Dosten,
    wollt ich Dir das Bier helfen kosten",

und man hört diesen Reim noch in andern Geschichten wiederkehren.

XIV 2. u)   Sagen der Gebrüder Grimm:
Des Nixes Beine

Es ist erstaunlich, wie oft die Hebammen zu den Wasser-Menschen gerufen werden, um bei einer Geburt zu helfen. Anscheinend ist das Unterwasser-Reich, in das die Seelen der Toten gehen, auch als der Ort angesehen worden, aus dem die Seelen bei der Geburt kommen.

Auf dieser Umdeutung beruht auch die Vorstellung, daß der Storch (Seelenvogel) die kleinen Kinder bringt.

In der Völsungen-Saga wird die Mutter des Völsung erst mit ihm schwanger, nachdem ihr Odin durch eine Walküre einen magischen Apfel aus dem Jenseits gesandt hat, der einer der Äpfel der Idun gewesen sein wird, die die Wiedergeburt gaben – und an dieser Stelle die Geburt des Völsung.

Eine Wehmutter, bürtig von Eschätz, eine halbe Meile von Querfurt, erzählte, zu Mitternacht sei in Merseburg ein Weib vor ein Balbierhaus gekommen, der nahe am Wasser gewohnet, und habe dem Fenster hineingeschrien: die Wehemutter solle doch herausgehen, welches sie anfänglich nicht tun wollen.

Endlich sei der Balbier mitgegangen, habe ein Licht bei sich gehabt und flugs nach des befürchteten Nixes Beinen gesehen. Darauf es sich niedergeduckt. Wie solches der Balbier gemerkt, da hat er es greulich ausgescholten und gehen heißen, darauf es verschwunden.

XIV 2. v)   Sagen der Gebrüder Grimm:
Die Magd bei dem Nix

Manchmal werden nicht nur Hebammen zu den Wasser-Menschen gerufen, sondern auch einfache Mägde, die dann länger dort bleiben.

Folgendes hat sich auf einem Dorf bei Leipzig zugetragen: Eine Dienstmagd kam unter das Wasser und diente drei Jahre lang bei dem Nix. Sie hatte es an einem guten Leben und allen Willen, ausgenommen, daß ihr Essen ungesalzen war. Dies nahm sie auch zur Ursache, wieder wegzuziehen.

Allein sie sagte noch weiter: „Nach dieser Zeit habe ich nicht über sieben Jahre zu leben, davon bleiben mir jetzo noch dreie.“

Sonst war sie immer traurig und simpel.

XIV 2. w) Sagen der Gebrüder Grimm:
Die Frau von Hahn und der Nix

Das Motiv, daß die Besucher in der Wasserwelt von den Wasser-Menschen einen Schatz angeboten bekommen, den sie aber nicht annehmen dürfen, weil sie sonst dort bleiben müssen, ist ein bei den Indogermanen weit verbreitetes Jenseitsreise-Motiv. Das ursprüngliche Motiv scheint zu sein, daß man in der Unterwelt keine Speisen annehmen darf.

Möglicherweise ist dies ein Motiv, daß aus der Umdeutung des Totenmahles heraus entstanden ist.

Eine vornehme Frau von Adel aus dem Geschlechte der von Hahn wurde einstmal durch einer Wassernixe Zofe abgerufen und genötigt, mit unter den Fluß zur Wehmutter zu gehen. Das Wasser teilte sich voneinander, und sie gerieten auf einem lustigen Weg tief ins Erdreich hinein, wo sie einem kleinen Weiblein in Kindes-schmerzen hilfreiche Hand leistete.

Nachdem alles glücklich verrichtet und die Frau von Hahn wegfertig war, willens nach Haus zu eilen, kam ein kleiner Wassermann herein, langte ihr ein Geschirr voll Asche und sagte: sie solle für ihre Mühe herausnehmen, soviel ihr beliebe.

Sie aber weigerte sich und nahm nichts; da sprach der Nix: „Das heißt Dich Gott sprechen, sonst hätte ich Dich wollen umbringen."

Darauf ging sie fort und wurde von der vorigen Zofe rücklings nach Haus gebracht.

Wie sie beide da waren, zog die Magd drei Stücke Goldes hervor, verehrte sie der adligen Frau und ermahnte, diesen Schatz wohl zu verwahren und nicht abhändig kommen zu lassen, sonst werde ihr Haus ganz durch Armut verderben, im andern Fall aber Hülle und Fülle in allen Sachen haben.

Drauf ging die Zofe weg, und die drei Stücke wurden unter die drei Söhne ausge-teilt; noch heute blühen zwei Stämme des Hauses, die ihren Schatz sorgsam aufhe-ben; das dritte Stück hingegen soll neulich von einer Frau verwahrlost worden sein, drüber sie armselig in Prag verstarb und ihre Linie eine Endschaft genommen hat.

XIV 2. x) Sagen der Gebrüder Grimm:
Die drei Jungfern aus dem See

Die Meer-Menschen haben mehrfach den Tod erlitten, weil die Menschen ihnen mit verschiedenen Listen das Geheimnis ihrer Herkunft entlocken wollten.

Zu Epfenbach bei Sinsheim traten seit der Leute Gedenken jeden Abend drei wunderschöne, weißgekleidete Jungfrauen in die Spinnstube des Dorfs. Sie brachten immer neue Lieder und Weisen mit, wußten hübsche Märchen und Spiele, auch ihre Rocken und Spindeln hatten etwas eigenes, und keine Spinnerin konnte so fein und behend den Faden drehen. Aber mit dem Schlag elf standen sie auf, packten ihre Rocken zusammen und ließen sich durch keine Bitte einen Augenblick länger halten.

Man wußte nicht, woher sie kamen, noch wohin sie gingen; man nannte sie nur: die Jungfern aus dem See oder die Schwestern aus dem See. Die Bursche sahen sie gern und verliebten sich in sie, zuallermeist des Schulmeisters Sohn. Der konnte nicht satt werden, sie zu hören und mit ihnen zu sprechen, und nichts tat ihm leider, als daß sie jeden Abend schon so früh aufbrachen.

Da verfiel er einmal auf den Gedanken und stellte die Dorfuhr eine Stunde zurück, und abends im steten Gespräch und Scherz merkte kein Mensch den Verzug der Stunde. Und als die Glocke elf schlug, es aber schon eigentlich zwölf war, standen die drei Jungfern auf, legten die Rocken zusammen und gingen fort.

Den folgenden Morgen kamen etliche Leute am See vorbei; da hörten sie wimmern und sahen drei blutige Stellen oben auf der Fläche. Seit der Zeit kamen die Schwestern nimmermehr zur Stube. Des Schulmeisters Sohn zehrte ab und starb kurz darnach.

XIV 2. y)   Sagen der Gebrüder Grimm: Der Nix an der Kelle

Das Motiv des Fressens von neugeborenen Kindern ist recht weit verbreitet in den Wassermann-Sagen. Möglicherweise liegt der Ursprung dieser Vorstellung in der Kombination von Tod und Geburt.

An der Kelle, einem kleinen See unweit Werne im Hohensteinischen, wohnten sonst Nixen.

Einmal holte der Nix des Nachts die Hebamme aus einem Dorfe und brachte sie unter großen Versprechungen zu der Untiefe hin, wo er mit seinem Weibe wohnte. Er führte sie hinab in das unterirdische Gemach, wo die Hebamme ihr Amt verrichtete. Der Nix belohnte sie reichlich. Eh sie aber wegging, winkte ihr die Kindbetterin und klagte heimlich mit einem Tränenstrom, daß der Nix das neugeborene Kind bald würgen würde. Und wirklich sah die Hebamme einige Minuten nachher auf der Oberfläche des Wassers einen blutroten Strahl. Das Kind war ermordet.

XIV 2. z) Die Loreley

Die bekannteste Nixe ist sicherlich die Loreley. Sie soll an dem Loreley-Felsen leben, an dem früher eine große Sandbank und mehrere Riffe im Rhein zu vielen Schiffsunglücken geführt haben. Das mythologische Motiv der Nixe ist hier zu der Erklärung für diese Schiffsunglücke geworden.

Die Herkunft dieses Motivs aus den alten Vorstellungen über die Reise der Toten in das (Wasser-)Jenseits ist noch daran zu erkennen, daß am Loreleyfelsen der Nibelungenhort (der von Sigurd geraubte Grabschatz) versenkt worden ist.

XIV 3.   Wassermenschen bei den Indogermanen

Die Vielfalt der Meer-Menschen ist vor allem bei den West-Indogermanen und den Griechen sehr groß, weshalb im Folgenden nur eine Auswahl der vielen Wasser-Wesen angeführt wird.

Der Selkie in der keltisch-germanischen Mythologie auf den Orkney-Inseln, auf den Shetland-Inseln und auf Island ist ein Mensch, der sich in einen Seehund verwandeln kann – manchmal sind sie auch halb Mensch und halb Seehund. Sein Name bedeutet „Seehund". Die meisten Selkies in den Geschichten sind weiblich und suchen sich einen Mann unter den Menschen und hat mit ihm Kinder. Wenn ihr Seehundfell entdeckt wird, kehrt sie ins Meer zurück. In anderen Fällen raubt der Mann einer Selkie-Frau ihr Fell, woraufhin sie nackt am Strand liegt und sich nicht mehr verwandeln kann und dann die Frau dieses Mannes wird. In Irland werden die Selkies „merrow" genannt.

Der Kelpie lebt in Schottland und kann sowohl die Gestalt eines schwarzen Pferdes als auch eines Menschen oder eine Mischform von beidem annehmen – ähnlich dem Zentaur und dem Hippokampus bei den Griechen. Der bekannteste Kelpie ist das „Ungeheuer von Loch Ness". Der Name „Kelpie" bedeutet „Kalb, Fohlen". In Skandinavien wird der Kelpie „Bäckahästen" genannt. Der Kelpie hat sich aus der Kombination des Motivs der Pferdegestalt der Toten bei ihrer Wiederzeugung im Jenseits und der Wasserunterwelt ergeben.

Das „Finfolk" sind zauberkundige Gestaltwandler, die in den großen Hallen von „Finfolkaheem" auf dem Grunde des Meeres wohnen. Über sie wird vor allem auf den Orkney-Inseln erzählt. Sie entsprechen den Toten in der Halle der Ran und dem Tyr-Riesen Grendel auf dem Grund des Moors. Sie rauben Menschen und halten sie als Sklaven unter dem Meer oder nehmen sie zur Frau.

Weitere Wasser-Menschen in der germanischen Überlieferung, die noch nicht genannt worden sind, sind die Nixen in den Gewässern, die verführerischen Rhein-töchter im Rhein, der Nöck im Meer, die Wasserhexen und die Seerosennixe.

Die Hulder sind Wasserfrauen, die offenbar eine Vervielfältigung der Göttin Huldar sind. Sie sind meistens Meerfrauen, aber leben manchmal auch in Höhlen und Bergwerken, was vermuten läßt, daß sie einst mit der Hügelgrab-Jenseitsgöttin Hel und mit der Meer-Jenseitsgöttin Ran assoziiert worden sind.

Bei den Slawen ist vor allem Rusalka weithin bekannt, die in etwa der verführerischen und todbringenden Lorley am Rhein entspricht. Sie lebt aber auch in Quellen und bringt den Feldern Fruchtbarkeit.

Die „Nav" („Leichen") wohnen in den Sümpfen und ähneln blutsaugenden

Vampiren.

Es gibt auch einen männlichen Wassergeist, der in Rußland „Vodyanoy" und in Tschechien „Vodnik" heißt, was beides „der im Wasser" bedeutet. Er hat die Gestalt eines alten, nackten Mannes mit Fischschwanz oder eines Frosches. Wenn man ihn ärgert, zerbricht er Dämme oder richtet auf andere Weise mit Wasser Schaden an. Auch er raubt Menschen, die ihm dann als Sklaven dienen müssen.

Die Nymphen und Nereiden in der griechischen Mythologie sind verführerische Frauen und leben in Quellen, Flüssen und Seen. Sie sind zwar freundlich und stets zu einer erotischen Vereinigung mit einem Mann oder einer Frau bereit, aber ihr Anblick kann Menschen vor Verlangen den Verstand rauben. Sie stehen oft mit der Unterwelt in Verbindung. Es ist eine sehr große Anzahl von Nymphen-Namen bekannt.

Die Schwestern der Nymphen im Meer hießen „Oceaniden".

Die Nagas in Indien haben die Gestalt von Schlangen oder Schlangen-Mensch-Mischwesen und leben oft in Quellen, Flüssen und Seen.

XIV 4. Wassermenschen bei anderen Völkern

Der finnische Näkki ist kann viele Gestalten annehmen wie z.B. die Gestalt einer Frau mit drei Brüsten und einem Fischschwanz oder eines Mann, der von vorne hübsch und von hinten häßlich ist. Sie können sich auch in Fische, Pferde oder Hunde verwandeln.

Der Kappa in Japan ist ein Mensch mit einem Schildkrötenpanzer auf seinem Rücken, der in Gewässern lebt. Sein Name bedeutet „Fluß-Kind". Er kann auch als Otter und als Affe erscheinen. Sie verführen Frauen und ziehen Menschen in die Tiefe der Gewässer hinab, wo sie dann ertrinken. Manche von ihnen sind auch Menschen-fresser. Sie können jedoch auch hilfsbereit sein und den Bauern helfen, ihr Land zu bewässern.

XIV 5. Zusammenfassung

Die Meer-Menschen sind die Toten in der Wasserunterwelt. Unter ihnen ist manchmal noch der „Jenseitskönig" (Tyr in der Wasserunterwelt) und die „Jenseitsgöttin" (Wiederzeugungs-Geliebte) erkennbar.

Aus dieser mythologischen Grundlage hat sich die enge Assoziation der Meer-Menschen, insbesondere der Nixen, mit der erotischen Verführung und dem darauffolgenden Tod entwickelt. Der Tod spielt auch als Ertränken durch die Meer-Menschen und ähnliches in deren Mythen eine große Rolle.

Die Nixen sind eine Weiterentwicklung der altnordische Meeres- und Unterweltgöttin Ran.

XV Naudir

XV 1. Der Name „Naudir"

An einigen Textstellen erscheinen mehrere „Nöte" („Naudir"), die mehr oder weniger stark personifiziert worden sind.

XV 2. Naudir in der Überlieferung

XV 2. a) Der Heilstab von Ribe

Dieser Stab, der um ca. 1300 n.Chr. in Ribe, der ältesten Stadt Dänemarks (im Südwesten Dänemarks) hergestellt worden ist, enthält eine germanisch-christliche Runeninschrift, die wie folgt lautet:

Ich bitte die Erde zu wachen
und auch den Himmel oben,
die Sonne und die Heilge Maria
und den Herrgott selber,
daß er mir heilende Händen gewährt,
und eine heilende Zunge,
um den Zitterer zu heilen,
wenn er eine Behandlung braucht
an Rücken und Brust,
an Leib und Glied,
an Augen und Ohren,
an jedem Platz, an dem das Böse eintreten kann.
Ein Stein wird 'Dunkler' genannt;
er ragt aus der See empor.
Auf ihm liegen neun Nöte.
Sie sollen weder gut schlafen
noch warm werden
bis es Dir wieder besser geht –
dafür habe ich diese Runen

Worte aussprechen lassen.
Amen. So sei es.
(Kreuzzeichen)

Der „Zitterer" könnte die Malaria, die Epilepsie oder andere Krankheit sein, die mit ein starkes Zittern als Symptom aufweist.

Der Sprache dieses Zauberspruches nach zu urteilen ist er aus einem älteren norwegischen Spruch umgeformt worden, der möglicherweise noch rein germanisch gewesen ist.

Die neun Naudir („Nöte") sitzen auf einem dunklen Felsen im Meer. Dies klingt ganz nach der Jenseitsinsel, zumal die „9" die Jenseits-Zahl ist. Man scheint also davon ausgegangen zu sein, daß diese „Naudir" wie der Tod, die man als die größte aller Krankheiten ansah, aus dem Jenseits kamen.

XV 2. b)   Kvennagaldur

Aus dem heutigen Island ist ein „Frauen-Zauberspruch" („Kvennagaldur") bekannt, in dem die verschiedenen Wesen mit Zahlen assoziiert werden:

Ich schneide Dir acht Asen,
neun Naudir,
dreizehn Thursar.

Mit den Asen ist die „8" verbunden, weil dies die Zahl der Vollkommenheit ist;
mit den Naudir („Nöten") ist die „9" verbunden, weil dies die Zahl des Todes ist;
mit den Thursen (Riesen) ist die Zahl „13" verbunden, weil dies die Zahl der Störungen ist.

XV 2. c)   Die Rune „Not"

Der Name dieser Rune ist der Singular zu dem Plural „Naudir". Diese „Notrune" half gegen Armut, Gift und Streit.

XV 2. d)   Heilungszauber aus dem Buch „Lacnunga"

Diese Heilungsanweisung ist ein Bannungs-Zauber. Die „neun Nodde-Schwestern" sind wahrscheinlich mit den Naudir identisch.

Zu neunt waren die Nodde-Schwestern,
dann wurden aus den neun acht,
und aus acht sieben,
und aus sieben sechs,
und aus sechs fünf,
und aus fünf vier,
und aus vier drei,
und aus drei zwei,
und aus zwei eine,
und aus einer keine.

Dies ist eine Medizin für Dich gegen Halsdrüsengeschwüre und gegen Würmer und gegen jedes Übel. Singe außerdem neunmal das Benedictine.

Diese Art von Bannungszauber benutzt die berühmte „Salami-Taktik", d.h. das Problem wird schrittweise gelöst.

XV 3.   Naudir bei den Finnen

In der finnischen Mythologie gibt es einen ähnlichen Zauberspruch über schadenbringende Wassergeister wie bei den Naudir der Germanen.

Dieser Zauberspruch beschreibt die Geburt der neun Krankheiten. Sie werden als Geister aufgefaßt, deren Vater der Wassergeist Iku-Turso und deren Mutter Lovitar, die blinde Tochter des Totengottes Tuoni ist.

Im 45. Kapitel der Kalevala wird die Zeugung und die Geburt der neun Krankheiten ausführlich beschrieben. Das Folgende ist nur ein kleiner Ausschnitt davon:

Bracht zum Vorschein neun der Söhne,
Während einer Nacht des Sommers,
Während eines Bade-Feuers,
In dem Laufe eines Bades
Mit der Kraft desselben Leibes
Aus der Fülle ihres Bauches.
Gibt drauf Namen ihren Söhnen,
Pflegt mit Sorgfalt ihre Kinder
Wie der Künstler seine Werke,
Was er sichtbar selbst geschaffen:
Einen bildet sie zu Stichen,
Treibt zur Windkolik den einen,
Einen, daß er Gicht errege,
Einem leihet sie die Dürrsucht,
Einen drängt sie zu Geschwülsten,
Einen steckt sie an mit Krätze,
Einen stößt sie zu der Zehrung,
Einen treibt sie zu der Pest selbst.
Ohne Namen blieb nur einer,
Blieb der unterste im Strohbett,
Diesen trieb sie drauf von dannen,
Stieß als Zaubrer ihn auf's Wasser,
Auf der Niedrung Rand zu zaubern,
Überall den Neid zu üben.

Lovitar, die manchmal mit der Jenseitsgöttin Louhi identisch zu sein scheint, wird an einer anderen Stelle der Kalevala genauer beschrieben:

Die blinde Tochter des Tuoni,
Alt und hinterhältig, Lovitar,
Schlimmste aller Frauen aus dem Todesland,
Häßlichstes all der Mana-Kinder,
Quelle all der Heere des Bösen,
All der Krankheiten und Plagen des Nordlands,
Schwarz im Herzen, in der Seele, im Gesicht.

XV 4. Zusammenfassung

Die „Naudir" sind die halb-personifizierte Nöte, die auf einer finsteren Jenseits-insel im Meer darauf warten, die Menschen krank zu machen. Sie sind wie die Töchter des Ägir zu neunt, was auf ihre Verbindung zum Jenseits hinweist, aus dem nicht nur der Tod, sondern auch die Krankheiten kamen. Die neun Naudir sind sowohl bei den Germanen als auch bei den Finnen Aspekte der gefürchteten Jenseitsgöttin Hel-Ran bzw. Louhi.

XVI Pukis

XVI 1. Wortschatz

Pukis sind hilfreiche und schützende Erdgeister.

Das germanische Substantiv „puko(n), puka(n)" bedeutet „Kobeld, Geist". Es wurde z.T. Als „hilfreicher Geist, Kobold (= Hausgeist)" verwendet, aber nach der Christianisierung auch als Name für den Teufel verwendet. Diese christliche Umdeutung zeigt, daß diese Geister im germanischen Alltag eine größere Rolle gespielt haben müssen, da sonst dieser Name einfach in Vergessenheit geraten wäre.

Die indogermanische Wurzel dieses Wortes ist ein Verb für „blasen, anschwellen", womit evtl. das Erscheinen des Geistes gemeint ist. Dieses indogermanische Verb lautet kurioserweise genau so, wie man noch heute lautmalerisch das Erscheinen eines Geistes darstellen würde: „Bu(h)!"

Möglicherweise stammt auch das Wort „Spuk" für „Geist, Geist-Erscheinung" von dieser Wortwurzel ab.

In Jakob Grimms Deutscher Mythologie findet sich folgende Zusammenstellung zu dem Namen „Puki":

Das englisch puck ließe sich zwar dem irischen phuka, welsh pwcca, vielleicht aber mit mehr fug dem dänischen pog (Junge) vergleichen, welches nichts als das schwedische pojke, altnordisch pûki (Junge) ist und aus dem finnisch poica (Sohn) herstammt; auch in Niederdeutschland braucht man pook von einem im wuchs zurück geblieben, schwächlichen menschen. Heimreichs nordfriesische chronik hat huspuke.

XVI 2. Puki-Geschichten

XVI 2. a) Heimskringla

Die ausführlichste Darstellung der Begegnung mit Pukis findet sich diesem Geschichtswerk des Snorri Sturluson, das viele mythologischen Elemente enthält.
Als König Harald Blauzahn (oder „Kampfzahn") war von 958 bis 987 n.Chr. König von Dänemark und von 970 bis 987 auch König von Norwegen. Als er mit seiner Flotte nach Island aufgebrochen war, um auch Island zu erobern, befahl er einem Zauberer, eine magische Reise nach Island zu unternehmen und die Gegebenheiten zu erkunden.

König Harald befahl einem Magier, in verwandelter Gestalt nach Island zu reisen und zu schauen, was er über die Insel in Erfahrung bringen konnte und ihm dies dann anschließend zu berichten. Der Magier machte sich in der Gestalt eines Wales auf den Weg.

Vermutlich reiste der Magier des Königs nicht körperlich nach Island, sondern unternahm eine Traumreise oder Astralreise, um die Insel auszukundschaften.

Als er in die Nähe des Landes kam, zog er im Norden Islands herum zu der Westseite des Landes, wo er sah, daß all die Berge und Hügel voller Schutzgeister waren – einige groß, andere klein.
Als er zum Vapnafjord kam, näherte er sich dem Land und hatte vor, dort an Land zu gehen, aber dort stürzte ihm ein riesiger Drache mit einem Gefolge von Schlangen, Fröschen und Kröten entgegen, die ihm Gift entgegenspien.
Da wandte er sich nach Westen und umkreiste die Insel bis hin nach Eyjafjord und schwamm in diesen Fjord hinein. Da flog ihm ein Vogel entgegen, der so groß war, daß seine Flügel über die Berge auf beiden Seiten des Fjordes reichten. Er wurde von vielen anderen großen und kleinen Vögeln begleitet.
Da schwamm er noch weiter nach Westen und dann nach Süden bis in den Breidafjord. Als er den Fjord schwamm, stürmte ihm ein grauer Stier entgegen und brüllte fürchterlich. Ihm folgte eine Schar von Landgeistern.
Von dort schwamm er weiter um die Insel herum bis nach Raykjanes und wollte in Vikarsskeid an Land gehen, doch dort stürzte ihm ein Bergriese mit einem eisernen Stab in den seinen Händen entgegen. Er war einen Kopf größer als die Berge und viele andere Riesen folgten ihm.
Der Magier schwamm in seiner Wal-Gestalt ostwärts an der Küste entlang, wo, wie er berichtete, nichts außer Sand und weites Ödland zu sehen war und wo außerhalb

der Schären die Brandung hoch emporschäumte. Das Meer zwischen den Ländern war so breit, daß man es mit einem Langschiff nicht überqueren konnte.

Zu dieser Zeit lebte Brodhelge in Vapnafjord, Eyjolf Valgerdson in Eyjafjord, Thord Geller in Breidafjord und Thorod Gode in Olfus.

Da wandte der dänische König Harald seine Flotte und segelte zurück nach Dänemark.

Die Drachen, Schlangen, Vögel, Stiere, Riesen und Landgeister („Pukis") sind offenbar in der Funktion als Landwächter Verbündete gewesen. Es hat auch den Anschein, als ob sie zudem die Helfer oder Freunde der vier genannten Isländer gewesen seien.

Die vier Wesen Drache, Vogel, Stier und Riese machen geradezu den Eindruck eines Mandalas, das sich auf Island befindet und die Insel schützt. Die besondere Erwähnung der vier Wikinger, die an den Orten lebten, an denen der Magier an Land gehen wollte, läßt vermuten, daß es sich bei ihnen um Magier handelt, die die Insel mit ihrer Zauberkraft vor Feinden bewahrt haben.

Diese vier Beschützer Island finden sich auch auf einigen isländischen Münzen:

Die vier Landgeister, die Island bewachen

XVI 2. b) Landnahmebuch

In diesem Buch wird über das Gesetz des nach Island ausgewanderten Norwegers Ulfjot berichtet, der um ca. 1060 n.Chr. vorgeschlagen hatte, die norwegischen Gesetze auch in Island zu verwenden, was auf dem Allthing auch angenommen wurde.

Aus diesem Gesetz wird im Landnahmebuch zitiert:

Das heidnische Gesetz begann damit, daß die Männer nicht mit Schiffen mit geschnitzten Köpfen auf dem Bugbalken zur See fahren sollten; und wenn sie es doch täten, daß sie sie dann abnehmen sollten, bevor sie sich dem Land auf Sichtweite näherten, und daß sie nicht mit Köpfen mit aufgerissen Mäulern oder geöffneten Schnauzen an Land segeln sollten, damit die Land-Schutzgeister sich nicht vor ihnen fürchten.

XVI 2. c) Gudmundr Bischof Ara-Sohn

Über diesen Bischof wird berichtet, daß er durch Island wanderte und die Trinkwasserquellen und die Berge und Hügel weihte. Als er den Latra-Berg weihte, sagte ihm eine Stimme, daß er damit aufhören solle:

„ ...denn wir werden vor Deinem Segnen und Weihen fliehen – aber wenn das irgendwo geschieht, wird es Schwierigkeiten geben, so wie dies schon früher geschehen ist!"

XVI 2. d) Die Saga über Grettir den Starken

In dieser Saga ist der Riese Thorir ein recht ursprünglicherer Riese – eigentlich eine Art „Land-Geist" wie die Pukis.

Da sagte Grettir, daß ein Halb-Troll über das Tal herrschte – ein Riese, der Thorir hieß. Und im Vertrauen auf seinen Schutz blieb Grettir dort und nannte nach ihm das Tal Thorir-Tal. Er sagte, daß Thorir Töchter hätte, mit denen er gute Spiele gespielt hätte und daß sie es ihnen gefallen hätte.

Mit den „Spielen" sind erotische Abenteuer gemeint.

XVI 2. e)   Saga über Egil Skallagrimsson

Den Land-Schutzgeistern wurde auch geopfert:

König Erik und Königin Gunnhilda kamen an demselben Abend zu Atta-Insel, wo Bard ein Festmahl für den König bereitet hatte. Dort wurde auch den Schutzgeistern geopfert. Das Mahl war üppig und es wurde in der Halle viel getrunken.

XVI 2. f)   Saga über Egil Skallagrimsson

Egil sang folgende Worte in einem Fluch gegen König Erik Blutaxt, mit dem er im Streit lag:

„Entlohnt ihm, gerechte Götter,
den Raub meiner Schätze!
Jag ihn fort, sei wütend,
hoher Odin, himmlische Mächte!
Feind seines Volkes, niederer König,
Möge Freyr und Njörd ihn fliehen!
Haßt ihn, Land-Schutzgeister, haßt den,
der heilige Erde besudelt hat!"

Da Freyr und Njörd die Götter des Wohlstandes waren, wünscht Egil dem König mit Zeile 5 und 6 Armut.

Diese Verse zeigen, daß der Schutz der Erde durch die Landgeister als in etwa genauso wichtig angesehen wurde, wie der Schutz der Menschen durch die Götter.

Das altnordische Wort für „Landgeister" lautet „land-vättr". Das Wort „vättr" bedeutet „Wicht, Wesen, Geist, Ding, Sache" und leitet sich von dem germanischen Substantiv „wihtiz" für „Wesen, Ding, Sache" her. Dieser „Geist" ist somit ein sehr unspezifischer Begriff.

XVI 2. g)   Saga über Egil Skallagrimsson

Später wiederholt Egil noch einmal seinen Fluch gegen König Erik, wobei er diesmal eine vollständige Nid-Zeremonie durchführt:

Und als sie zum Segeln bereit waren, ging Egil hinauf auf die Insel. Er nahm einen Haselstock in seine Hand und ging auf einen felsigen Hügel, der landeinwärts blickte. Dann nahm er einen Pferdekopf und befestigte ihn auf dem Stab. Danach sprach er in der feierlichen Form des Fluches die Worte:

„Hier errichte ich einen Fluch-Stab und diesen Fluch richte ich gegen König Erik und Königin Gunnhilda."

Nun richtete er den Pferdeschädel landeinwärts.

„Diesen Fluch richte ich auch gegen die Schutzgeister, die in diesem Land wohnen, damit sie fortgehen und kein Heim finden und erreichen, bis sie das Land des Königs Erik und der Gunnhilda verlassen haben."

Nachdem er dies gesprochen hatte, steckte er den Stab in einen Spalt in den Felsen und ließ ihn dort stehen. Der Pferdekopf blickte landeinwärts. Auf den Stab jedoch ritzte er Runen, die den gesamten Fluch wiedergaben.

XVI 2. h)   Landnahme-Buch

Diese Geschichte, die bereits in Abschnitt „XII 3. a)" angeführt worden ist, beschreibt neben dem Felsenbewohner (Troll/Riese in einem Hügelgrab) auch die Landgeister, die hellsichtig wahrgenommen werden können.

Björn träumt eines Nachts, daß ein Felsenbewohner zu ihm gekommen war und ihm Zusammenarbeit anbot und daß er sie angenommen hatte. Daraufhin kam ein Ziegenbock zu seiner Herde und seine Herden bekamen nun so schnell Junge daß er schon bald in Reichtum schwamm. Seither wurde er Ziegenbock-Björn genannt.

Die Männer, die die Gabe des Hellsehens hatten, sahen, wie die Schutzgeister des Landes Björn zum Thing folgten und daß sie Thorstein und Thord beim Jagen und beim Angeln folgten.

XVI 2. i)   Gesta danorum

Da befahl Thorkell ihnen, von den Herden, deren Tiere zahlreich an der Küste umherliefen, nicht mehr zu nehmen als sie brauchten, um einmal ihren Hunger zu stillen. Wenn sie dies nicht befolgten, würden die Schutzgeister dieses Ortes sie nicht wieder ziehen lassen.

XVI 3. Das „Kleine Volk" bei den Kelten

Ein ähnlich enges Verhältnis zu den Erdgeistern wird von den Kelten berichtet, deren Druide Amairgen sich bei der Ankunft in Irland noch vor dem Betreten des Landes mit allen Naturgeistern der Insel verband.

Der nordgermanische und heutige isländische Name „Puki" findet sich im Norwegischen als „Puk", im Schwedischen als „Pocker", im Friesischen als „Puk", im Englischen als „Puk" und als „Puck", sowie im Irisch-Keltischen als „Puca", im Walisisch-Keltischen als „Puca", im Cornwall-Keltischen als „Bucca" und im Altenglischen als „Pucel". Diese Namen aus dem keltischen Bereich sind recht sicher durch die Angelsachsen dorthin gebracht worden.

Der Ursprung dieser Erdgeister sind wahrscheinlich die Ahnen in den Hügelgräbern, die ja „hilfreiche Geister in der Erde" sind. Der Schritt von dieser Vorstellung zu „hilfreiche Erdgeister" ist nicht groß gewesen. Zu dieser Auffassung paßt auch, daß „Puk" ursprünglich „Geist, Gespenst, Erscheinung" bedeutet hat.

Ansonsten wird die Erde von den Indogermanen eher als Göttin aufgefaßt. Der Umstand, daß es nur bei den Insel-Kelten und bei den Germanen die Vorstellung von Erdgeistern gegeben hat, läßt vermuten, daß diese Vorstellung noch von den Menschen der Megalithkultur stammen könnte, die vor den Germanen und Kelten in Großbritannien und Westskandinavien gelebt haben – sicher ist dies jedoch nicht.

Da sich jedoch auch andere Motive wie z.B. Zwerge, die Haselnuß und der Name „Hler" des Meeresgottes nur bei den Kelten und den Germanen, also in dem Bereich der früheren Megalithbauer finden, ist es gut denkbar, daß die Germanen und die Kelten einen Teil der mythologischen Motive der Megalithbauer übernommen haben, als sie in deren Gebiet gelangt sind.

Für diese Herkunft der Pukis spricht auch, daß es sowohl Pukis als auch Zwerge bei den Indogermanen nur bei den Kelten und den Germanen gegeben hat und beide Arten von Geistern letztlich die Ahnen sind. Die Pukis sind sozusagen Zwerge, die sich auf das Gedeihen der Erde und der Pflanzen spezialisiert haben.

XVI 4. Zusammenfassung

Die beiden Namen „Puki" und „Vättr" bedeuten „Wicht, Wesen, Geist": Mit „Puki" oder „Land-Vättr" bezeichneten die Germanen Wesen, die über die Erde und das Land wachten und für sein Gedeihen sorgten. Wenn sie durch Flüche, den Anblick der Drachenköpfe auf den Drachenschiffen oder durch christliche Weihungen vertrieben wurden, gab es Mißernten und Unglücke.

Mittlerweile gibt es in Island einen Beauftragten für die Pukis, Elfen und Trolle, der deren Wohnorte schützt – wofür z.T. sogar Straßen umgeleitet werden.

XVII Spiritus familiaris

XVII 1. der Familiengeist

Früher wurde mit „spiritus familiaris", was wörtlich „Familiengeist" bedeutet, ein Ahnengeist bezeichnet, der über seine Nachkommen wacht. In der neueren Literatur wird auch ein künstlich auf magische Weise hergestellter Geist mit diesem Begriff bezeichnet.

XVII 2.   Geschichten

XVII 2. a) Die Sagen der Gebrüder Grimm: Der Spiritus familiaris

Er wird gemeinlich in einem wohlverschlossenen Gläslein aufbewahrt, sieht aus nicht recht wie eine Spinne, nicht recht wie ein Skorpion, bewegt sich aber ohne Unterlaß. Wer ihn kauft, in dessen Tasche bleibt er, er mag das Fläschlein hinlegen, wohin er will, immer kehrt es von selbst zu ihm zurück. Er bringt großes Glück, läßt verborgene Schätze sehen, macht bei Freunden geliebt, bei Feinden gefürchtet, im Krieg fest wie Stahl und Eisen, also daß sein Besitzer immer den Sieg hat, auch behütet es vor Haft und Gefängnis. Man braucht ihn nicht zu pflegen, zu baden und kleiden wie ein Galgenmännlein.

Wer ihn aber behält, bis er stirbt, der muß mit ihm in die Hölle, darum sucht ihn der Besitzer wieder zu verkaufen. Er läßt sich aber nicht anders verkaufen als immer wohlfeiler, damit ihm einer bleibe, der ihn nämlich mit der geringsten Münze eingekauft hat.

- - -

Ein Soldat, der ihn für eine Krone gekauft und den gefährlichen Geist kennenlernte, warf ihn seinem vorigen Besitzer vor die Füße und eilte fort; als er zu Hause ankam, fand er ihn wieder in seiner Tasche. Nicht besser ging es ihm, als er ihn in die Donau warf.

- - -

Ein augsburgischer Roßtäuscher und Fuhrmann zog in eine berühmte deutsche Stadt ein. Der Weg hatte seine Tiere sehr mitgenommen, im Tore fiel ihm ein Pferd, im Gasthaus das zweite, und binnen wenig Tagen die übrigen sechs. Er wußte sich nicht zu helfen, ging in der Stadt umher und klagte den Leuten mit Tränen seine Not. Nun begab sich, daß ein anderer Fuhrmann ihm begegnete, dem er sein Unglück erzählte.

Dieser sprach: „Seid ohne Sorgen, ich will Euch ein Mittel vorschlagen, dessen Ihr mir danken sollt."

Der Roßtäuscher meinte, das wären leere Worte.

„Nein, nein, Gesell, Euch soll geholfen werden. Geht in jenes Haus und fragt nach einer Gesellschaft", die er ihm nannte, „der erzählt Euren Unfall und bittet um Hilfe."

Der Roßtäuscher folgte dem Rat, ging in das Haus und fragte einen Knaben, der da war, nach der Gesellschaft. Er mußte auf Antwort warten. Endlich kam der Knabe wieder und öffnete ihm ein Zimmer, in welchem etliche alte Männer an einer runden Tafel saßen. Sie redeten ihn mit Namen an und sagten: „Dir sind acht Pferde gefallen, darüber bist Du niedergeschlagen, und nun kommst Du, auf Anraten eines Deiner Gesellen, zu uns, um Hilfe zu suchen: Du sollst erlangen, was Du begehrst."

Er mußte sich an einen Nebentisch setzen, und nach Verlauf weniger Minuten überreichten sie ihm ein Schächtelchen mit den Worten: „Dies trage bei Dir, und Du wirst von Stund an reich werden, aber hüte Dich, daß Du die Schachtel, wo Du nicht wieder arm werden willst, niemals öffnest."

Der Roßtäuscher fragte, was er für dieses Schächtelchen zu zahlen habe, aber die Männer wollten nichts dafür; nur mußte er seinen Namen in ein großes Buch schreiben, wobei ihm die Hand geführt ward.

Der Roßtäuscher ging heim, kaum aber war er aus dem Haus getreten, so fand er einen ledernen Sack mit dreihundert Dukaten, womit er sich neue Pferde kaufte. Ehe er die Stadt verließ, fand er in dem Stalle, wo die neuen Pferde standen, noch einen großen Topf mit alten Talern. Kam er sonstwohin und setzte das Schächtlein auf die Erde, so zeigte sich da, wo Geld verloren oder vorzeiten vergraben war, ein hervordringendes Licht, also daß er es leicht heben konnte. Auf diese Weise erhielt er ohne Diebstahl und Mord große Schätze zusammen.

Als die Frau des Roßtäuschers von ihm vernahm, wie es zuging, erschrak sie und sprach: „Du hast etwas Böses empfangen, Gott will nicht, daß der Mensch durch solch verbotene Dinge reich werde, sondern hat gesagt, im Schweiße Deines Angesichts sollst Du dein Brot essen. Ich bitte Dich um deiner Seligkeit willen, daß Du wieder nach der Stadt zurückkreisest und der Gesellschaft Deine Schachtel zustellst."

Der Mann, von diesen Worten bewogen, entschloß sich und sendete einen Knecht mit dem Schächtelein hin, um es zurückzuliefern; aber der Knecht brachte es wieder mit der Nachricht zurück, daß diese Gesellschaft nicht mehr zu finden sei, auch niemand wisse, wo sie sich gegenwärtig aufhalte. Hierauf gab die Frau genau acht, wo ihr Mann das Schächtlein hinsetze, und bemerkte, daß er es in einem besonders von ihm gemachten Täschchen in dem Bund seiner Beinkleider verwahre.

In einer Nacht stand sie auf, zog es hervor und öffnete es: da flog eine schwarze summende Fliege heraus und nahm ihren Weg durch das Fenster hin. Sie machte den Deckel wieder darauf und steckte es an seinen Ort, unbesorgt, wie es ablaufen würde. Allein von Stund an verwandelte sich all das vorherige Glück in das empfindlichste Unglück. Die Pferde fielen um oder wurden gestohlen. Das Korn auf dem Boden verdarb, das Haus brannte zu dreien Malen ab, und der eingesammelte Reichtum verschwand zusehends.

Der Mann geriet in Schulden und ward ganz arm, so daß er in Verzweiflung erst seine Frau mit einem Messer tötete, dann sich selbst eine Kugel durch den Kopf schoß.

XVII 3. Zusammenfassung

Es ist ungewiß, ob diese Form von Geistern einen germanischen Ursprung hat – zumindestens gibt es keinen Hinweis darauf. Ihr Name, der „Familiengeist" bedeutet, läßt vermuten, daß er ursprünglich wie der Kobold ein Ahn gewesen ist.

XVIII Zusammenfassung

Am Anfang des Buches sind die verschiedenen Wesen in der germanischen Mythologie kurz beschrieben worden:

- die Asen, Wanen und Disen, die die Götter der Germanen sind,

- dann folgen die Ahnen, die auch „Alfen", „Blau-Menschen", „Meer-Menschen" und „Kobolde" genannt worden sind,

- weiterhin die Wichte, die ganz allgemein einen Geist bezeichnet haben,

- zudem die bedrohlichen Riesen und Trolle sowie die Naudir, die den Menschen die Krankheit bringen,

- und schließlich noch die Pukis, die hilfreiche Erdgeister sind.

Es stellt sich nun die Frage, ob man den Zusammenhang zwischen diesen Wesen genauer beschreiben kann.

Asen und Wanen

Die Asen und die Wanen sind grundlegend dieselbe Gruppe von Wesen: die Götter der Germanen. Sie sind zwei Sippen, die ursprünglich Feinde waren, aber sich dann zusammengeschlossen haben.

Die Wanen stehen näher an den Ahnen, da bei ihnen die Wiederzeugungs- und Wiedergeburts-Symbolik sehr ausgeprägt ist. Sie sind zudem deutlich friedlicher und mit dem Ackerbau und dem allgemeinen Gedeihen verbunden.

Asen und Disen

„Disen" ist ein alter Begriff für „Göttinnen", dem als Maskulinum „Diar" entspricht, das die Bezeichnung des Tyr-Priesters und früher vermutlich auch des Tyr selber gewesen ist.

Riesen, Trolle und Jötune

Der Urriese ist Ymir gewesen – das erste aller Lebewesen ist, das nach der Muttergöttin, die in der germanischen Überlieferung als Urkuh Audhumbla erscheint.

Von Ymir stammen die ersten Lebewesen ab, die zwar kleiner als Ymir, aber immer noch deutlich größer als Menschen waren. Sie wurden „Riesen", „Trolle" und „Jötune" genannt.

Asen und Riesen

Die Asen stammen von den Riesen ab. Die Asen haben sich zudem weiterhin mit den Riesinnen vereint, die die Jenseitsgöttin im Hügelgrab sind. Die Riesen sind die Ahnen der Götter. Sie sind zudem eng mit dem Jenseits verbunden wie u.a. die Riesinnen im Hügelgrab und die Redewendung „Sollen Dich doch Trolle holen!" für „sterben" zeigt.

Zwerge und Riesen

Auch die Zwerge leben in Hügelgräbern und sind ursprünglich Ahnengeister gewesen. Während die Riesen aufgrund ihrer Abstammung von dem Urriesen, aus dessen Leib die gesamte Welt entstanden ist, sehr groß sind, sind die Zwerge sehr klein, weil sie die gerade erst im Jenseits wiedergeborenen Ahnen sind. Da diese Ahnen jedoch auch sehr alt sind, tragen sie lange Bärte. Somit sind Zwerge kleine Menschen mit langen Bärten.

Die Riesen und die Zwerge unterscheiden sich zwar sehr deutlich von ihrem Aussehen her, aber sie sind trotzdem beide ursprünglich Ahnengeister gewesen.

Alfen und Zwerge

Die Alfen sind die Totengeister in dem Jenseits des ehemaligen Sonnengott-Göttervater Tyr. Daher konnten die Zwerge auch „Schwarzalfen" genannt werden, also „Alfen, die unter der Erde in den Hügelgräbern wohnen".

Da Tyr der Sonnengott gewesen ist, ist auch das Jenseits der Alfen voller Licht und oben am Himmel und nicht unten in der Erde.

Götter und Ahnen

Die Götter sind zum größten Teil aus den Ahnen heraus entstanden – allerdings liegt diese Entwicklungsstufe der Religion weit vor der germanischen Religion in der frühen Jungsteinzeit.

Asen, Alfen, Zwerge und Riesen

Die Unterscheidung zwischen Asen, Alfen, Zwergen und Riesen beruhte nicht auf einem grundlegenden Unterschied – sie haben nur verschiedene Aspekte einer einzigen Gruppe von Wesen beschrieben.
Dies zeigt sich an vielen Stellen:

- viele Asen waren die Kinder von Riesen;
- einige Zwerge wie „Alberich", „Gandalf" und „Windalf" waren selbst von ihrem Namen her „Alfen";
- die Zwerge wurden generell „Schwarzalfen" genannt;
- Zwerge wie Iwaldi können Alfen als Kinder (Idun) haben;
- Alfen wie Idun wurden auch zu den Asen gezählt;
- der Ase Tyr ist als Jenseitsgott der König der Alfen („Alberich");
- „Asen und Alfen" war eine feststehende Redewendung, die beide als gleich oder zumindestens als gleichwertig oder gleich wichtig ansah;
- usw.

Alle diese Wesen wohnen im Jenseits und verfügen über besondere Kräfte. Das Folgende sind die wichtigsten Unterschiede zwischen ihnen:

- Asen: Götter, magische Kräfte, besitzen magische Gegenstände
- Riesen: Asen aus früheren Generationen, also die Vorfahren der Asen; sehr groß, sehr große Körperkraft, meistens ziemlich ungehobelt
- Zwerge: sehr klein, wörtlich „Totengeister", handwerkliches Geschick, teilweise hinterhältig und deshalb gefürchtet
- Alfen: auch Totengeister, wörtlich „Leuchtende", also ursprünglich wohl die hellseherisch wahrgenommen Toten
- Lichtalben: sie sind weitgehend mit den Asen identisch und daher bei den Menschen beliebt
- Schwarzalben: weitgehend mit den Zwergen identisch und eher gefürchtet

In der germanischen Überlieferung gibt es zwischen den meisten dieser Wesen direkte verwandtschaftliche Verbindungen, d.h. sie sind entweder Vater bzw. Mutter und Kind oder ein Paar.

In der folgenden Liste ist jeweils ein Beispiel für die verschiedenen möglichen Verbindungen aufgeführt:

Verwandtschaftliche Verbindungen zwischen den verschiedenen Wesen					
	Asen-Mann	*Alfen-Mann*	*Riesen-Mann*	*Zwergen-Mann*	*Menschen-Mann*
Asen-Frau	Normalfall				
Alfen-Frau	Freya und verschiedene Asen	Normalfall		Freya und vier Zwerge	
Riesen-Frau	Odin und Gerda	Freyr und die Tochter des Gymir	Normalfall		
Zwergen-Frau				Normalfall	
Menschen-Frau	Sigi, Sohn des Odin	Wieland und Bödwild	Fjölnir (Alfe/Riese) und Frau		Normalfall

In dieser Liste sind einige Regelmäßigkeiten zu erkennen:

- Die Zwerge bleiben unter sich. Der Zwerg Alwis will zwar Thors Tochter Thrud zur Frau, aber wird von Thor durch eine List getötet. Die einzige Ausnahme sind die vier Zwerge, mit denen Freya jeweils eine Nacht verbringt.
- Die Menschen-Männer finden keine Frauen bei den Asen, Alfen und Riesen.
- Die Riesen-Männer finden ebenfalls keine Frauen bei den Asen, Alfen und Menschen. Ihre seltenen Versuche, wie der des Reifriesen, der Sif und Freya rauben will, haben jedenfalls keinen Erfolg.

- Die Asen haben Verbindungen mit Riesinnen und mit Alfen-Frauen und haben auch Menschen als Kinder.
- Die Alfen haben Kinder mit Riesen und Menschen.
- Fiölnir, der halb Alfe und halb Riese ist, ist zusammen mit einer Menschen-Frau der Stammvater der schwedischen Könige.

Die Zwerge scheinen demnach Totengeister zu sein, die nicht mehr nach einer Verbindung streben. Offenbar ist bei ihnen die Wiederzeugung und die Wiedergeburt schon abgeschlossen – sie wird nur im Zusammenhang mit Freyas Brisingamen, das von vier Zwergen hergestellt worden ist, beschrieben.

Der Umstand, daß es keine Zwerginnen gibt, zeigt, daß es sich bei der Kategorie der Zwerge um männliche Tote nach ihrer Wiedergeburt im Jenseits handelt.

Es scheint eine Hierarchie gegeben zu haben, die mit den Asen begann und über die Alben, die Riesen und die Zwerge bis hin zu den Menschen abstieg. Allerdings sind die Riesen und nicht die Asen die ältesten Wesen in der Welt.

Die Asen sind generell die Nachkommen der Riesen.

Ahnen, Alfen, Blau-Menschen, Meer-Menschen, Kobolde und spiritus familiaris

Die Ahnen erscheinen in vielfältiger Gestalt:
- als Alfen im Jenseits des Tyr,
- als Einherier (Krieger) im Jenseits des Odin (nur die Männer),
- als Zwerge („Schwarzalfen") in den Hügelgräbern
- als Blau-Menschen („tote Menschen") in Niflheim
- als Meer-Menschen in der Wasserunterwelt,
- als Kobolde in dem Haus, in dem sie gewohnt haben,
- und als spiritus familiaris („Familiengeist") bei ihren Nachkommen.

Asen, Ahnen und Naudir

Die Naudir sind die Geister, die die Krankheiten bringen. Da dies auch von den Tyr-Riesen berichtet wird, der der König der Totengeister ist, werden die Naudir ursprünglich wohl gefürchtete Ahnengeister gewesen sein.

Die Naudir wurden jedoch auch als Aspekte der Todesgöttin Hel aufgefaßt, die wiederum der Totenherrin-Aspekt der Göttin Freya ist.

Asen, Ahnen und Pukis

Die Pukis sind als Landgeister sowohl mit den Ahnen in ihren Gräbern als auch mit der Erdgöttin verbunden.

Wichte

Der Begriff „Wicht" ist schließlich eine allgemeine Bezeichnung für Geister, d.h. für Ahnen, Zwerge, Riesen, Landgeister u.ä., aber nicht für die Götter.

Männer und Frauen

Bei den Zwergen und bei den Einheriern (Krieger) in Odins Walhall gibt es keine Frauen. Die Zwerge scheinen daher sehr eng mit der Wiederzeugungs-Symbolik-Symbolik zusammenzuhängen, die es ja naturgemäß nur bei männlichen Toten geben kann. Die Einherier sind hingegen eine durch das Krieger-Ideal geprägte Jenseitsvorstellung.

Bei den Kobolden, Pukis, Wichten und Naudir ist meistens kein Geschlecht erkennbar. Einige Kobolde und Wichte werden jedoch als männlich beschrieben.

Der Stammbaum der mythologischen Wesen

Aus den bisherigen Betrachtungen läßt sich der Stammbaum all dieser Wesen aus den Mythen der Germanen herleiten:

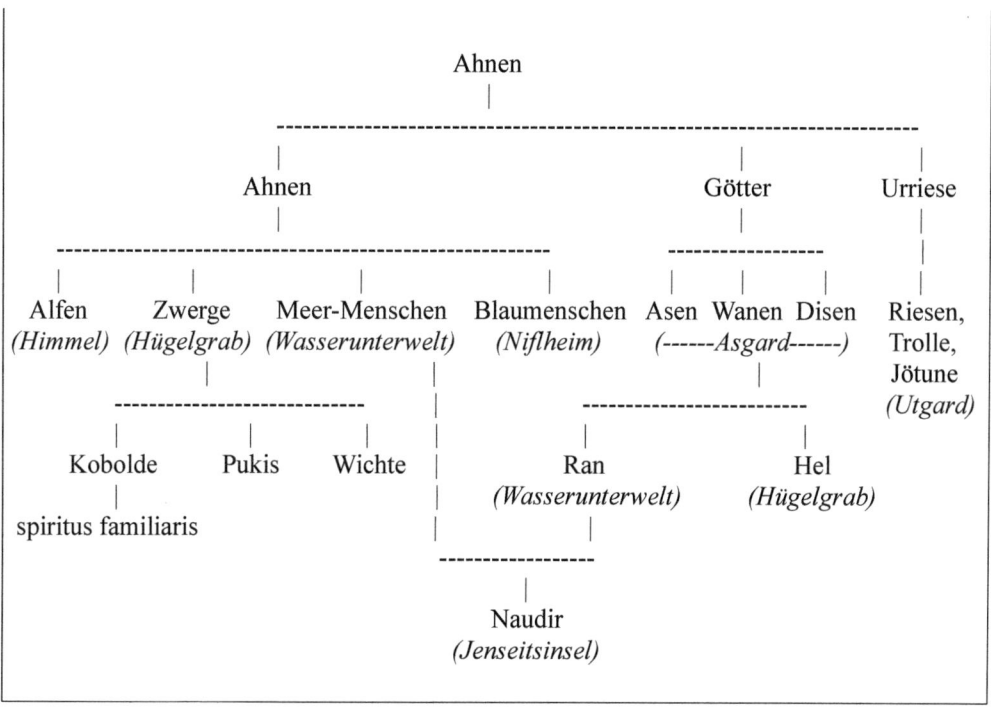

Verzeichnis der Themen

(die Zahl ist die Nummer des Bandes, in dem sich das Thema findet)

Goi 34
Gold 55
Goldalter 55
Goldemar 7
golden 46
Goldhelm 66
Goldhörner von
Gallehus 57
Göll 31
Golnir 5
Göndul 31
Gorr 34
Görsemi 29
Götter 36
Götterdämmerung 55
Götterkampf 55
Göttermet 69
Götter-Tiere 44
Gottesurteil 64
Gurgelbiß 55
Grab 49
Grani 6
grau 46
Grendel 5
Grendels Mutter 35
Greppur 34
Grer 32
Grid 28
Grid 35
Grim 5
Grim 39
Grima 35
Grimhild 31
Grimling 5
Grimnir 5
Grim Struppig-Wange 79
Grip 35
Gripir 34
Grissa 35
Groa 28
Grottintanna 35

Grotunagard 52
grün 46
Gryla 35
Gudr 31
Gudrun 31
Gudmund 5
Gullnir 5
Gullveig 29
Guma 35
Gundelrebe 45
Gunn 31
Gunnlöd 28
Gunnthinga 31
Gürtel 60
Gusir 6
Gygr 35
Gylfaginning 77
Gyllir 5
Gyllir 34
Gyma 20
Gymir 5
Haarband 60
Haare 63
Habicht 40
Hafle 34
Hafli 5
Hafthi 39
Hagen 16
Hahn 40
Hala 35
Halfdan 39
Halfdan Brana-Ziehsohn 79
Halfdan Eisteinson 79
Hamdir 39
Hamingja 50
Hammer 66
Hand 63
Handschuhe 60
Hanf 45
Hannar 32
Hantel-Symbol 55

Har 32
Hära 35
Hardbeen 6
Hardgreip 35
Hardgreipir 34
Hardverkr 34
Harek Eisenkopf 6
Harfe 57
Harz 45
Hase 44
Hasel 45
Hastingi 34
Hati 5
Hati 43
Hattatal 77
Haudr 20
Haugspori 32
Haym 34
Hecht 44
Hedin 39
Hedin und Högni 79
Hefring 35
Heid 35
Heiddraupnir 5
Heide 49
Heidrek 39
Heidungi 6
Heilige Hochzeit =>
Wiederzeugung 55
Heiliger Hain =
Weltenbaum 52
Heilung 64
Heilziest 45
Heimdall 8
Heimir 39
Heinir 34
Heith 35
Heithdraupnir 5
Hel 26
Helblindi 20
Helgi 39
Helgi Thorisson 79

Hel-Haut 49
Helidi 27
Hellebarde 66
Helreginn 5
Helm 66
Hengikefta 35
Hengiköpt 6
Hengjankapta 35
Hepti 32
Herbst 54
Herbsttagundnacht-gleiche 54
Herche 20
Herdentiere 42
Herdentierfell 42
Herfjötur 31
Hergrim Halbtroll 5
Hergunnur 35
Heri 32
Herja 31
Herkir 6
Herkja 35
Hermodr 37
Hertha 28
Hervor => Heidrek
Hervor und Heidrek => Heidrek
Herz 63
Hexe 58
Hianka 31
Hidde 34
Hild 31
Hildolf 5
Hildolf 20
Himingläva 35
Himmel 52
Himmelsrichtungs-Mandala 54
Himmelsträger-Zwerge 32
Hirsch 42
Hjaltrimul 31

Keiler 42	**Lachanfall** 64	Luchs 43	Miötwitnir 32
Kenningar 75	Lachen 55	Lutr 34	Mjoll 34
Kerbel 45	Lachs 44	Lyngheid 35	Modgudr 29
Kessel 57	Landgeister 36	**Magni** 19	Modgudr 31
Keule 66	Lauch 45	Malseron 34	Modi 19
Kiebitz 40	Laufey 26	Mana 35	Modrädnir 32
Kili 32	Laurin 7	Managarm 43	Modsognir 7
Kisi 34	Laus 40	Mannus 20	Mögthrasir 6
Kiste 57	Leber 63	Mardalla 27	Moin 32
Kjallandi 6	Leib 63	Marder 43	Mökkurkjalfi 6
Kjallandi 35	Leidi 34	Margerdr 35	Molda 35
Klaufi 34	Leifi 6	Margerthur 35	Mona 20
Klee 45	Leifnir 6	Mangold 45	Mond 48
Kleima 35	Leikn 35	Mantel 67	Mondul 32
Knochen 67	Leimrute 66	Mantel der Nanna 67	Moosfrau von
Knoten 64	Leiter 49	Marnar 29	Saalfeld 32
Kobolde 36	Leirvör 35	Märzviole 45	Moosleute von
Kol der Bucklige 39	Leopard 43	Maske => Helm	Arntschgereute 32
Kolfrosta 28	Lerche 40	Maus 44	Mörn 35
Kolga 35	Lidskialf 20	Meer 49	Möwe 40
Kopf 63	Liebestrank 70	Meer der Zeit 55	Mühle 66
Kormoran 40	Liebeszauber 64	Meer-Menschen 36	Mundilfari 6
Korn 45	Lif 39	Mehlbeere 45	Munin 40
Körperteile 65	Lifthrasir 39	Mehltau 45	Munnharpa 35
Köttr 34	Litr 6	Meili 9	Münze 67
Kraftgütel => Gürtel	Litr 32	Meise 40	Muspel 6
Krähe 40	Ljod 29	Menglöd 22	Muspelheim =>
Kraka 31	Ljota 35	Menja 28	Feuer 52
Kranich 40	Lodin 6	Menschenopfer 64	Myrkrida 35
Kräuter 45	Lodinfingra 35	Messer 66	Myrkvid 49
Kreppvör 35	Lodur 16	Midgard 52	**Nabbi** 32
Kriegerin 62	Lofar 7	Midgardschlange 41	Nacktheit 60
Kreuzblume 45	Lofn 29	Midi 6	Nadel 55
Kreuzkraut 45	Lofnheid 35	Midjungr 34	Nägel 55
Krönung 64	Logi 34	Midwitnir 6	Naglfar 49
Kröte 44	Loki 16	Mimir 6	Nain 32
Kuckuck 40	Loni 32	Mist 31	Nali 32
Kuril 6	Lopthoena 28	Mistel 45	Namensgebung 64
Kult 55	Lori 35	Mistkäfer 40	Nanna 21
Kundalini 64	Loricus 6	Mittelpfeiler =>	Nauma (Hel) 35
Kwasir 20	Löwe 43	Yggdrasil	Nar 32
Kyrmir 6	Löwenmäulchen 45	Mittsommer 54	Narfi 6

Schaumkraut 45
Schierling 45
Schild 66
Schlafdorn 55
Schlangen 41
Schlangenauge 63
Schlangengrube 49
Schlangenzunge 63
Schleifstein =>
Wetzstein
Schmetterling 40
Schmied 4
Schmied 55
Schnecke 44
Schneeweiß-
Goldschöne 28
Schuh 63
Schutzgeist =>
Fylgja/Hamingja
Schutzzauber 64
Schwalbe 40
Schwan 40
Schwanenkleider der
Walküren 40
Schweden-Riese 6
Schwein 42
Schwert 66
Schwitzhütte 64
sechsköpfiger Riese 6
Seehund 44
Seekuh 44
Seelenvogel 40
Seelenvogel 50
Segen 68
Seher 60
Seherin 58
Seidelbast 45
Seidr 64
Sel 6
seltsamer dritter
Bruder 55
Sense 67

Siar 32
Sichel => Sense
sieben Schwestern 28
Siegfried 38
Sieglind 31
Siegstein 67
Sif 24
Sigdrifa 31
Sigurd 38
Sigi 39
Sigrlami 39
Sigrun 31
Sigyn 28
silbern 46
Simul 31
Sinmara 28
Sindri 32
Sinthgunt 29
Sivör 35
Sjuld 31
Skadi 20
Skafid 32
Skalden 61
Skaldatal 77
Skaldenlieder 78
Skaldinnen 61
Skalli 34
Skalmöld 31
Skadskaparmal 77
Skärir 5
Skeggiöld 31
Skidbladnir 49
Skimsli 5
Skirnir 37
Skirkjar 35
Skirwir 32
Skjalf 29
Skjalv 34
Skjellinefja 29
Skjöldr 39
Skögul 31
Sköll 43

Skorpion 40
Skrati 34
Skrymir 5
Skrimnir 5
Skuld 30
Slagfid 39
Sleggja 35
Snae 34
Snotra 29
Solbiart 5
Sohn der Freya 19
Sohn des Freyr 19
Solblindi 5
Sölfn 29
Sommer 54
Somr 5
Sonne 48
Sonnengöttin 48
Sonnenhymne 64
sonstige Magie 64
Sörli 39
Spatz 40
Specht 40
Speer 66
Sperber 40
sprechende Tiere 41
Sprichworte 74
Spindel 55
Spinnerin 55
Spiritus familiaris 36
Sprettingr 5
Stab 67
Starkad 6
Starkad 39
Stärketrank 70
Statue 57
Stein 64
Steine und Edelsteine
64
Steinigung 55
Stern 48
Sternbild 48

Sternbild 55
Stigandi 5
Storch 40
Storkvid 34
Stoverkr 34
Strahlen-Breitsame
45
Strudel 49
Struthan 34
Stumi 5
stumm 63
Süden 54
Südosten 54
Sudri 32
Südwesten 54
Surtur 6
Suttung 6
Svada 5
Svadi 5
Svaf 7
Svarangr 5
Svasudr 6
Svatr 6
Sveid 31
Sveipinfalda 35
Svidi 6
Svip 5
Svipul 31
Svivör 31
Swaf 20
Swanhild 31
Swanwit 31
Swawa 31
Swior 32
Swipdag 20
Syn 29
Syr 29
Tafl 57
Tal 52
Tamfana 29
Tarn-Kappe 67
Tarn-Umhang 67

279